本研究系 2017 年度河南省软科学项目（172400410221）的研究成果。

城乡协调发展研究丛书

总编◎李小建　仉建涛

河南城乡协调发展问题研究

———

理论探索与政策实践

THEORETICAL STUDY AND POLICY PRACTICE ON
HENAN URBAN-RURAL COORDINATED DEVELOPMENT

王春晖◎著

社会科学文献出版社
SOCIAL SCIENCES ACADEMIC PRESS (CHINA)

总　序

　　城乡协调发展河南省协同创新中心（2017年2月由中原经济区"三化"协调发展河南省协同创新中心更名而来，以下简称"中心"）是河南省首批"2011计划"（高等学校创新能力提升计划）建设单位，2012年10月由河南省政府批准正式挂牌成立。中心以河南财经政法大学为牵头单位，河南大学、河南农业大学、河南师范大学、河南工业大学、信阳师范学院、许昌学院、河南省委政策研究室、中共河南省委农村工作办公室、河南省发展和改革委员会、河南省政府发展研究中心、河南省工信厅、河南省住建厅等多所省内著名高校和多个政府机构作为协同单位联合组建。

　　中心的综合使命是按照"河南急需、国内一流、制度先进、贡献重大"的建设目标，充分发挥高等教育作为科技第一生产力和人才培养第一资源结合点的独特作用，以河南省经济社会发展重大需求为导向，以这一省情十分独特区域的城乡协调发展创新任务为牵引，努力实现城乡协调发展基础理论、政策研究与实践应用的紧密结合，助推河南省城乡协调发展走在全国前列。

　　城乡协调本身就是非常复杂的问题，城乡空间协调、产业协调、绿色发展是中心重点研究推进的三个维度。研究如此大而系统的复杂问题，中心一方面展开大量的理论研究，另一方面展开广泛深入的调查，此外，还不断将理论应用于实践，目前已取得一定的阶段性成果。

　　为此，中心组织相关研究力量，对城乡协调问题进行不同侧面的研究，将研究成果编纂为"城乡协调发展研究丛书"。一方面，通过该丛书向政府和公众及时报告中心的研究进展，使中心的研究成果能够得到适时的关注和应用；另一方面，中心可以从政府和公众的反馈中不断改进研究方法。我们深知所要研究的问题之艰难、意义之重大，我们一定会持续努力，不辜负河南省政府及河南人民对我们的信任和期待，做对人民有用的研究。

十分感谢社会科学文献出版社对丛书出版给予的大力支持。

李小建　仇建涛

2017 年 4 月 19 日

目　录

1

引　言

　　城镇化（Urbanlization），是指随着经济社会的不断发展，农村人口不断向非农产业和城市转移的过程。根据陈明星等（2019）的测算，中国过去 40 年间的城镇化率由 17.92% 上升到 59.58%，年均增长 1.04 个百分点，城镇人口从 1.7 亿增加到 8.3 亿，农村人口从 7.9 亿下降到 5.6 亿。过去 40 年，中国的改革开放进程和与之相伴生的城镇化进程在世界经济发展史上都是绝无仅有的。习近平总书记在党的十九大报告中指出：我国城镇化率年均提高 1.2 个百分点，八千多万农业转移人口成为城镇居民。方创琳（2018）的测算显示，中国改革开放的 40 年中城镇化水平翻了 1.5 番，超过世界平均城镇化水平 3.7 个百分点。

　　诚然，改革开放的 40 年，是中国快速城镇化的 40 年。城镇化一方面为非农部门提供了充分的土地及劳动力等生产资源，有效驱动了中国工业化进程，然而也造成了诸如城乡差距不断拉大、城市病、环境问题日益严峻等一系列社会经济问题。党的十六大报告首次明确提出要"坚持以信息化带动工业化，以工业化促进信息化，走出一条科技含量高、经济效益好、资源消耗低、环境污染少、人力资源优势得到充分发挥的新型工业化路子"。由此引发了学界对于中国新型城镇化与新型工业化协调发展问题研究的新思潮。王发曾（2013）认为，新型城镇化、新型工业化与新型农业现代化相互制约、交互作用、彼此影响、互促共进，形成互为支撑、互为动力、良性循环、谐振共鸣的经济社会综合体，以产业、产城、城乡三大关系的协调程度为主要衡量标志，以产业集群、产城融合、城乡统筹三大通道为实现途径，是具有中国时代特色的区域协调发展之路。党的十九大报告在"坚持新发展理念"中进一步明确指出，未来中国的发展要坚持走"推动新型工业化、信息化、城镇化、农业现代化同步发展"的路子。

新型城镇化、新型工业化是近年来我国经济学研究的一个热门话题。针对这一论题的研究大都从伴随中国城镇化和工业化发展所导致的现实出发而展开，如朱金鹤、张瑶（2019）聚焦于工业化对于城乡收入差距问题的实证分析，叶雷等（2019）的研究则实证分析了城镇化与城乡发展差距对教育城镇化的影响，丁庆燊、孙佳星（2019）运用空间计量的方法从人口城市化、土地城市化和产业城市化三个角度探究中国城市化对城乡收入差距的空间效应。众多研究从不同角度出发，旨在寻找新型城镇化进程中导致城乡差距逐渐扩大的原因及其破解方法。赵永平（2015）认为，当前中国的城镇化进程中结构性的矛盾和问题已经较大程度地影响到了经济的可持续发展，传统城镇化向新型城镇化转型的倒逼机制已经逐渐形成。

强调新型城镇化和新型工业化进程中的城乡协调业已成为学术界的一项基本共识（姚士谋等，2004；辜胜阻，2014；倪鹏飞，2013；李爱民，2013）。显然，统筹城乡发展的主要内涵就在于逐步缩小城乡之间在居民收入、基础设施建设、教育医疗等基本民生保障等方面的差距。2018年1月，国务院公布了2018年中央一号文件，即《中共中央国务院关于实施乡村振兴战略的意见》，提出要坚决破除体制机制弊端，使市场在资源配置中起决定性作用，更好发挥政府作用，推动城乡要素自由流动、平等交换，推动新型工业化、信息化、城镇化、农业现代化同步发展，加快形成工农互促、城乡互补、全面融合、共同繁荣的新型工农城乡关系。2018年3月，李克强总理在《政府工作报告》中提到，大力实施乡村振兴战略，深入推进"互联网＋农业"，多渠道增加农民收入，促进农村一、二、三产业融合发展。随后，中共中央、国务院印发了《乡村振兴战略规划（2018～2020年）》（以下简称《规划》）。《规划》明确指出："乡村是具有自然、社会、经济特征的地域综合体，兼具生产、生活、生态、文化等多重功能，与城镇互促互进、共生共存，共同构成人类活动的主要空间。乡村兴则国家兴，乡村衰则国家衰。我国人民日益增长的美好生活需要和不平衡不充分的发展之间的矛盾在乡村最为突出。实施乡村振兴战略是建设现代化经济体系的重要基础。实施乡村振兴战略,深化农业供给侧结构性改革,构建现代农业产业体系、生产体系、经营体系,实现农村一、二、三产业深度融合发展,有利于推动农业从增产导向转向提质导向,增强我国农业创新力和竞争力,为建设现代化经济体系奠定坚实基础。"《规划》同时明确指出:"以城市群为主体构建大中小城市和小城镇协调发展的城镇格局,增强城镇地区对乡村的带动能力。加快发展中小城市,完善县城综合服务功能,推动农业转移人口就地就近城镇化。因地制宜发展特色鲜明、产城融合、充满魅力的特色小镇和小城镇,加强以乡镇政府驻地为中心的农民生活圈建设,以镇带村、以村促镇,推动镇村联动发展。"由此可见,以国家顶层设计的乡村振兴战略为引领,不断提升乡村建设水平,提高农村民生保障水平,缩小城乡差距,实现城乡协调、产城融合发展是"十三五"期间决胜全面建成小康社会的重要抓手。

王发曾(2013)针对河南新型工业化、新型城镇化、农业现代化协调发展问题的研究中就明确提出了"三化协同"的三条实施路径:三次产业联动发展、产城融合发展、城乡统筹发展。积极转变经济发展方式,以新型农村社区与产业集聚区建设的双轮驱动为切入点,新型城镇化引领新型工业化、新型农业现代化,信息化助推城镇化、工业化、农业现代化,推动实现产业集聚发展,产城融合发展,构建城镇基础设施、生态环境、社会管理的完整支撑体系。丁志伟等(2016)以基础、经济、社会、公共服务、动态五个子系统为基础,综合构建并实证测算了河南省城乡统筹发展水平的总体情况。其研究结论认为,动态地看,河南省城乡统筹发展水平呈波动上升,子系统情况各异且有待进一步提升。那么,在当前深度融入"一带一路"国家开放战略的历史背景下,作为传统的农业大省的河南如何能够抓住当前的历史机遇期,探索出一条适合河南省省情、城乡协调发展的新型工业化及城镇化道路,是事关全省未来发展大局的重要命题,这也使得河南省城乡统筹发展具有一定的研究价值。

其实早在 2012 年国务院批复的《中原经济区规划》(〔2012〕194 号国函批复)就明确指出:"必须加快转变经济发展方式,强化新型城镇化引领作用、新型工业化主导作用、新型农业现代化基础作用,努力开创三化协调科学发展新局面。"而后,河南省委明确提出要坚持走以新型城镇化为引领的"三化"协调、"四化"同步科学发展路子,扎实推进城乡一体化示范区建设和产业集聚区建设的战略目标。2014 年河南省人民政府出台了《河南省科学推进新型城镇化三年行动计划》，将城乡一体化发展列为六个关键领域之一，明确提出专项建设措施，促进城乡统筹发展。2015年河南省委、省政府出台了《关于加快城乡一体化示范区建设的指导意见》（以下简称《指导意见》），旨在全省范围内打造以省辖市复合型城市新区为基础，体现城乡一体、产业融合、统筹发展的复合型功能性区域。《指导意见》指出："河南省率先提出建设城乡一体化示范区，是贯彻落实中央精神、统筹城乡科学发展的积极探索和具体实践，是加快中原崛起、河南振兴、富民强省的重要举措。要坚持一、二、三产业融合和经济、生态、人居功能融合发展理念，把工业和农业、城市和农村作为一个有机统一整体，充分发挥工业和城市对农业和农村的辐射带动作用，以工业化、城镇化带动农业现代化，引领城乡发展一体化，形成以工促农、以城带乡、工农互惠、城乡一体的新型工农城乡关系。"

本研究的主要意义就是为了能够较为全面地研判河南省城乡协调发展的现实基本面，运用经济学理论及实证的分析方法梳理城乡协调发展的经济机制，总结出河南省探索城乡协调发展的基本经验，以期能够形成可供复制与推广的发展路径与模式。

本研究的具体结构安排如下。

第一部分为引言；第二部分为文献回顾，旨在界定新型城镇化内涵的基础上，梳理和综述城乡协调发展理论的相关研究，以期能够寻找到针对这一命题研究的理论边界；第三部分是基于河南省居民收入差距视角的理论与实证研究；第四部分是尝试性地针对河南省城乡协调发展综合指标体系的构建；第五部分从产业集聚区战略及城乡一体化示范区战略出发，对河南省现代城乡发展体系构建的经验进行理论归纳；第六部分提出河南城乡协调发展的模式；第七部分为结论与展望。

2

新型城镇化：
基于协调发展视角的研究综述

2.1 新型城镇化的内涵

发达国家经济发展历史的经验表明：城镇化是伴随工业化发展，非农产业在城镇集聚、农村人口向城镇集中的自然历史过程，是人类社会发展的客观趋势，是国家现代化的重要标志。城镇化及其相伴生的工业化是经济社会发展的必然趋势，也是一国实现现代化的必由之路。党的十八大报告提出："坚持走中国特色新型工业化、信息化、城镇化、农业现代化道路，推动信息化和工业化深度融合、工业化和城镇化良性互动、城镇化和农业现代化相互协调，促进工业化、信息化、城镇化、农业现代化同步发展。"杜金金（2018）认为，中国新型城镇化的指导思想是科学发展观，发展核心是以人为本，发展原则是全面、协调、可持续，发展理念是低碳环保，追求目标是实现城乡一体化发展。

根据陈明星等（2019）的测算，早在2000年中国的城镇化率就已经达到了36%，进入快速城镇化时期。2014年，中共中央、国务院印发《国家新型城镇化规划（2014～2020年）》（以下简称《规划》）。《规划》指出："自改革开放以来，伴随着工业化进程加速，我国城镇化经历了一个起点低、速度快的发展过程。1978～2013年，城镇常住人口从1.7亿人增加到7.3亿人，城镇化率从17.9%提升到53.7%，年均提高1.02个百分点；城市数量从 193 个增加到 658 个，建制镇数量从 2173 个增加到 20113 个。京津冀、长江三角洲、珠江三角洲三大城市群，以 2.8% 的区域面积集聚了 18% 的人口，创造了 36% 的国内生产总值，成为带动我国经济快速增长和参与国际经济合作与竞争的主要平台。"未来中国的城镇化道路要紧紧围绕全面提高城镇化质量，加快转变城镇化发展方式，以人的城镇化为核心，有序推进农业转移人口市民化；以城市群为主体形态，推动大中小城市和小城镇协调发展；以综合承载能力为支撑，提升城市可持续发展水平；以体制机制创新为保障，通过改革释放城镇化发展潜力，走以人为本、"四化"同步、优化布局、生态文明、文化传承的中国特色新型城镇化道路。

关于新型城镇化的内涵主要包括人本视角、生态视角、区域协调发展视角等。金兰、张秀娥（2015）认为，就人本视角而言的新型城镇化建设应以人为本，实现"城市的本性与人的本性相融合"的城镇化。徐选国、杨君（2014）的研究将城镇化与工业化、信息化、农业现代化以及人口、经济、资源、环境相协调，将构建新型城市格局与区域经济发展和产业布局相衔接，旨在实现人的全面发展与新城镇建设的和谐共生。陈晓春、蒋道国（2013）提出，新型城镇化应以追求低碳环保和绿色发展为理念，以走集约型发展道路、建设生态文明新城镇为发展目标，需通过制定低碳科学的城镇规划，建立低碳的城镇基础设施，形成低碳的能源消费结构，发展低碳经济，加强城镇生态环境的综合治理，尽可能地减少城镇化建设对生态环境的影响，最终实现经济、社会、环境的协调发展。杨仪青（2015）从区域协调发展视角而言，认为新型城镇化建设是推进城镇农村一体与大中小城市全面协调发展的城镇化，是促进农村区域全面转型的城镇化，是城镇与农村相互促进和全面协调发展的城镇化。

城镇化是现代化的必由之路，是解决农业、农村、农民问题的重要途径，也是乡村振兴和区域协调发展的有力支撑。走中国特色社会主义乡村振兴道路，必须重塑城乡关系，推动新型工业化、信息化、城镇化、农业现代化同步发展，走城乡融合发展之路。2019 年国家发展改革委发布了《2019 年新型城镇化建设重点任务》。其中，不仅明确提出要按照统筹规划、合理布局、分工协作、以大带小的原则，立足资源环境承载能力，推动城市群和都市圈健康发展，构建大中小城市和小城镇协调发展的城镇化空间格局；还要求以协调推进乡村振兴战略和新型城镇化战略为抓手，以缩小城乡发展差距和居民生活水平差距为目标，建立健全城乡融合发展体制机制和政策体系，切实推进城乡要素自由流动、平等交换和公共资源合理配置，重塑新型城乡关系。

王发曾（2013）认为，新型城镇化的内涵体现为城乡一体、城乡统筹、产城互动、节约集约、生态宜居、和谐发展。其研究认为："走新型城镇化道路就是要强调发挥城市群辐射带动作用，构建大中小城市、小城镇、新型农村社区协调发展、互促共进的发展格局。"持有类似观点的研究，如李建国、李智慧（2017）将城镇化定义为第二、第三产业在城镇集聚，农村人口不断向非农产业和城镇转移，使城镇数量增加、规模扩大，城镇生产方式和生活方式向农村扩散、城镇物质文明和精神文明向农村普及的经济、社会发展过程。其研究认为："城镇化过程中会涉及人口聚居、就业、生态、环境、公共设施、经济发展和社会发展、政府服务等各种因素。城镇化是我国解决'三农'问题的重要途径，也是实现现代化的必由之路。"针对城镇化进程中的区域经济协调发展问题，其研究指出："要不断健全区域经济协调发展的体制机制，要健全市场机制，打破行政区划的局限，促进生产要素在区域间自由流动，引导产业转移。要健全合作机制，鼓励和支持各地区开展多种形式的区域经济协作和技术、人才合作，形成以东带西、东中西共同发展的格局。要健全互助机制，发达地区要采取对口支援、社会捐助等方式帮扶欠发达地区。要健全扶持机制，按照公共服务均等化原则，加大国家对欠发达地区的支持力度。在此基础上，继续发挥各个地区的优势和积极性，逐步扭转地区差距扩大的趋势，实现共同发展。"

陈明星等（2019）将新型城镇化的理论内涵界定为四个方面，即人本性、协同性、包容性和可持续性，认为传统意义上的城镇化到新型城镇化应当完成"人口的城镇化到人的城镇化"的转变，其研究将新型城镇化中的包容性内涵解释为"强调更加公平的发展理念，主要体现在城乡统筹、流动人口、脆弱群体三个方面的公平性"。方创琳（2018）将新型城镇化的内涵概括为高质量、高效率和高水平的城镇化，认为应当推进新型城镇化与乡村振兴向实现同步化、融合化、共荣化方向发展。杨佩卿（2019）认为，我国各区域城镇化发展极不平衡，其中最滞后的西部地区更为迫切地需要从传统城镇化向新型城镇化转型嬗变。西部地区不仅城镇化率落后于中、东部地区（2016 年西部地区 50.19% 的城镇化率低于中部的

53.53%和东部的66.05%），还存在诸如市场发育滞后、产业支撑能力不足、城镇化发展不均衡、城镇体系不健全、城镇承载力低下、城乡差距显著、资源环境恶化等一系列深层次问题。江维国、李立（2017）研究认为，当前我国城镇化中失地农民的生产、生活区域以及许多小型城镇、特色城镇，其基础公共设施和基础公共服务供给滞后问题依然非常突出，与新型城镇化空间结构的内在要求严重脱节。在有些失地农民居住区域，住房、道路、饮水、供配电等硬件基础公共服务和教育、医疗、文化娱乐等软件基础公共服务保障供给缺失严重。刘春芳、张志英（2018）立足于国家与地方的新型城镇化和乡村振兴战略，提出并探讨了新时期面向城乡融合发展的新型城乡关系研究框架，提出了以流动空间及新流动范式为理论支撑、以多源数据及可视化分析为方法支撑的要素城市流动特征、格局与机制分析的总体思路，强调了城乡关系测度与评价，城乡要素流动的特征，格局与效应，城乡要素融合发展的流动机制，城乡融合发展调控策略四个重点研究内容，并具体探讨了城乡一体化数据库建设、城乡要素流动测度及其时空变化研究、城乡要素流动的影响因子及其机制研究、空间模拟与可视化表达等方法与技术。

由此可见，不同学者对于新型城镇化的"新"的理解，大都涵盖了区域协调、城乡协调的基本思想。孙海燕、王富喜（2008）将区域协调定义为区域内部的和谐及与区域外部的共生，是内在性、整体性和综合性的发展聚合，即区域内部形成一个有机整体，相互促进、协同，通过良性竞争与紧密合作，与区域外部协调区域经济关系，创造最佳总体效益，形成优势互补、整体联动的经济、社会、文化和生态可持续发展格局。其研究从劳动地域分工理论展开，梳理了经典贸易理论的演变。其研究认为，分工的形成首先是建立在区域差异的基础上的，正是由于区域在自然条件、资源优势、劳动力状况和历史基础及经济发展程度等方面存在明显差异，才为分工提供了前提条件。地域分工决定着区域生产专门化的发育程度，决定着区域产业结构和空间结构的特征，也决定着区域经济联系的内容、性质和规模等，并提出"分工是区域协调发展本质"的论断。针对区域的竞争合作关系，其研究认为，区域及产业如何更好地做到与区域内部和区域外部的更好的竞争与合作，将是达到区域协调发展的关键所在。区域的产业协调发展离不开企业的良好运作，作用于企业发展的竞争合作理论也必将对区域产业的协调发展有着良好的指导意义。区域竞争是发展质量的竞争，区域合作是互惠互利的合作，区域协调发展就是区域寻求到良好竞争合作之后产生的必然结果和发展趋势。通过区域合作提升区域整体综合实力和竞争力，已经成为区域协调发展重要的策略和手段。

较早对中国区域城乡一体化程度进行评价测度的研究，如李明秋、郎学斌（2010）将城乡一体化程度的概念纳入城镇化水平的范畴，进而构建了中国城镇化质量的评价指标体系。吴丰华、白永秀等（2015）将城乡社会一体化概念界定为"与我国经济社会发展水平相适应，能够按照相对公平、统一标准提供城市与农村的基础教育、医疗卫生、社会保障等基本保障和服务，最终打破城乡分割的二元社会结构，形成城市与农村保障制度与公共服务互动统筹发展的局面，使城乡居民均等享有我国经济社会发展成果"的一种区域协调发展格局。其研究将城乡一体化的内涵界定为以下五个方面，即"城乡基础教育一体化、城乡医疗卫生一体化、城乡社会保障一体化、城乡就业与住房保障一体化、城乡社会管理与文化共享一体化"，并在此基础上选取中国2012年30个省区市为样本，实证测算了城乡一体化水平。结果显示："2012年我国省域城乡社会一体化水平排名前三位的分别是上海、北京、天津，得分依次为17.59、9.79、8.13；排名列倒数三位的分别是贵州、甘肃、广西，得分依次为0.82、0.76、0.74。"

王维（2017）通过构建城乡协调发展评价指标体系，引入城市发展水平和乡村发展水平在内的城乡发展水平复合指标，对长江经济带131个地级市的城乡发展水平进行了实证研究。其模型回归结果表明，样本区域的城市发展水平和乡村发展水平均呈现上升趋势，城乡协调发展耦合度先下降后上升、协调度先缓慢上升后加速上升，而长江上游区域的城乡协调度要低于下游区域。类似的研究如吕丹、汪文瑜（2018）运用全局主成分分析法，在对城乡一体化程度测度的基础上，选取2005～2014年的数据，运用 var 模型进行了全国及东北三省典型区域的城乡一体化水平影响因素分析，其研究所构建的城乡一体化指标包含城乡经济一体化、城乡人口一体化、城乡社会一体化、城乡资源环境一体化共计23个具体指标。研究表明："中国城乡一体化水平在空间上具有较强的区域差异，城乡经济、人口、社会和资源环境一体化对各区域城乡一体化综合水平的影响程度具有差异性，中国经济发展和城乡一体化之间存在着一种长期协整、互为因果的关系。"类似的实证研究还有许多。

魏后凯、高春亮（2011）认为，区域协调发展不仅包括地区之间的协调发展，而且包括各地区内部的协调发展。它具有三方面的含义，即全面的、可持续的、新型的协调发展。其研究提出了新型区域协调机制的六个维度，即市场机制、补偿机制、扶持机制、合作机制、参与机制、共享机制。其研究认为："推动区域协调发展，必须建立一个以科学发展观为指引，并与社会主义市场经济体制相适应，能够长期管用的新型协调机制。协调机制是利益相关群体共同参与、商讨解决生态补偿、基础设施、重大项目等跨地区问题的制度安排，是协调区域冲突的根本途径。"为了构建这一新型的区域协调发展路径，要通过"建立新型的社会管理模式，对各种公共资源，包括基础设施、公共服务设施、科教和信息资源等，要打破城乡和行政区划限制，逐步实现全国范围的资源共享，要加快推进基本公共服务均等化和社会保障制度的一体化"，以不断缩小城乡收入差距，实现城乡均等化的基本公共服务和生活质量，促进中国社会、经济和生态的协调发展。

杨佩卿（2019）认为，城镇和农村作为两种人类生存系统，在自然风貌、产业发展、思想文化等方面各具特性，承担着不同的功能和发展任务，二者不能相互替代。而新型城镇化的概念就是要以大统筹促成大融合，统筹协调城乡发展，促进城乡公共资源的均衡配置、要素的自由流动与平等交换，充分发挥工业对农业的支持反哺作用、城镇对农村的辐射带动作用，形成以工促农、工农互惠，以城带乡、城乡一体的新型工农城乡关系，逐步缩小城乡差距，建成城乡之间地位平等、开放互通、互补互促、互动双赢的统筹协调新格局，实现城乡一体化发展。其研究依据新型城镇化的理论内涵构建了包括生活宜居化（共享）、要素市场化（开放）、产业集聚化（创新）、城市生态化（绿色）、城乡一体化（协调）五个维度共计34个指标的新型城镇化发展水平评价指标体系。刘春芳、张志英（2018）认为，城乡融合是中国在全面建成小康社会背景下提出的城乡发展新命题，本质是在城乡要素自由流动、公平与共享基础上的城乡协调和一体化发展。他们认为，应当充分发挥政府和市场的作用，调动公众参与的积极性，形成工农互促、城乡互补、全面融合、共同繁荣的新型工农城乡关系，实现城乡之间在要素、基础设施和公共服务、生态与空间等诸多方面的融合发展。

李雪松（2018）认为，现代化经济体系作为一个有机整体，区域良性互动、城乡融合发展是应有之义。应该按照党的十九大的部署，加快实施城乡区域协调发展战略，优化现代化经济体系的空间布局。其研究认为，应当从以下三个方面出发以增强城乡发展的协同性、联动性、整体性。首先，要注重完善城乡区域要素流动机制，努力打通国内资源配置的障碍，使区域发展的协调性进一步增强。清除各种显性和隐性的市场壁垒，促进生产要素跨区域有序自由流动，提高资源配置效率和公平性，加快建立全国统一开放、竞争有序的市场体系。其次，要完善城乡区域合作机制。通过统一市场为基础的要素自由流动，以及有效激励先进、更好帮扶落后、公平分享利益的制度和政策机制，更加有效地深化区域合作，不断健全区域协调发展新机制。按照优势互补、互利共赢的原则，支持开展多层次、多形式、多领域的区域合作，支持产业跨区域转移和共建产业园区等合作平台，鼓励创新区域合作的组织保障、规划衔接、利益协调、激励约束、资金分担、信息共享、政策协调和争议解决等机制。最后，要完善城乡区域互助机制。完善发达地区对欠发达地区的对口支援制度，创新帮扶方式，加强教育、科技、人才等帮扶力度，增强欠发达地区自身发展能力，促进对口支援从单方受益为主向双方受益深化。加快补齐农村发展特别是农村贫困地区发展这块短板。要按照中央部署，大力实施乡村振兴战略，加快推进农业现代化。

2.2 城乡协调发展：从二元分割到二元融合

2.2.1 城乡关系的相关表述及内涵区分

已有文献对于城乡协调发展的内涵探讨大致经历了三个阶段。这三个阶段分别是从探讨"城乡统筹"到"城乡一体化"再到"城乡融合"。这三个阶段体现了学术界对于城乡协调发展内涵认识的不断丰富。

（1）城乡统筹

2003年以来，随着城乡差距的扩大以及"三农"问题的日趋突出，

"城乡统筹"开始成为理论界关注的热点。陈锡文（2003）认为，十六大报告中提出的统筹城乡发展具有宽泛的内涵，不仅指财政方面，也指整个国家经济的发展方面如何做到统筹。郭翔宇（2003）认为，我国的统筹城乡就是将农村经济与社会发展纳入整个国民经济与社会发展全局，可以在工业化和城镇化进程中注重统筹农村和城市发展，要合理配置城乡之间的生产要素，从而能够实现城乡在经济、社会、政治、文化的共同发展。蒋华东（2006）认为，统筹城乡是将城乡经济社会作为一个统一的有机系统来考虑，要求城乡之间实现优化配置作用，能够为要素的双向互动消除障碍，避免孤立、分割甚至片面发展的推进方式。其发展的重心是"三农"问题，根本途径则是实现工业化和城镇化。刘洪彬（2006）认为，"统筹城乡发展"首先强调的是"统筹"，也就是说实行统一筹划，将城乡发展作为一个有机整体进行通盘考虑，做到统一规划，实现城乡的协调发展，从而达到城乡共同繁荣。

（2）城乡一体化

"城乡一体化"是我国为解决城乡二元结构及其带来的城乡发展问题而提出的特有提法（张强，2013）。对于城乡一体化概念本身，不同的学者从城市和农村两个角度给出了不同的观点。一种观点认为，城乡一体化是逐步实现农村地区的城市化，实质是城市空间范围的不断扩张，即把农村一体化到城市中去，其根本目的还是为了发展城市。更多的学者则认为，城乡一体化是逐步消除城乡二元结构，赋予城市和乡村平等发展地位，在社会主义现代化的过程中实现城市和乡村的同步现代化。在此基础上，学者们从社会经济、空间地理以及政策制度等方面给出了不同的内涵解释。姜作培（2004）认为，城乡一体化是伴随生产力水平进入高级阶段后必然出现的产物，其发展过程中出现的城乡分离、对立问题，是适应生产力发展水平的客观存在，不因人的意志而改变，最终还是需要通过生产力水平的提高来解决。姚士谋（2004）认为，城乡一体化是伴随着工业社会、城市化时代的一种特有的社会经济现象，是人类社会生产力高度发达的一个重要标志，尤其在经济发达地区这种现象更加明显。薛晴等（2014）认为，城乡一体化是城乡两大经济社会系统不断实现要素优化重组，并逐步缩小城乡二元结构反差的过程。洪银兴、陈雯（2003）认为，城乡一体化是指城市与乡村这两个不同特质的经济社会单元和人类聚落空间，在一个相互依存的区域范围内谋求融合发展、协调共生的过程。不同于城市反哺农村，城市和乡村作为一个整体，人口、资金、信息和物质等要素在城乡间自由流动，城乡经济、社会、文化相互渗透、相互融合、高度依存，把城市与乡村建设成为一个统一体，发挥城市与乡村各自的优势和作用。白永秀（2013）基于制度安排的角度，通过分析其在城乡关系演进过程中的作用，认为城乡一体化主要依托完善的市场机制、城乡要素集聚和成果共享机制，从多领域突破城乡分割对立状态，推动城乡融合发展，从而实现城乡一体化。

（3）城乡融合

我国关于"城乡融合"的研究较早来源于马克思、恩格斯有关城乡融合的思想理念，随着中国特色社会主义实践的不断深入，逐渐形成了具有中国特色的城乡融合研究体系。徐杰舜（2008）从城乡关系发展轨迹的角度出发，认为所谓城乡融合，就是城乡从分离、对立到互动中逐步走向融合的过程，并逐步实现城乡一体化的结果。黄小明（2014）认为，城乡融合主要指相对发达的非农产业部门和相对落后的农业部门，加强两部门间的经济交流与协作，实现生产要素的合理流动和优化组合，逐渐缩小收入差距直至趋同。在推进城乡融合过程中，最基本和最关键的要求就是城乡之间必须实现全面融合和共同繁荣。城乡融合从根本上改变了乡村居住农业人口与城镇聚集工业、商业人口的对立状态，实现了乡村与城市人口观念上的淡化（魏清泉，1997）。从政策含义层面来看，党的十九大提出城乡融合的新途径，其政策取向就是要重构新型城乡关系，通过深化改革和制度创新使城乡之间人、财、物等发展要素能够真正平等对流，城市对乡村由带动发展变为共同发展，进而逐步实现城乡之间的相互依存和共生共存。

随着我国城乡关系的演进和发展，以上关于城乡关系的表述亦与时俱进，体现出我党在顺应时代要求、解决城乡发展问题上的思路之变。城乡统筹战略的基本取向是"以城带乡"，城与乡的关系主要表现为主与次的关系、主动与被动的关系。由于城市具有强大的吸引力，许多地方统筹的结果仍然改变不了农村的人、财、物向城市流动，仍然改变不了"强城弱乡"的基本格局。与"城乡统筹"相比，"城乡融合"更加强调我国新型城镇化快速发展进程中城乡发展的有机联系和相互促进，更加强调把乡村的发展与城镇的发展作为一个有机整体来看待（郭晓鸣，2018）。"城乡一体化"战略的实施，本意是希望以城带乡，但由于城市具有强大的吸引力、吸附力，导致很大程度上农村人、财、物净流失，加上制度因素，造成了城乡之间发展的不平衡。相比而言，郑风田（2018）认为，城乡融合更深层的含义是，二者更深入地相互吸收对方的优点，并减少各自的不足。

2.2.2　城乡关系的演进

城乡关系作为经济社会发展中最为重要的一个关系，其是否协调发展，是反映国家或地区发展是否协调的一个关键标志（谢传会等，2019）。回顾中国现代化的进程，如何处理城乡关系从来都是贯穿我国工业化和城镇化进程的主题与主线。认真审视我国城乡发展的历程，正视城乡发展中存在的问题并分析原因，对于我国重塑城乡关系、重构城乡发展格局、实现城乡全面协调发展、促进全面建设小康社会和乡村振兴伟大目标的实现有着非常重要的意义。因此，在就城乡发展问题展开实证分析之前，有必要对新中国成立后的城乡关系演进脉络及阶段特征进行简要的梳理。

马克思、恩格斯认为城乡对立是一个历史范畴，城乡融合才是社会发展的必然趋势（丁忠兵，2018）。新中国成立70年以来，从新中国成立初期的城乡兼顾阶段，到计划经济时期重工业优先发展、城乡分离阶段，从城镇化快速推进下城市为主的阶段，再到新时期封闭破解、趋向融合的阶段我国城乡关系经历了以要素流动与城乡联系为主要特征的"渐进式"变革。从"兼顾"到"融合"这一表述的变化，折射出我国城乡关系的重大推进。

然而，不能否认的是，长期以来中国城乡关系一直呈现出"城市中心主义"的演变规律，也就是一种城市本位的城乡关系发展逻辑，"国家以城市为中心的制度安排与资源分配、社会以城市为主体的日常运转、个体形塑了一种以城市化为导向的思维方式和行为模式"（文军、沈东，2015）。这在结构上反映出的就是城市社会为一元、农村社会为另一元的"城乡二元"发展格局。尽管2002年以来，国家把重塑城乡关系摆在了重要的战略高度，先后提出了统筹城乡发展、取消农业税、建设社会主义新农村等旨在消解城乡差距的战略决策，中国城乡关系失衡的格局也的确有了一定程度的调整和改善。然而，这一系列发展战略仍然未能打破"城市中心主义"的历史桎梏，中国没有从根本上消解城乡二元结构。站在新时代的历史起点，如何走出城乡二元的历史窠臼，重塑城乡关系、实现从"二元分割"向"一元融合"转变，成为摆在我们面前的一个重要命题。综合考虑新中国成立 70 年来经济、社会、制度的结构性变化以及城乡要素流动的演变，可以将中国城乡关系的历史变迁划分为六个阶段。

（1）新中国成立初期（1949～1952 年）：城乡兼顾

新中国成立初期，无论是在经济方面还是政治方面，都承受着较大的外部压力与挑战。面对长期形成的"相互对立"的畸形城乡关系，恢复和发展国民经济成为这一时期的重点任务（谢志强，2011）。在七届二中全会上，党中央确立了"正确处理工农关系和城乡关系"的重要建国方针："城乡必须兼顾，必须使城市工作和乡村工作、使工人和农民、使工业和农业紧密地联系起来。"

一方面，借助各种手段疏通城市与乡村之间的经济往来活动，通过提高城乡经济联系，在最大程度上挖掘现有工农产业活力。在经济上允许多种经济成分并存，允许富农经济存在，允许农村土地、劳动力、资本等生产要素自由流动（马军显，2008）；从制度设计上打造国营、合作社以及私营等多渠道商业模式，并允许采用预购、代购等不同形式的集中购买方式，同时实现"农产品进城"加"工业品下乡"。另一方面，政府计划调节及行政干预手段成为当时城乡联系的内在驱动力。工业部门逐步取代农业部门的支柱地位，在地理空间上的集中则表现为从战时的乡村区域过渡到新中国成立后的城市地带。而在乡村内部，为了调动农民生产积极性、提高农业生产组织能力，中央政府大力推进互助合作化组织形式，从产业组织模式上进一步确立了新中国成立后城乡联系与城乡关系基本格局。与此同时，在农村实行土地改革，广大农民无偿分得了土地和其他生产资料，整个农业生产得以迅速恢复和发展。这一时期有较多的农村人口迁入城市，城市人口的比重由 10.64% 上升到 12.46%，城市人口绝对量增加了1398 万人。在这一时期，城乡结构是开放的，城乡之间的迁移相对来说比较自由。上述措施都表明，国民经济恢复时期的城乡发展理念已从"乡村育城市"逐步转到具有协调发展属性的方向上。在这一时期，城乡发展格局处于城乡兼顾、协调发展的阶段。

（2）计划经济时期（1953～1978年）：城乡对立

计划经济时期，中国走上以工业化、城市化为核心的现代化发展道路。其实质是以牺牲农业、农村以及农民切身利益为代价保证工业化的顺利推进，是农业经济对工业和城市经济的单向支持（江激宇、张士云，2018）。这也导致了该时期城乡二元结构的形成及固化。

1953年，中国开始大规模经济建设，中央政府开始限制农村劳动力、资本、土地等生产要素流动。合作化从组织上配合统购统销制度，城乡二元结构初步形成。同年，中国实施第一个五年计划，由于大规模经济建设后国家投资增长过快，农业与工业的矛盾突然以农副产品供应短缺的形式表现出来（武力，2007）。从同年12月起实施的农副产品"统购统销"，即国家为保证工业化发展需求从农民手中收购定额之外的"余粮"，越发加剧了乡村粮食供应短缺的状况。这导致农村人口向城市盲目外流，对城市稳定造成冲击。为此，从1956年起国家对生产和劳动以合作社的形式统一计划管理，人口流动受到一定限制。1958年，国家颁布《中华人民共和国户口登记条例》，将国民分为"农业"和"非农"两种户籍形式，从根本上限制了农村人口向城市的流动，也标志着城乡分割的二元户籍制度正式确立。1958年"大跃进"催生下的"政社合一"人民公社制度，实行的是集体经营、按劳分配，农民被束缚于农村、农业、集体经营中。在城乡之间、产业之间、农业内部，农村生产要素以政府的计划调拨和交换，极大地削弱了农民的生产积极性，束缚了农业生产力的发展。至此，统购统销、人民公社和城乡分割的户籍制度这"三把利剑"，基本切断了城乡之间的联系和要素流动，铸就了城乡之间形成相互封闭、相互隔绝的城乡二元格局。城乡二元分离虽然在短期内有效地聚集了工业化发展的物质基础（据不完全统计，全国于1960～1978年依靠统购统销手段从农业部门获取的工业积累约为2000亿元），但在计划经济体制的背景下导致"三农"发展受到限制、城乡矛盾日益突出。同时，二元分割使得城市也处于一种封闭式发展格局之下，成为长期市场机制缺位的重要诱因（范昊，2018）。

（3）改革开放前期（1979～1984年）：城乡二元结构松动

1978年底，十一届三中全会确立"对内改革、对外开放"方针政策，扭转了计划经济时期完全依靠政府调控的局面。自1982年起，党中央、国务院连发一号文件：1982年正式承认包产到户合法性，1983年放活农村工商业，1984年疏通流通渠道以竞争促发展，1985年调整产业结构和取消统购统销。一系列农业农村制度改革的推进，表明了党中央的工作重心由城市偏向农村，城乡二元分割的矛盾得到缓解，中国城乡关系进入一个新的历史时期。

从农村制度层面看，1979年以"包产到户"为主要形式的家庭联产承包责任制的实施，理顺了农村生产关系和国家与农民之间的利益分配关系。土地承包经营权、用益权的获得，赋予农民支配自身劳动的自主权，极大地提高了农民的生产积极性，农村生产力得到空前释放，农业产量快速提升；同时中央决定提高农副产品收购价格，农民收入快速提高。1982年12月《宪法》规定将乡镇作为我国农村最基层的行政区域。这标志着人民公社制度彻底终结，也预示着由纯粹行政主导的封闭隔绝的城乡二元结构开始松动和消解。1985年1月，农产品统购统销制度废除，这是具有划时代意义的改革。粮食流通不再依靠计划供应，而是基于市场机制的自由交易。从农村经济层面看，乡镇企业快速发展，尤其是非农产业的壮大减少了农村资源向城市的单向流失，农村劳动力由农业向非农业转移增多。1984年国务院发布《关于农民进入集镇落户问题的通知》，允许农民自理口粮进集镇落户，城乡户籍制度有所松动，大量农村剩余劳动力开始流向城市，农民增收渠道拓宽，1978～1984年，农民年人均纯收入由133.6元上升到355.3元，增幅高达165.9%，城乡收入差距缩小到1984年的1.84∶1，城镇化率从1978年的17.92%增加到1984年的23.01%。

（4）改革开放中期（1985～2002年）：以城市为重心的倾斜发展

1984年10月十二届三中全会的召开，标志着我国经济体制改革的全面铺开。会议通过了《中共中央关于经济体制改革的决定》，阐明了加快以城市为重心的经济体制改革的必要性和紧迫性，确立了改革的方向和各项基本方针。这一改革纲领性文件的颁布，标志着市场经济改革的重心正式由农村转移到城市。

随着改革重心的转移，各种资源配置也逐步向城市转移，城市改革步伐明显加快，城乡差距在这一时期急剧扩大，作为城乡二元结构核心的户籍制度也出现了松动。1985年7月，公安部颁布了《关于城镇人口管理的暂行规定》，明确"农转非"内部指标定在每年万分之二。1994年，中央规定取消户口按商品粮为标准划分为农业户口和非农业户口的二元结构，按照以居住地和职业为标准划分为农业人口和非农业人口。1997～2001年，《国务院批转公安部关于小城镇户籍管理制度改革试点方案和关于完善农村户籍管理制度意见的通知》《国务院批转公安部关于解决当前户口管理工作中几个突出问题意见的通知》《国务院批转公安部关于推进小城镇户籍管理制度改革意见的通知》三个中央文件的陆续出台，标志着小城镇城乡户籍制度改革率先取得了实质性突破，小城镇已经废除了城乡户籍分割制度（朱江丽、李子联，2016）。

与此同时，分税制改革加大了地方政府从基层汲取资源的力度，造成农民负担加重。为了减轻农民负担、平衡城乡收入差距，21世纪初中央开始进行农业税费改革试点，并于2006年取消农业税，这也为城乡之间生产要素的重新分配奠定了一定基础。以乡镇企业为引领的工业城镇化成为这一时期城乡关系演进的主导力量。1984年中央鼓励乡镇企业包括乡镇办、村办、联户办、个体办"四个轮子一起转"。这一时期，在中央放权给地方政府的财政包干制的刺激下，地方政府"放水养鱼"培植税源，大力兴办乡镇企业，几乎呈现"村村冒烟、户户上班"的局面。根据国家统计局数据，全国乡镇企业产值从1987年的4764亿元增长到2000年的27156亿元。乡镇企业的兴盛带动了小城镇的发展，小城镇在改革开放背景下依靠城乡要素的自由流动和城镇经济的复苏而兴起，成为一定区域内农村政治、经济、文化的中心，具有明显的区域带动作用。农村改革和户籍制度松动使得不受国家统一控制和分配的劳动力、资金、产品、原材料、技术等开始在城乡之间自由流动。数千万农村剩余劳动力进入乡镇企业和城镇非农产业，社会精英的流动也呈现多样化。1992年中央提出建立社会主义市场经济体制的战略目标，以产权多元化和经济运作市场化为特征的经济体制改革为各种要素的城乡流动营造了较为宽松的产权和市场基础，进一步激发了整个社会的活力（左雯敏等，2017）。

这一时期，伴随着以乡镇企业引领的工业城镇化的不断推进，城乡关系得到了一定程度的改善。至2003年，城镇经济体制改革的初级阶段基本完成；城镇具备了市场经济条件下强有力的经济集聚能力，吸纳了大量的乡村转移劳动力和乡村储蓄资本；城镇居民收入水平的提高促进了农产品消费需求的快速增长，农民涉农收入不断提高（孙健夫等，2019）。然而，这一时期也产生了不少问题。一方面，从城镇经济发展来看，小城镇是城乡连结处，乡镇企业和小城镇发展模式是统筹城乡关系的优良模式，但也造成了"镇强城弱"的城镇结构问题。"镇强城弱"的格局由于缺乏中心城市的主导和辐射作用，制约了城镇经济的进一步发展。另一方面，家庭联产承包责任制造成了分散、细碎的小农经济格局，农业经营难以达到适度规模经营，农业生产效率不高，制约了农村经济的进一步发展。

从改革效果来看，这一时期，中国城镇化加速推进，城镇化率从1985年的23.71%增加到2002年的39.09%。其中，城镇居民家庭人均可支配收入从1985年的739.1元提高到2002年的7702.8元，农村居民家庭人均纯收入从1985年的397.6元提高到1994年的2475.6元。城乡居民收入差距经历了先缩小后扩大的变动趋势，城乡居民收入差距指数从1979年的2.53降至1985年的1.72，又提高至2002年的3.21。

（5）改革开放深化期（2003～2012年）：统筹协调发展下的城乡互动

党的十六大以前，我国采取了农业支持工业、农村支持城市的城乡发展战略，取得了巨大成就。原本寄希望于城市发展带动农村同时进步，但现实却是城乡分化日趋严重，落后农村渐渐成为城市进一步发展的障碍，"发达地区对落后地区的涓滴效应却异化为发达城市对原本落后的农村各种资源的吞噬"。伴随着我国社会经济的迅速发展，"三农"问题越发突出。这也表明"先富带动后富"模式并不适应城乡发展的需求（孙健夫等，2019）。而我国农业大国的国情决定必须把"三农"放在首位，从城乡统筹整体解决"三农"问题（林刚，2014）。党中央基于城乡发展失衡的现实，开始对城乡关系进行调整，先后提出了"统筹城乡发展""城乡一体化发展""城乡融合发展"等一系列促进城乡发展战略和制度创新方案，开启了统筹城乡综合配套改革试点，旨在推动城乡协调发展、缩小城乡差距。

以党的十六大为契机，国家开始重新审视城乡关系与工农发展模式，并首次从全面建设小康社会的高度提出"统筹城乡经济社会发展"概念。会议明确了"建设现代化农业、发展农村经济、增加农民收入是全面建设小康社会的重大任务"。我国长期实行的"农业支持工业、乡村支持城市"的城乡关系，开始转变为工业反哺农业、城市带动乡村的新型城乡关系。

2003年十六届三中全会通过了《中共中央关于完善社会主义市场经济体制若干问题的决定》。会议做出了"按照统筹城乡发展、统筹区域发展、统筹经济社会发展、统筹人与自然和谐发展、统筹国内发展和对外开放的要求，建立有利于逐步改变城乡二元经济结构的体制"等重大决策，并就"深化农村改革，完善农村经济体制"等推动城乡统筹发展的举措做出了战略部署。

2005 年十六届五中全会，党中央做出"加快社会主义新农村建设"的重大决策。会议明确了"按照生存发展、生活宽裕、乡风文明、村容整洁、管理民主"的社会主义新农村建设总体要求，并提出从"统筹城乡经济社会发展、推进现代化农业建设、全面深化农村改革、大力发展农村公共事业、千方百计增加农民收入"等方面推进社会主义新农村建设的重要举措。

2007 年 10 月，中国共产党召开第十七次全国代表大会，大会通过的报告将解决"三农"问题放在重要位置："解决好农业、农村、农民问题，事关全面建设小康社会大局，必须始终作为全党工作的重中之重。要加强农业基础地位，走中国特色农业现代化道路，建立以工促农、以城带乡长效机制，形成城乡经济社会发展一体化新格局。"

2008 年十七届三中全会，集中讨论了在下一个阶段农村改革的方向和发展的道路。会议通过了《中共中央关于推进农村改革发展若干重大问题的决定》，做出了"着力破除城乡二元结构、形成城乡经济社会发展一体化新格局"的重大决策，并指出我国总体上已经进入以工促农、以城带乡的关键时刻。会议确立了"到 2020 年，城乡经济社会发展一体化体制机制基本建立"的战略目标，从稳定和完善农村基本经营制度、健全严格规范的农村土地管理制度、完善农业支持保护制度等方面提出了促进城乡一体化发展的系统部署和制度创新方案。

2010 年十七届五中全会通过了《中共中央关于制定国民经济和社会发展第十二个五年规划的建议》（以下简称《建议》）。《建议》提出推进农业现代化，加快社会主义新农村建设，指出在工业化、城镇化深入发展中同步推进农业现代化是"十二五"时期的一项重大任务，必须坚持把解决好"三农"问题作为全党工作重中之重，统筹城乡发展，坚持工业反哺农业、城市支持农村和多予少取放活方针，加大强农惠农力度，夯实农业农村发展基础，提高农业现代化水平和农民生活水平，建设农民幸福生活的美好家园。

从改革效果来看，这一时期中国城镇化加速推进，城镇化率由 2003 年的 40.53% 提高到 2012 年的 52.57%，年均提高 1.38 个百分点。城镇居民家庭人均可支配收入由 2003 年的 8472.2 元增加到 2012 年的 24564.7 元；农村居民人均纯收入由 2003 年的 2622.2 元增加到 2012 年的 7916.6 元，年均收入提高 588.2 元。然而，这一时期要素基本上向城市单向流动的城乡关系使得城乡居民收入差距明显扩大，城乡居民收入差距指数从 2003 年的 3.23 提高至 2012 年的 3.10。

（6）全面深入改革新时期（2013 年至今）：新型城镇化引导的城乡融合

自中央提出"城乡一体化"的目标后，中央通过践行"以工促农、以城带乡"的城乡统筹发展理念来缓解日益加深的城乡矛盾。政策与财政投入的支持，也在推动农业现代化的快速发展。但由于乡村、小城镇发展缓慢，大量析出的农业剩余劳动力流向大中城市，乡村凋敝与大中城市拥堵的矛盾却愈演愈烈。虽然这期间全国性的城乡产品市场与劳动力市场已然形成，且工农互动逐渐加深，但城乡在资源与权利分配上的不平等却加速了区域经济概念上的城乡分离（孙健夫等，2019）。这种"城乡分离"也表现在公共服务水平较低且区域差异较大、城乡产业结构不合理及经济发展动力不足等方面，构成了新的历史时点上城乡关系演进的现实背景和逻辑前提。

党的十八大以来，中央从中国经济社会发展的现实出发，坚持全面深入推进新型城镇化主导的发展模式，着力破解历史遗留问题，扭转以往"以城带乡"的统筹思路，转变为"城乡融合"发展。以人为本、城乡融合、乡村优先是这一时期城乡关系及其要素流动的根本特征，集中体现了新型城镇化主导的融合型城乡关系演进逻辑。在"五位一体"总体布局与五大发展理念的指引下，城乡经济关系进入全面融合发展阶段，其核心是城市和乡村共存共荣、相互依赖、互有需求。

2013 年十八届三中全会，《中共中央关于全面深化改革若干重大问题的决定》进一步提出了"健全城乡发展一体化体制机制"战略决策。会议指出，城乡二元结构是制约城乡发展一体化的主要障碍，必须健全体制机制，形成以工促农、以城带乡、工农互惠、城乡一体化的新型工农城乡关系，让广大农民平等参与现代化集成、共同分享现代化成果。《中共中央关于全面深化改革若干重大问题的决定》从加快构建新型农业经营体系、赋予农民更多财产权利、推进城乡要素平等交换和公共资源均衡配置、完善城镇化健康发展体制机制等多方面对城乡一体化发展进行了系统部署。

2014 年中央发布了《国家新型城镇化规划（2014～2020 年)》，提出了一条有别于工业城镇化和土地城镇化的新型城镇化道路，并使之成为中国城乡经济发展的新引擎。这一时期，新型城镇化主导的城乡关系演进主要解决的是以人为本、城乡融合两个问题。城乡融合中又包含乡村优先这一重要改革内容，并将其作为新时代优先发展的重大国家战略。具体而言，坚持农业农村优先发展，按照产业兴旺、生态宜居、乡风文明、治理有效、生活富裕的总要求，建立健全城乡融合发展体制机制和政策体系，加快推进农业农村现代化；优化城镇化布局，增加中心城市的辐射能力，加快发展中小城市，有重点地发展小城镇，形成一个完善合理的城市群；积极统筹推动城乡融合发展，重点推进城乡规划、基础设施和公共服务一体化。

2017 年，党的十九大报告首次提出"乡村振兴战略"，做出了"中国特色社会主义进入新时代，我国社会主要矛盾已经转化为人民日益增长的美好生活需要和不平衡不充分的发展之间的矛盾"的战略性判断。这一带有全局性的主要矛盾，根源于城乡二元结构壁垒造成的城乡发展不平衡不充分、农业农村现代化发展滞后。缓解这一矛盾的改革重点和难点在农村，尤其是破除农村经济和社会的封闭性，并加快城乡要素的市场化改革，这是"乡村振兴战略"的重要内容。报告从"要坚持农业农村优先发展""建立健全城乡融合发展体制机制和政策体系""巩固和完善农村基本经营体制、深化农村土地制度改革、完善承包地三权分置制度""促进农村一、二、三产业融合发展"等几个方面，对乡村振兴战略进行了全面部署。

这一时期，以人为本的新型城镇化建设加速推进，农民工权益保障水平显著提升，户籍人口城镇化率与常住人口城镇化率的差距明显收窄；农业供给侧改革推动农产品与农业生产要素的市场化向纵深发展，城乡供需联动的统一市场逐步完善且效率不断提升；乡村振兴战略推动"工农互促、城乡互补、全面融合、共同繁荣的新型工农城乡关系"的建立。以城市群为主体形态的大中小城市与小城镇协同发展战略得以实施，有效地提升了城与乡之间的功能协调与发展互促。这一时期不仅城镇化率保持了高速增长，由 2013 年的 53.70% 提高到 2018 年的 59.58%，年均增长 1.2 个百分点；农业转移人口的市民化程度和城乡收入差距也取得了明显成效，城乡居民收入差距指数从 2013 年的 3.03 缩减到 2018 年的 2.68。

综观我国城乡关系演进的脉络，从"统筹城乡发展"到"城乡一体化"再到"城乡融合"，体现出党中央关于城乡关系认识的一脉相承和与时俱进。通过破解城乡二元结构、推动城乡融合发展来实现"全面建成小康社会"伟大目标的战略思路，符合我国新时代城乡关系的阶段特征和本质要求。

2.3 城乡协调发展：聚焦乡村振兴

党的十七大报告指出："要形成城乡经济社会发展一体化新格局。"这是在中央层面首次提出"城乡一体化"概念。此后"城乡一体化"概念的内涵不断深化和发展。现阶段推进"城乡发展一体化"的着力点是如何建立城乡融合的体制机制，形成城乡互补、互惠、共生的新型城乡关系。党的十九大报告中首次将"实施区域协调发展战略"上升到国家战略，作为"贯彻新发展理念，建设现代化经济体系"的重要任务。同时明确提出："强化举措推进西部大开发形成新格局，深化改革加快东北等老工业基地振兴，发挥优势推动中部地区崛起，创新引领率先实现东部地区优化发展，建立更加有效的区域协调发展新机制，提出走中国特色农业现代化道路，建立以工促农、以城带乡长效机制，形成经济社会发展一体化新格局。"从 2004 年到 2017 年，党中央连续发布聚焦"三农"问题的"一号文件"，涉及农村税费改革、农村金融体制改革、农村土地制度改革、农村基础设施建设和公共服务、农业现代化、农业供给侧结构性改革等方面，旨在城乡统筹发展、缩小城乡之间收入分配差距、实现公共服务均等化和产业布局合理化。党的十九大报告指出，要大力实施"乡村振兴战略"，构建城乡融合发展的政策体系，加快推进农业农村现代化，"乡村振兴战略"将农业农村优先发展置于更加突出的地位。"乡村振兴战略"是在我国社会主要矛盾发生转变和农业供给侧结构性改革背景下提出的，具有鲜明的时代特征。在区域协调发展战略引领下，区域发展内涵日趋丰富，重点更加明确。继续深入推进区域发展总体战略，以"一带一路"建设为重点提升区域开放型经济水平，加快推进京津冀协同发展、长江经济带发展、粤港澳大湾区建设三大国家重点区域发展，为实现全面建成小康社会目标、开启新时代中国特色现代化建设征程提供有力支撑。

习近平总书记在 2017 年中央农村工作会议中指出，要稳步实施乡村振兴战略、推动乡村经济社会的创新发展，就必须坚持"以工补农、以城带乡"的基本路线，通过在改革开放 40 年中城市改革发展取得的丰硕成果反哺农村，既能让农村人口更加便捷地向城市地区流动，享受城市发展的现代文明成果，也要加大城市对农村建设的帮扶力度，促进新型工业化、信息化、城镇化、农业现代化的同步发展，从而实现城乡经济的双向共赢。在城乡宏观治理体制机制中，政府要积极通过政策扶持、财政支持等手段对农村治理有所倾斜：优先发展农业农村经济，优先满足农村公共基础设施建设提档升级，优先保障农村教育、劳动力发展需求，优先安排农村社会保障体系及民生工程，加快补齐农村发展短板，着力形成"工农互促、城乡互补、全面融合、共同繁荣的新型工农城乡关系"。梅浩（2018）认为，城乡融合发展思想是习近平总书记在深刻总结马克思主义理论逻辑、社会主义建设实践经验的基础上，以"创新、协调、绿色、开放、共享"五大发展理念为指导，以"乡村振兴战略"为实践路径的重要理论成果，实现了中国特色社会主义城乡建设思想的一次历史性的飞跃。其研究梳理了马克思、恩格斯关于城乡发展关系问题的历史唯物主义理论线索，认为城乡之间的分化同资本主义生产方式的兴起密切相关，它们是在人类历史中生产力水平发展到一定阶段的必然产物，并且在一定历史时期内具有积极的作用。其研究提出："构建新型的城乡融合关系，必须坚持城市与乡村的协调发展理念，既要将二者统筹为一个整体、一个集合，统筹城乡之间各互动因素、环节等的发展关系问题，也要积极运用整体与部分的方法论思想，充分认识到城市和乡村在社会建设和满足人民生活需求方面的功能分区，科学确立、合理分工，从而实现城乡的功能互补和联动发展。因而，构建城乡融合机制体制，统筹协调城乡关系，强调城乡两个单元部分的互动交流，时刻把握城乡之间的双向流通，才能实现工农互惠的最终目标。"

中国学术界较早关注"区域协调发展"的研究可以追溯到 20 世纪 90 年代初。刘再兴（1993）将区域协调的内涵界定为："正确处理中国东部地区与西部地区、发达地区与不发达地区的关系，在看待总体效益与地区均衡的政策目标取向上，不应当保证一方而牺牲另一方，而是要实现对于二者的协调。"曾坤生（2000）则首次区分了区域协调的静态概念和动态概念，并创新性地提出了"区域经济动态协调发展理论"的概念。其研究认为："从动态协调发展的观点来看，经济发展的区域不均衡具有普遍规律性，要实现区域经济的协调发展，必须从整体经济的实际出发，结合区域经济发展的阶段性特征，在一定时期内突出相应的发展重点，扶植能在较短时期内做到自立发展的区域或产业，培育区域自我发展的能力。给落后地区在基础设施建设和社会发展方面予以适当支持和照顾，以保持地区间协调发展和经济社会稳定，适时、适度的重点倾斜与全面协调发展相结合是动态协调发展思想的核心内容。"其研究从区域动态协调发展的视角出发，划分了区域协调空间系统的两个维度，即东、中、西三大区域的协调发展以及各区域内城市经济与农村经济的协调发展。其研究也梳理了区域经济发展与人口增长、产业结构变动、资源环境之间的动态协调关系。

覃成林、姜文仙（2011）认为，区域协调发展是各区域之间经济联系日益紧密、区域分工更加合理、经济社会发展差距逐渐缩小并趋向收敛、整体经济效率持续增长的过程。这一定义将区域协调发展界定为一种"过程"。具体而言，这一概念含有一个前提即区际相互联系的客观存在性。他们认为，理解区域协调发展概念、推进区域协调发展战略，必须从区际相互联系的角度出发，把握以下三个内涵：其一，区域协调发展本身就是描述两个区域系统之间的关系，区际联系是这一概念存在的基石；其二，随着经济全球化和区域经济一体化的推进，在市场能量极大扩展的今天，每一个区域都被纳入地区、国家乃至全球格局之中，区际联系比历史上任何一个时期都更紧密；其三，根据区域相互依赖理论，区际联系的客观存在性决定了区域相互之间在发展上的相互依赖，从而形成互动关系。因而区域之间的相互联系是区域经济协调发展的基础。其研究归纳了协调发展的四个特征。第一是经济联系日益紧密。具体体现为区域之间的要素流动更加通畅，区域市场一体化程度不断提高，区域合作与交往的深度与广度不断拓展。第二是区域分工更加合理。各区域的产业发展和产业结构均立足自身经济优势和比较利益，实现区域发展与要素禀赋最佳匹配，并在区域联系网络中居于合理的节点。第三是区际经济社会发展差距逐渐缩小并趋向收敛，一方面区域经济发展相对差距呈现逐渐缩小并稳定于合理的范围内，另一方面区域之间的基本公共服务逐渐呈现均等化的态势。第四是整体经济效率的持续增长。其研究也梳理了包含市场机制、空间组织机制、合作机制、援助机制、治理机制在内的区域协调发展机制体系。

杨佩卿（2017）认为，在新型城镇化过程中，可通过以工补农促进农村产业升级，促进城乡生产生活方式提升，可通过以城带乡辐射带动农村基础设施、公共服务和文明程度提升，不断缩小城乡差距，逐步在经济、社会、文化及生态上实现城乡协调发展。具体可以通过以城镇产业发展带动农村产业升级，以城镇基础设施延伸带动农村基础设施完善，以城镇公共服务辐射带动公共服务城乡均等化，以城镇现代文明覆盖带动农村文明程度提升。坚持城乡发展一体化理念，把新农村社区纳入城镇格局同步发展，积极推进城镇基础设施和公共服务延伸覆盖农村，以现代文明促进城乡协调一体化发展，坚持工业反哺农业、城市带动农村，加大强农、惠农、富农支持力度，统筹城乡之间产业发展、设施建设、公共服务、资金投入等各个方面，促进城乡间要素公平交换，实现公共资源均衡优化配置，建构工农商互惠互利、城乡一体共荣的新型城乡关系。

从十六大的"统筹城乡经济社会发展"到十九大首次提出"城乡融合发展"政策导向的演变反映了我们党对加快形成新型工农城乡关系的认识逐步深化，也顺应了新时代工农城乡关系演变的新特征、新趋势，这与坚持农业农村优先发展的战略导向是一脉相承、互补共促的。城乡统筹发展的基本政策取向还是以城带乡，城市与乡村之间处于主动与被动的关系，由于城市对各种资源具有天然的集聚效应，城乡之间发展不平衡、不充分的基本格局依然没有实质性改变。城乡融合发展的根本途径是以全面深化改革为载体，促进城乡之间要素的自由平等流动，构筑具有中国特色的乡村振兴道路。而后，党的十九大报告中明确提出了实施"乡村振兴战略"，坚持产业兴旺、生态宜居、乡风文明、治理有效、生活富裕的总体要求。随着《国家乡村振兴战略规划（2018~2022年）》公布实施，一系列重大项目和政策陆续推出，乡村振兴成为新时代加强"三农"融合、统筹城乡发展的战略重点。

高国力等（2018）梳理了改革开放40年来的中国区域发展阶段和特征，认为总体而言区域发展差距由迅速扩大到逐渐缩小，区域发展的协调性和韧性不断增强，区域间基本公共服务均等化水平的不断提高促进了城乡一体化发展进程，有效助推了乡村振兴发展。其研究将中国的区域发展历程归纳为三个阶段——区域非均衡发展阶段、区域均衡发展阶段、区域协调发展阶段，并在此基础上提出了当前中国区域协调发展战略的主要政策着力点：首先，明晰区域"四大板块"发展重点；其次，加强区域发展战略与"一带一路"建设的对接融合；再次，促进主体功能区、经济类型区、开放平台区统筹协调发展；最后，以乡村振兴战略为引领，实现区域和城乡间基本公共服务和居民生活水平均等化。程明（2018）认为，"乡村振兴战略"是在我国社会主要矛盾发生转变的时代背景下，党中央为加快推进农业农村现代化、实现高质量发展而构建的行动纲领。乡村振兴战略的提出是马克思主义城乡关系理论与中国"三农"工作实践相结合的时代产物，是与改革开放以后城乡互动协调发展理念、建立和完善社会主义市场经济体制时期的城乡协调发展理论一脉相承的。其研究回顾并总结了新中国乡村振兴战略历史嬗变轨迹的四个阶段：城乡开放互动阶段、城乡分割阶段、城乡要素单向流动阶段和城乡统筹协调发展阶段。其研究认为，乡村振兴战略究其时代特质是从城乡融合发展的角度对新时代我国城乡关系的再造与重塑，对新时代构建新型城乡关系、从根源上缩小城乡差距具有里程碑意义。乡村振兴战略的实施必将为决胜全面建成小康社会、构建社会主义现代化强国注入不竭动力。

郝桂林（2018）认为，当前中国城乡和区域发展不协调主要表现为：首先是农村劳动力比重与农业 GDP 比重的不协调，导致城乡收入差距大；其次是工业化与城镇化的不协调；再次是城乡发展的不协调；最后是经济重心东、西差异导致的区域不协调。王一铮（2019）认为，实现乡村振兴、促进城乡融合发展的关键是人才，即保证劳动力的内源性供给，促进人才的内留外引。唯有振兴乡村特色产业、激发内源性动力才能形成"特色产业引导＋内留外引＋内源性供给"的人才供给合力。其认为乡村振兴要打响社会建设的质量之战，作为促进城乡融合发展的人才振兴则是乡村社会建设的现实指引。刘勇（2019）认为，我国城乡区域之间人口自由流动将更加顺畅，也有利于推动精准扶贫工作与社会保障的有机结合。这些都将对我国更好提高资源配置效率、优化人口城乡区域分布等发挥积极作用。要进一步加大城乡区域协调发展力度，构建相应的长效机制，继续鼓励东部地区产业向中西部和共建"一带一路"沿线国家转移，不断强化中西部基础设施和生态环境保护项目建设，以持续深化改革、解决发展中出现的问题，更好构建城乡区域协调发展新机制。

较早对中国城乡协调发展进行实证研究的文献，如朱允卫、黄祖辉（2006）的以浙江省为样本，实证考察了1981~2003年浙江省区域经济发展与城乡统筹协调之间的经济关系，其结论认为："浙江经济发展与城乡统筹之间存在着一种双向的、互为因果的互动关系。经济发展并不会自动导致城乡差距的缩小，实现城乡统筹发展。相反，经济发展从中长期看还会进一步加大城乡差距。"王颖等（2018）从城乡协调发展的城乡间互动关联内涵出发，以东北地区34个地级市区域为研究单元，采用2003~2015年的城、乡发展数据，运用耦合协调度模型评价东北地级市各区域历年的城乡协调发展水平。实证研究发现，东北地区城乡协调发展在时间序列上呈现出低水平波动增长、协调类型结构阶段性稳步发展、内部发展差异不断拉大等特点；城乡协调发展的空间格局呈现出明显的中心极化、城市群集聚以及区域差异性等特征；东北地区的城市在城乡系统协调发展过程中发挥着主导作用，中心城市规模扩张、城市经济实力增强、城市服务功能提升是东北地区城乡协调时空格局演化的主要动力机制。

聚焦河南的研究，如王元亮（2015）认为，区域协调发展不仅是各区域之间的协调发展，也是区域内部和城乡之间的协调发展。我国中西部经济社会发展最大的差距并不是区域之间，而是区域内部和城乡之间的差距。他认为，一方面要实施次级区域规划，注重次级区域在经济区发展中的战略支点作用，提高区域政策精准性，针对不同类型区域建立相应的区域政策体系；另一方面要强调城乡统筹、城乡一体化在区域协调发展中的作用，建立整合城乡要素资源的协调机制，形成大中小城市与城镇的协同发展格局。在梳理河南区域协调发展战略实施的五个阶段（摸索时期、萌芽时期、形成时期、全域时期和深化时期）基础上，他提出当前河南持续把重点发展中原城市群作为引领区域发展的基本途径，把发展壮大县域经济作为中原崛起的基石支撑，并将中原经济区建设的主线贯彻到区域经济发展的每个环节。由此，河南正在抓住国家"一带一路"倡仪这一重大历史机遇，用交通带动物流，发挥郑州航空港和郑欧班列的引领作用，发展郑州、洛阳等中心城市，提高"丝绸之路经济带"东段的支撑力，用城市带动整个河南经济，增强区域协调与内部联系。

2.4 文献评述

中国的城镇化在过去的 40 年时间里取得了举世瞩目的成就。大量理论和实证研究均证实，中国的城镇化进程中区域、城乡之间的非均衡问题越发成为一个困扰整体国民经济发展的重大问题。由此，党的十九大首次提出"城乡融合发展"政策导向，要求构建新型工农城乡关系。后续的中央一号文件紧紧围绕"乡村振兴"，提出了切实可行的一系列政策主张。通过文献回顾不难看出，经济学针对中国城镇化问题研究的一条重要的线索就是关注对于城镇化进程中城乡发展失衡、区域发展不协调问题的探讨。尤其是近年来围绕这一线索的大量研究无论是理论还是实证、无论是从区域还是从整体，"协调"是一个关键词。协调发展从根本上来说就是协调区域、城乡之间效率与公平的关系。讲求效率的提高是实现区际公平的保障，体现公平的发展更能激发效率的提升。因此，区域协调发展旨在建立一种确保公平与效率正向反馈的机制，促进区域经济乃至全国经济的良性发展。针对当前命题的一种普遍共识是：协调发展就是各区域之间经济联系日益紧密、区域分工更加合理、经济社会发展差距逐渐缩小并趋向收敛、整体经济效率持续增长的过程。这一过程的产生是多个层面、多个主体、多种经济关系、多目标共同合力交织的必然结果。

本章从城乡协调发展的视角展开，回顾了学术界对于城乡协调发展内涵的探讨及理论演进，梳理并提出了关于城乡协调发展从城乡二元分割到二元融合的理论演进线索。本研究认为，城乡协调发展的重要内涵在于厘清城镇化进程中人口如何在城乡之间流动以及伴随要素流动中的工业与农业如何发展的问题，而这恰是关乎城乡发展是否协调的关键问题。

3

城乡协调发展：基于居民收入差距视角

2018 年初，中共河南省委、省政府印发《关于推进乡村振兴战略的实施意见》（以下简称《意见》）。《意见》明确指出，到 2020 年，河南省要在乡村振兴工作中取得重要进展：制度框架和政策体系基本形成，农业综合生产能力稳步提升，农业供给质量明显提高，农村一、二、三产业融合发展水平进一步提升，农民增收渠道进一步拓宽，城乡居民生活水平差距持续缩小；城乡基本公共服务均等化水平进一步提高，城乡融合发展体制机制初步建立健全；充分发挥新型工业化、信息化、城镇化对乡村振兴的辐射带动作用，推进农业现代化，推动实现资源要素、公共服务向农业农村倾斜，形成城乡融合发展新局面。

本章从城乡居民收入差距的线索展开，以河南省的现实数据为基础，运用理论及实证研究的方法对河南省城乡居民收入差距的影响因素进行经济学分析，以构建河南省城乡协调发展的理论框架。

3.1 探究城乡协调：居民收入差距视角的文献回顾

当前，聚焦探究城乡居民收入差距的研究可谓汗牛充栋。这些理论及实证研究大都围绕中国城镇化进程所造成的城乡割据这一经济现实为基础展开。例如，陈秀山、杨艳（2010）的研究梳理了中国自改革开放以来的区域发展战略的三个阶段：非均衡区域发展战略阶段、区域协调发展战略初步形成阶段和全面实施阶段。其研究认为：实现区域协调发展的一个重要内涵就是要在充分发挥区域比较优势的基础上，将区域收入差距控制在合理的范围，实现地区基本公共服务的均等化。

杨开忠（2018）认为，自改革开放以来，造成省域视角下的东西部发展差距大的一大原因便是中西部城市发育不足，因而发展都市圈集聚的支撑引领作用既是"乡村振兴战略"的必然要求，也是有效实现乡村与中心建成区协调发展的必然之路。

对于城乡协调发展问题的研究，众多学者从不同视角展开。这些研究线索中，一条可能被忽略的就是探讨中国城乡居民收入差距问题及其解决路径。这是因为不管是针对"三农"问题的研究抑或是现如今针对"乡村振兴"战略实践，首先要解决的就是如何不断缩小日益拉大的城乡居民收入差距现实。较早的研究有：林毅夫、蔡昉等（1998）认为，中国城乡贫困差距将持续扩大并预计2020年城乡可支配收入比将达到4.9。连玉明（2012）测算认为，中国大陆城乡居民收入比达3.3，贫富差距正在进一步扩大。张改素等（2017）认为，在经济常态背景下，分析城乡收入差距的现实问题，提出遏制城乡收入差距扩大的调控政策，是当今乃至今后很长一段时间我国经济社会发展必须要解决的重要问题。丁庆燊、孙佳星（2019）构建了空间面板杜宾模型，从人口城市化、土地城市化和产业城市化三个角度探究中国城市化对城乡收入差距的空间效应。其实证研究发现，中国城市化具有显著的空间溢出效应，且不同的城市化衡量指标对城乡收入差距的影响方向不同，人口城市化和产业城市化对城乡收入差距具有显著的负向溢出效应。

伴随着改革开放以来中国快速的工业化发展，大量农村劳动力转移支撑了中国的高速城镇化进程。就要素视野的分析而言，劳动力要素的这种转移，一方面具有明显的跨产业特征，即从农业部门向第二及第三产业转移；另一方面具有明显的跨区域特征，即从中西部地区向东部沿海地区转移。改革开放40年来，由于中国东部沿海地区率先实现工业化，其与中、西部地区的发展差距越发明显；与此同时，同一区域的城镇化扩张也造成了城乡之间差距的不断扩大。因此，这种差距同时具有区域间与城乡间的二元性特征。由此，为了探寻缩小城乡居民收入差距的学术命题，一个不可忽略的事实就是要关注工业化所表现出的区域特征，那就是工业活动的地理集聚。

产业集聚的概念由马歇尔（Marshall，1987）首次提出，克鲁格曼（Krugman，1991）在 D－S 垄断竞争框架下，指出产业集聚导致厂商被赋予一定程度的"集聚租"，因此城乡之间存在相应的要素收入差距。克鲁格曼在"中心－外围"理论中提出，较高的产业发展水平和良好的交通条件会导致该地区具有相对较高的工资水平，而这将引起工人移民到该地区，进而促使产业集聚的形成。然而，随着要素进一步流入集聚区以及由此导致的集聚水平的持续提高，已经形成的工资差距将会消失。除此之外，克鲁格曼（1991）的 D－S 模型从经济学的角度，描述了产业集聚引起区域之间经济发展水平存在差距的作用机制。赫尔普曼（Helpman，1998）考虑了中心地区在产业集聚的过程中，由土地的稀缺所导致的地租、房价上涨，造成集聚区居民生活成本的增加，这将不可避免地导致劳动力流动的放缓。当产业集聚实现长期稳定时，中心和外围的实际工资率相差无几，但中心区域的名义工资率更高。

国内有关产业集聚与城乡收入差距关系的实证研究结论无外乎以下三种：正相关（产业集聚拉大城乡收入差距）、负相关（产业集聚缩小城乡收入差距）、U 形相关（产业集聚先缩小而后又拉大城乡收入差距）。基于这些文献的梳理可进行如下三个方面的总结。

1. 正相关论：产业集聚拉大城乡居民收入差距

蔡武、陈望远（2012）借鉴了新经济地理学的相关理论，在城乡各生产部门的生产函数中引入中间产品投入和产业集聚外部性，证实了产业集聚的极化效应扩大了城乡劳动力收入差距。蒲红霞（2015）认为，我国整体上的服务业集聚显著扩大了收入差距，但其对收入差距的影响因地区不同而存在差异，对东西部来说，服务业集聚确实能够扩大两个地区的收入差距，但中西部收入差距受服务业集聚的影响不大。徐敏（2015）运用空间统计分析检验中国 31 个省区市 2006～2012 年金融集聚与城乡居民收入差距空间相关性，并在此基础上建立空间误差模型进行实证检验。结果显示，城乡收入差距和金融集聚均存在空间相关性，金融集聚导致了城乡居民收入差距的扩大，然而，银行业集聚对城乡收入差距的影响显著大于证券业集聚和保险业集聚。刘博宇（2017）通过分析我国各城市群金融集聚与城乡居民收入差距之间的相关性，指出两者存在空间正相关。石青仪

（2018）认为，在集聚效应主导的规模报酬递增阶段，城市居民收入增幅大于农村居民，进而扩大城乡收入差距，而在扩散效应主导的规模报酬递减阶段，农村居民收入从中受益较多，此时产业集聚会缩小收入差距。通过实证分析发现，由于我国服务业集聚处于比较滞后的阶段，并处于加速集聚的态势，农民在这个过程中收入增幅有限，因此近年来服务业集聚扩大了城乡收入差距。

2. 负相关论：产业集聚在一定程度上缩小城乡居民收入差距

沈思远（2015）以长江三角洲为研究区域，认为产业集聚会影响居民工资水平、企业规模经济和运输成本，进而缩小城乡居民收入差距。李娜（2016）同样以长江三角洲为研究区域，经过实证分析得出，区域集聚水平的提升能够通过促进当地经济增长来缩小城乡居民收入差距。赵粲（2017）提出，生产性服务业集聚可以在一定程度上缩小中国三大区域间的经济差距，但是分地区来看，生产性服务业集聚可以缩小东中、东西的经济差距，却会在一定程度上拉大中部与西部之间的经济差距。孙学梁（2017）以经济密度来衡量产业集聚水平，指出产业集聚对城镇居民人均可支配收入和农村居民人均纯收入均存在显著正相关，但经济密度与城乡居民收入比之间是负向显著的。俞彤晖（2018）认为，流通产业集聚与城乡收入差距之间呈动态负相关，即流通产业集聚水平的提高有益于缩小城乡收入差距。

3. U形相关论：产业集聚先缩小而后又拉大城乡居民收入差距

罗媛（2018）在梳理和总结已有相关文献的基础上，基于2000～2016年31个省区市的面板数据，建立空间面板杜宾模型，检验产业集聚、城镇化对城乡居民收入差距的影响。结果发现，产业集聚对城乡收入差距的影响呈"U"形相关，除此之外，产业集聚对周围地区的城乡收入差距存在空间溢出效应，即某一地区在集聚的过程中会引起周边地区要素资源的集中，这一效应会使得外围相邻区域无法达到最优的产业集聚水平，进而缩小周边地区城乡收入差距。

3.2 工业化与城乡居民收入差距：现实与机理

学者常用的衡量城乡收入差距的指标主要有城乡居民收入比、基尼系数和泰尔指数等。考虑到测算结果的准确性和数据的可得性，采用城乡居民收入比这一指标来衡量各省区市城乡居民收入差距。虽然这一指标存在缺陷，但是数据相对容易采集，而且可操作性较强，因此被广泛应用。用 GAP 表示城乡居民收入比，即城乡居民收入比 = 城镇居民个人可支配收入/农村居民个人可支配收入。GAP 值越大表示城乡收入差距越大，GAP 值越小表示城乡收入差距越小，当 GAP = 1 时，则城乡人均收入相当。

在我国经济快速发展的同时，城乡居民收入差距逐渐成为限制我国城乡协调发展的一个重要因素。产业集聚对周围地区产生的辐射作用大小因距离远近而异，距离集聚区越远的区域受到的影响越小，导致外围地区的经济增长速度放缓，城乡收入差距扩大。反之，城乡居民收入差距在一定程度上也会影响经济的可持续发展，进而影响我国整体经济发展水平。在当前我国的市场经济中，居民个人可支配收入水平的高低是影响消费的决定性因素，只有不断提高居民收入，我国消费者的有效需求才会不断增加。

以 2005 年为基期，以城乡居民收入之比作为衡量居民收入差距的指标，对 2005～2017 年 12 个省区市的城乡收入状况做了详细的统计。从现实数据可以看出，全国范围内城乡收入差距较大，几乎所有省份的城乡收入比值都大于 1，且个别省份超过了 4，只有天津市在 2 左右徘徊，这足以说明我国目前城乡收入差距还处在一种待改善的水平，成为遏制我国经济发展的一个重要因素。但我们可以看出，各省份城乡收入差距在逐渐缩小。总体来说，相比于东部地区，西部各省区市城乡收入差距状况较为严峻。

具体来看：①东部六省城乡收入之比基本在 2～2.5。在东部地区中，广东省是收入差距较大的地区，比值一直大于 2.5，从 2005 年开始的六年间，比值处于 3 之上，但是也在不断减小，在 2011 年时降为 2.87；在 12 个省区市中，天津市的收入差距现状较为乐观，除了在 2008～2012 年的比值大于 2 之外，其他年份均小于 2，保持在一个较低的水平。②西部六省城乡收入差距较大，收入之比基本大于 3，陕西、甘肃、贵州和云南 2005～2009 年均超过了 4，但较为欣慰的是，各省份收入差距都在不断缩小，广西和宁夏近几年来城乡收入之比已经降为

2.7 左右。为了更加清晰、直观地展示各省份 2005～2017 年 13 年间城乡居民收入比的变化趋势，本研究绘制了城乡居民收入比演变图（见图 3-1）。

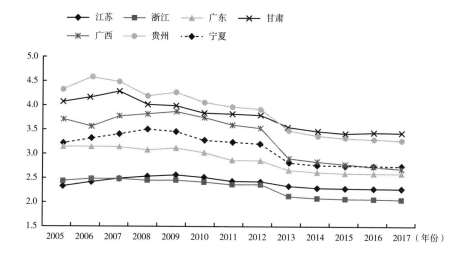

图 3-1　2005～2017 年个别省份城乡居民收入比演变

从图 3-1 可以看出各省份城乡居民收入比的演变趋势具有以下特点。

（1）变化曲线表现出倒 "U" 形特征，表明城乡收入比先是随时间逐渐增加，当产业集聚达到一定规模后，又随之逐渐减小，这与库兹涅茨的倒 "U" 形理论相一致。表现为该特征的省份有江苏、广西、贵州和宁夏。

（2）曲线的波动趋势为倒 "U" 形的右半段，说明城乡居民收入比随着时间的推移在不断缩小，该省份已经跨过了城乡收入比由扩大到缩小的转折点，这是一种比较好的态势。表现为该特征的省份有浙江、广东、甘肃。

2005～2017 年各省份产业集聚变化趋势呈倒 "U" 形，从现状分析的角度，对不同的省份来说，产业集聚与城乡收入差距之间的关系可能是正相关、负相关或者 "U" 形相关。

基于既有的关于产业集聚对城乡收入差距影响路径的相关研究，同时结合产业集聚的外部效应理论和我国目前的城乡二元经济结构现状，本研究认为产业集聚对城乡收入差距的影响可以分为城乡集聚和城乡扩散两个阶段。这两个阶段不同的作用路径和影响可梳理如下。

在城乡集聚阶段，"集聚－虹吸"效应起主导作用。在城乡扩散阶段，起主导作用的则是"拥挤－扩散"效应。在不同的阶段，产业集聚所表现的效应不同，因而对城乡收入差距的影响也存在差异。在城乡集聚阶段，城乡居民收入都会增加，但是城镇居民收入增幅较大，最终导致收入差距的扩大。在城乡扩散阶段，城乡居民同样都是受益者，但此时农村居民从中受益较多，因此收入差距不断缩小。城乡集聚与城乡扩散两个阶段贯穿于产业集聚区在空间上演化的整个过程，是演化历程的两个主要表现。"集聚－虹吸"效应和"拥挤－扩散"效应同时存在于两个阶段，只是两者在不同阶段所表现的强度不同。在经济发展水平由低到高变化的同时，"集聚－虹吸"效应由强到弱，"拥挤－扩散"效应则由弱至强，但两者同时存在于产业集聚区发展的不同阶段。

在工业化初期，工业部门的集聚速度增长较快，集聚效应会扩大城乡居民收入差距。具体表现在：①集聚区域的企业由于大量优质资本、高技能人才和高端技术的涌入，存在规模报酬递增，生产效率大幅提高，而生产效率的提高则意味着集聚区劳动力收入的增加；②集聚效应使得集聚区更具有产业优势，第二、第三产业将会向集聚区集中，经济集聚区对第一产业而言具有区位优势，因此较为优秀的企业和支柱企业会从原有区域向集聚区域转移。

在此期间，由于集聚效应的存在，产业集聚区的企业发展迅猛，因此对资本、劳动力和技术水平的需求会日益增加，此时各生产要素处于供不应求的状态，要素报酬的提高将会促使优质资本和农村的高技能人才争相涌入集聚区，形成"虹吸效应"。这一现象将直接影响农村投资的规模和数量，农村人才的流失使一些乡企收益大量减少，甚至面临破产的风险。由于技术水平较低的农村劳动力无法满足岗位要求，企业便会降低工资水平。最终，"虹吸效应"使得城乡居民收入差距不断扩大。

总之，在城乡集聚阶段，一方面，集聚效应使得农村居民不断转移至城镇，集聚区存在的大量就业机会促使工人就业，提高了城乡居民的工资水平，但是和农村居民相比，城镇居民有更多的财产性收入，因此城镇居民的总收入增幅会大于农村居民；另一方面，在"虹吸效应"的影响下城镇居民收入增加的同时，会直接降低农村居民的收入水平。就整体而言，城乡收入差距呈现不断扩大的特征。

随着区域产业集聚水平已经达到较高的水平，此时要素比例配置的失衡将会导致拥挤效应的产生。拥挤效应会增加城镇居民的生活成本，比如交通拥挤引起的通勤成本的上升，房价、物价水平的提高导致日常生活成本的上升，同时也会引起土地和劳动力等生产要素价格的提高，集聚负外部性进而对企业生产率产生消极影响（Dixit，1973；Henderson，1974；Arnott Brulhart，et al.，2008）。集聚产生的拥挤效应使得产业集聚区边际效益递减与外部不经济，造成企业的生产效率下降、生产成本增加，城镇居民收入增加速度减缓甚至降为负值，从而引起城乡居民收入差距缩小。

扩散效应是指生产要素逐渐开始从集聚区向周边外围地区转移，以"晕染"式的情状推进生产活动由中心向周围低梯度地区扩散，产业集聚的这种辐射作用将会带动集聚区周边不发达地区的发展（齐晶晶等，2009）。扩散效应会引发生产要素与产业从城市转移到外围地区，这种回流有利于缩小城乡居民收入差距。随着集聚程度的增强，技术与知识的城乡外溢、产业的城乡转移和农民工的返乡回流会提升农村劳动生产率，增加农民的总收入，缓解城乡居民收入差距。

由此可见，当产业集聚发展到较高水平时，会出现"拥挤–扩散"效应：一方面导致集聚区的经济效率下降，交易成本增加；另一方面，产业向周围农村地区转移，劳动力的供不应求促使农村居民的收入增加。因而，产业集聚在一定程度上缩小了城乡居民收入差距。

3.3　产业集聚与居民收入差距：面板数据的实证分析

3.3.1　变量的选取

（1）城乡收入差距（GAP）。借鉴孙学梁（2017）、石青仪（2018）的做法，选取城乡居民收入之比作为被解释变量，衡量城乡收入差距，其比值越大说明收入差距越大。

（2）产业集聚（*AGGL*）。目前，常用的度量产业集聚程度的指标有区位熵、赫芬达尔－赫希曼指数（H 指数）、行业集中度、EG 指数（空间集聚指数）和空间基尼系数等。一般而言，衡量产业集聚程度的各种指标均有优点和缺点，综合考虑到各个指标的特征、区别以及数据的可获得性，选用区位熵作为产业集聚的衡量指标。区位熵反映了某一产业部门的专业化程度，以及某一区域在高层次区域的地位和作用。

区位熵的计算公式为

$$LQ_{ij} = \frac{q_{ij} / q_j}{q_i / q} \tag{3.1}$$

其中，LQ_{ij} 为 j 地区的 i 产业在全国的区位熵；

q_{ij} 为 j 地区的 i 产业的相关指标（例如产值、就业人数等）；

q_j 为 j 地区所有产业的相关指标；

q_i 为全国范围内 i 产业的相关指标；

q 为全国所有产业的相关指标。

该式的经济含义为，一地区某一部门有关指标占该区域所有部门的比重与全国某一部门有关指标占全国所有部门比重的比值，LQ_{ij} 值越大，该地区的产业集聚水平相应就越高。

（3）其他控制变量（*X*）。经济发展水平（*ED*），用各省年度人均 GDP 来表示。城市化率（*URB*），采用城镇常住人口与地区年末常住人口之比衡量。经济开放度（*OPEN*），用各省进出口总额与地区生产总值之比来衡量。进出口总额原单位是美元，转化为人民币的汇率采用当年平均汇率。

3.3.2 计量模型的设定

本节从宏观层面探讨产业集聚对城乡居民收入差距的影响，建立以城乡居民收入差距为被解释变量、产业集聚为核心解释变量的模型，运用省级面板数据模型估计产业集聚对城乡居民收入差距的影响。从现状分析的结果来看，产业集聚对城乡收入差距的影响在不同阶段存在差异，因而假设产业集聚对城乡居民收入差距的影响趋势非线性，并将产业集聚的平方项加入模型。

假设：

i——省份；

t——时间（年）；

GAP——城乡收入差距，即城乡居民个人可支配收入之比；

$AGGL$——产业集聚水平，即各省区市区位熵；

X——其他相关控制变量。

最终设定模型为

$$GAP_{it} = \beta_0 + \beta_1 AGGL_{it} + \beta_2 AGGL_{it}^2 + \gamma X_{it} + \varepsilon_{it} \qquad (3.2)$$

3.3.3　数据的来源和平稳性检验

首先采用 2005～2017 年全国省级面板数据，研究省份包括东部六省（北京、天津、上海、江苏、浙江、广东）和西部六省（陕西、甘肃、贵州、广西、云南、宁夏），数据来源为中经网统计数据库和各省份各年度统计年鉴。各指标描述统计量如表 3-1 所示。

表 3-1　变量的描述性统计

变量	样本	均值	标准差	中值	最大值	最小值
城乡居民收入之比（GAP）	156	2.986	0.750	2.834	4.593	1.798
区位熵（LQ）	156	0.980	0.205	0.982	1.275	0.450
经济发展水平（ED）（亿元）	156	46777	31032.5	38333	128994	5052
城镇化率（URB）（%）	156	0.576	0.190	0.553	0.896	0.269
对外开放水平（$OPEN$）	156	0.532	0.516	0.296	1.721	0.032

城乡收入差距均值为 2.986，表明 2005～2017 年平均城镇居民收入约为农村居民收入的 3 倍，最大值出现在 2006 年贵州省，为 4.593，最小值出现在 2006 年天津市，为 1.798。

区位熵的均值为 0.980，小于 1，说明全国整体范围内产业集聚水平较低，最大值出现在 2007 年天津市，为 1.275，最小值出现在 2017 年北京市，为 0.450，表明不同省份之间产业集聚水平差别较大。对各变量取对数即一阶差分之后，各指标描述统计量见表 3-2。

表 3 - 2　各变量一阶差分之后的描述性统计

变量	样本	均值	中值	最大值	最小值	标准差
lnGAP	156	1.063	1.042	1.525	0.587	0.250
lnLQ	156	-0.048	-0.018	0.243	-0.799	0.248
(lnLQ)^2	156	0.063	0.022	0.638	0.000	0.141
lnED	156	10.499	10.554	11.768	8.528	0.764
lnURB	156	-0.609	-0.593	-0.110	-1.313	0.341
ln$OPEN$	156	-1.248	-1.260	0.543	-3.442	1.198

单位根检验指序列的平稳性检验，平稳的序列具有长期的波动规律，且不会随时间发生变化。若不检验序列的平稳性直接 OLS 可能导致"伪回归"，即两个本来没有任何因果关系的变量，却有很高的相关性，表现为较大的 R^2，因而必须检验各序列的平稳性。本研究采用常用的 ADF 方法对原序列进行单位根检验。检验结果见表 3 - 3。

表 3 - 3　变量的平稳性检验

Method	Statistic	Prob.	Method	Statistic	Prob.
Levin,Lin & Chu t	3.06226	0.9989	ADF-Fisher Chi-square	86.7111	1.0000
Im,Pesaran and Shin W-stat	7.30643	1.0000	PP-Fisher Chi-square	97.5001	0.9989

注：***、**、*分别表示1%、5%、10%显著性水平。

由表 3 - 3 可以看出，面板数据单位根检验的 P 值为 0.9989，在 10% 的显著性水平下，我们无法拒绝原序列存在单位根的零假设，这说明原序列不平稳，因此对各序列进行一阶差分。一阶差分后的 ADF 检验结果见表 3 - 4。

表 3 - 4　变量一阶差分后的平稳性检验

Method	Statistic	Prob.	Method	Statistic	Prob.
Levin,Lin & Chu t	-8.11641	0.0000	ADF-Fisher Chi-square	241.435	0.0000
Im,Pesaran and Shin W-stat	-5.33094	0.0000	PP-Fisher Chi-square	413.199	0.0000

注：***、**、*分别表示1%、5%、10%显著性水平。

由表3-4可以看出，各变量一阶差分后进行 ADF 检验的 P 值为0，在1%的显著性水平下拒绝原假设，各序列不存在单位根，说明各变量经过一阶差分之后是平稳的，可以对各变量进行回归。

3.3.4 面板数据模型的回归分析

一般而言，面板数据的误差项由两部分组成，一部分是非观测效应 α_i，另一部分是特异性误差或者特异扰动项 u_{it}。对于特定的个体 i 而言，α_i 概括了影响被解释变量但又不随时间而变化的所有无法观测的因素，如个人的消费习惯、国家的社会制度等，我们一般称其为"非观测效应"，在应用研究中也常常被称为固定效应。

我们通常使用固定效应模型或者随机效应模型来处理非观测效应。这两种模型的差异主要反映在对个体效应的处理上。固定效应模型的假设之一是误差项与解释变量相关，个体差异反映在每个个体都有一个特定的截距项上，是变截距模型；随机效应模型则假设误差项与解释变量无关，所有的个体具有相同的截距项，个体的差异则主要反映在每个个体都有特定的系数上，是变系数模型。

根据固定效应模型和随机效应模型存在的区别，检验 α_i 与其他解释变量是否相关可以作为模型选择的一个标准。Hausman 检验的基本思想是，在 α_i 与其他解释变量不相关的零假设下，采用 OLS 估计固定效应模型和采用 GLS 估计随机效应模型得到的参数估计都是无偏且一致的，只是前者不具有有效性。因此，在原假设成立的情况下，无论采用哪种模型，最终的参数估计应该不会有显著差异，我们可以基于两者参数估计的差异构造统计检验量。除非 Hausman 检验拒绝原假设，否则便使用随机效应估计值。

检验结果如表3-5所示。Hausman 统计量对应的 P 值为0，小于0.05，故应拒绝原假设，选择固定效应模型。

采用固定效应模型估计整体，回归结果如表3-6所示。

表3-5 Hausman 统计结果

Test Summary	Chi-Sq. Statistic	Chi-Sq. d. f.	Prob.
Cross-section random	44.459212	5	0.0000

表 3 - 6　模型回归结果

Variable	Coefficient	Std. Error	t-Statistic	Prob.
C	0.880284	0.025289	34.80912	0.0000
$\ln LQ$	- 0.012141 **	0.007186	- 1.689425	0.0369
$(\ln LQ)^2$	- 0.095246 ***	0.017642	- 5.398790	0.0000
$\ln ED$	- 0.007614 ***	0.002311	- 3.294780	0.0012
$\ln URB$	0.032308 ***	0.009397	3.438015	0.0008
$\ln OPEN$	- 0.002491 **	0.001385	- 1.798665	0.0258

注：***、**、*分别表示1%、5%、10%显著性水平。

表3-6给出了固定效应模型的估计结果。本文研究的重点是产业集聚水平的系数，由表3-6可知，产业集聚一次项（$\ln LQ$）的系数在5%的显著性水平下为负，二次项 $[(\ln LQ)^2]$ 的系数也为负，且在1%的显著性水平下通过显著性检验。因此，产业集聚和城乡居民收入差距之间存在倒"U"形的相关关系。这说明，随着产业集聚水平的不断提高，城乡居民收入差距会先扩大，达到最大值后逐渐缩小。

经济发展水平（$\ln ED$）的系数为 - 0.0076，其 P 值在1%的显著性水平下通过检验，说明经济的发展在一定程度上可以缩小我国城乡收入差距。根据库兹涅茨的倒"U"形理论，在经济发展初期，收入差距会逐渐扩大，达到最高点后开始缩小。我国目前的经济发展水平较高，处于倒"U"形的右半段，市场机构和产业调整都趋于完善，政府颁布了相应政策干预城乡居民收入差距过大问题，努力促进收入分配平等，收入差距在逐渐缩小。

城镇化率（$\ln URB$）的系数为0.032，通过了1%的显著性检验。在不断推进城镇化的进程中，大量人口从农村流向城镇。首先进入城市的农村劳动力群体已经具备了在城市生存的技能或积累了一定数额的资本，这一现象使得农村总体收入水平下降。同时，不断涌入城市的各类生产要素进一步扩大了集聚效应，提高了企业生产效率，使城市居民收入水平得以提高。两种途径的共同作用最终导致了城乡居民收入差距的扩大。

各地区开放水平（lnOPEN）的系数为 -0.002，通过 5% 的显著性检验，说明地区经济开放水平的提高有助于缩小城乡居民收入差距。国际分工的特点决定了国际市场对我国劳动密集型产品需求的增加要远大于技术密集型产品。在我国，与城镇劳动力相比，农村劳动力缺乏更好的教育资源和较多的职工培训机会，因而大多是非技术型的。因此，市场对农村劳动力有较高的需求，进而导致要素报酬同向变动，农村劳动力工资水平的提高缩小了城乡居民收入差距（赵晓霞，2009）。

3.3.5 基本结论

中国地域辽阔，各省份经济发展水平不同，城乡居民收入差距和产业集聚规模也相应存在差异。本研究首先阐述了各地区工业集聚与城乡收入差距的现状，进而分别使用区位熵和城乡收入之比衡量了 12 个省份工业集聚水平和城乡劳动力收入差距，并综合分析了各参数的估计结果。基于以上实证分析，本研究得出在产业集聚中城乡居民收入可以达到平衡的结论。具体而言，在分析 2005～2017 年中国省域面板数据的基础上，运用固定效应模型进行估计得出以下结论。

首先，理论分析表明，产业集聚对城乡居民收入差距的影响是双向的。具体来说，一方面，产业集聚通过"集聚－虹吸"效应，带来规模效益、产业优势，以及生产要素和产业的乡城流动与转移。在这一过程中，虽然城乡居民收入都有所增加，但是城镇居民从中获益更多，而农村居民从中获益较少，从而导致城乡居民收入差距扩大。另一方面，产业集聚通过"拥挤－扩散"效应带来外部不经济、生产要素和产业的城乡回流与转移。该效应的存在使得农村居民从中获益更多，而城镇居民从中获益较少，从而有助于缩小城乡居民收入差距。综合来看，产业集聚是扩大还是缩小城乡居民收入差距，则取决于地区产业集聚所达到的水平。

其次，产业集聚与城乡居民收入差距呈倒"U"形相关。在产业集聚水平较低时，地区产业集聚程度越高，城乡收入差距将会随之扩大；当产业集聚达到一定规模时，集聚水平的提高会引起城乡收入差距的缩小。我国东部大部分地区的集聚程度已经处于较高水平，经济发展速度加快，城乡收入差距正在持续缩小。相比之下，西部城市由于地理位置和人文历史等因素，经济发展水平和产业集聚规模都处于较低的水平，城乡收入差距虽然在逐渐缩小，但目前仍处于亟须改善的境况。

3.3.6　产业集聚与城乡居民收入差距：聚焦中部地区

（1）被解释变量：城乡居民收入差距（*GAP*）。为了便于和其他研究比较，本研究选用最常用的城乡居民收入比来代表此指标，具体是城镇居民人均可支配收入和农村居民人均纯收入的比值。

（2）解释变量：产业集聚水平（*LQ*）。根据前文对区位熵的说明，它可以很好地代表一个省份的某个产业集聚程度在全国范围的水平，通过区位熵的值是否大于 1 来判断该省某一产业的集聚水平。

（3）控制变量：借鉴其他相关研究两者关系的文献，本研究将选用人均国内生产总值（*AGDP*）、人口密度（*PD*）和对外开放水平（*TR*）作为控制变量，用来研究产业集聚对城乡居民收入的差距。人均 GDP 的数值过大，本研究将对其做对数处理，以消除自相关与异方差对回归模型的影响。人口密度是城市总人口与建成区面积的比值，对外开放程度是进出口贸易总额与国内生产总值的比值，其中进出口贸易总额通过当年的汇率进行折算。模型指标如表 3 - 7 所示。

表 3 - 7　指标选取

变量类别	变量	变量含义
被解释变量	*GAP*	城乡居民收入比，表示城乡居民收入差距
解释变量	*LQ*	区位熵，表示产业集聚程度
控制变量	*AGDP*	人均 GDP，表示经济发展水平
控制变量	*PD*	人口密度，表示经济活动密度
控制变量	*TR*	进口贸易总额与 GDP 之比，表示对外开放水平

现对产业集聚程度和城乡收入差距之间可能存在的线性关系进行研究，检验线性关系最好的方法就是在实际研究中应用较为广泛的线性回归方程，通过进行多元回归的分析，根据产生估计的统计特性，模型设计为

$$GAP = \alpha_0 + \alpha_1 LQ + \alpha_2 \ln AGDP + \alpha_3 PD + \alpha_4 TR + \mu_{it} \qquad (3.3)$$

其中，*GAP* 表示城乡居民收入差距，作为被解释变量；*LQ* 表示产业集聚程

度，作为解释变量；$AGDP$、PD、TR 作为控制变量，分别表示经济发展水平、人口密度和对外开放程度。

使用 2005～2017 年中部地区安徽省、河南省、湖南省、山西省、湖北省和江西省的面板数据进行模型分析。数据来源于中经网数据库、各年度《中国统计年鉴》及各省统计年鉴。在进行回归之前对各变量进行描述性统计，结果如表 3 – 8 所示。

表 3 – 8　变量描述性统计结果

变量	观测数	平均数	标准差	最小值	最大值
GAP	78	2.53	0.67	1.07	3.3
LQ	78	1.11	0.14	0.8	1.33
$AGDP$	78	28159	12583	8670	60199
PD	78	4.2	0.92	2,52	6.5
TR	78	0.11	0.03	0.05	0.17

为了得到准确的检验结果，本研究首先通过计算 F 统计量判断应该建立混合效应模型还是个体固定效应模型，以期选取准确的模型进行研究。检验假设为：

H_0：不同个体的截距相同。

H_1：不同个体的截距不同。

计算得知 $F = 60.01$，推翻原假设模型中不同个体的截距相同的结论。

接下来对模型进行 Hausman 检验，它是由麻省理工学院经济学系教授 Jerry Hausman 提出来的。Hausman 统计量用于选择变截距模型是固定效应模型还是随机效应模型，其假设为：

H_0：个体效应与回归变量无关。

H_1：个体效应与回归变量相关。

检验结果如表 3 – 9 所示。由于 $P > 0.05$，应采用随机效应模型。总结以上 F 检验和 Hausman 检验的结果，得出本研究应使用个体随机效应模型进行回归分析。

表 3 – 9　Hausman 检验的结果

Test Summary	Chi Sq. Statistic	Chi-Sq. d. f.	Prob.
Period random	4. 848722	4	0. 3032

选用随机效应模型分析，对模型进行回归分析。回归结果如表 3 – 10 所示。

表 3 – 10　随机效应模型分析回归结果

Variable	Coefficient	Std. Error	t – Statistic	Prob.
$\ln lQ$	0. 744652	0. 233943	3. 183047	0. 0021
$\ln TR$	0. 455572	0. 881566	0. 516775	0. 6069
$\ln PD$	– 0. 111768	0. 096238	– 1. 161366	0. 0493
$\ln AGDP$	0. 651334	0. 155284	4. 194457	0. 0001
C	8. 825040	1. 933382	4. 564561	0. 0000

根据表 3 – 10，产业集聚（LQ）的系数为正数，即其 P 值在 5% 的水平下显著，通过检验，产业集聚每增加 1 个单位，城乡居民的收入差距就会扩大 0. 74 个单位，此结果与前文推测的影响机制相符合，即产业集聚会扩大城乡居民的收入差距。

控制变量人均 GDP（$AGDP$），在 5% 的水平下和城乡居民收入差距存在正相关关系，即经济发展水平越高，收入差距越大。究其原因，中国目前经济发展水平较高，劳动力等资源涌入城镇，导致收入分配不均，市场结构和产业调整有待完善。而人口密度（PD）在 5% 的水平下和城乡收入差距存在负相关，即人口密度越大，城乡收入差距越小。但是对外开放程度（TR）对城乡居民收入差距的影响未通过显著性检验。

中国自改革开放以来，因为地理位置和自身资源等因素的差异，导致各地发展水平不一，城乡收入差距居高不下，地区间的产业集聚程度也不一样。我们依据新经济地理学的思想，推导出产业集聚对城乡居民收入差距的影响机制。之后本研究使用区位熵和城乡居民收入比测算了中部六省工业集聚与城乡居民收入差距的现状，结果显示伴随着集聚程度的增加，城乡收入比不断扩大，河南省和山西省在 2005 年就保持着较高的工业集聚，两省的城乡收入比也比其他四省高，江西省稳定的城乡收入比也和其稳定的工业集聚现象吻合，总体来看，工业集聚与城乡居民收入比呈现的特点较为一致。同时利用区位熵和城乡收入比对 2005～2017 年中部六省工业集聚程度和城乡居民收入差距进行了测算，结合参考文献归纳出的三个控制变量——经济发展水平、对外开放程度和经济活动密度，利用时点随机效应模型进行回归分析，推导并对回归结果进行了分析，从而阐明中部六省产业集聚与城乡居民收入差距的现状。结合上述理论和实证分析，得出以下结论：产业集聚与城乡居民收入差距存在正相关。从回归结果来看，工业集聚是城乡居民收入差距扩大的显著原因，工业集聚每增加 1 个单位，城乡居民收入差距就扩大 0.74 个单位。同时，经济发展水平与城乡居民收入差距存在正相关关系，人口密度对城乡居民收入差距具有负向影响。

3.4　本章小结

本章从理论层面对影响中国城乡居民收入差距的因素进行理论分析，并运用不同区域样本的面板数据进行实证检验。检验结果证实了工业化进程中的产业集聚是造成城乡居民收入差距不断扩大的主要原因。

4

城乡协调发展综合指标体系构建：
基于河南现实

党的十九大报告提出："以城市群为主体构建大、中、小城市和小城镇协调发展的城镇格局，加快农业转移人口市民化。"李克强总理在《政府工作报告》中明确提出："要推进以人为核心的新型城镇化。"在中国近40年的改革开放过程中，城乡一体化建设取得了巨大成果的同时，城乡发展扭曲问题也越发突出，具体表现在城乡收入、基础设施、教育、医疗等多方面的差距逐渐扩大。然而，伴随城镇化的进程，区域经济持续增长大多掩盖了其城乡发展不平衡的矛盾。河南作为农业大省，同时也是人口大省，农村人口近5600万，比城镇人口多出300多万，虽然经过近40年的发展，河南的城镇化率从1978年的13.6%上升到2017年的48.5%，进入了快速发展时期，但仍低于我国的平均水平。由于城乡发展水平不均衡，也逐渐出现了一系列问题：城乡居民收入消费水平差距较大、农村青壮年劳动力大量向城市转移导致留守问题、政府对乡村基础设施投入不足、在加速的城乡发展过程中生态环境遭到破坏等等。随着时间的推移，这些问题愈演愈烈，已经制约了城乡协调发展。

党的"创新、协调、绿色、开放、共享"五大发展理念中，强调协调发展就包含了城乡协调、区域协调、产业协调等一系列内涵的发展要求。强调发展的可持续性与健康性，不能只注重经济的增长，乡村人口迁移和城市建设，更要注重乡村与城市的协调性与生态环境建设，而城乡的差距过大也会造成一系列社会问题，势必会对我国经济社会发展造成不良影响。河南省不仅要建设成为国家重要的粮食生产基地和现代农业基地，全国工业化、城镇化和农业现代化协调发展示范区，更要成为全国重要的经济增长板块、全国区域协调发展的战略支点、重要的现代综合交通枢纽、华夏历史文明传承创新区。

河南作为农业大省，城乡协调发展显得尤为重要，因此现阶段的主要任务就是要大力推进城乡协调发展。而协调发展不只体现在经济方面，更体现在社会、环境、民生等生活中的方方面面。在新型城镇化的大背景下，研究河南省在过去十几年中城乡发展格局及演变的经济学特征，通过省级层面及区域层面的城乡协调度变动趋势及规律，寻找实现城乡协调发展的内在机制，对于提高河南省经济发展质量及新型城镇化建设都具有重要的理论和现实意义。

就理论层面而言，中国的城镇化水平仍处于上升阶段，城乡协调发展仍是现阶段发展的重要任务，但将新型城镇化与城乡协调发展相结合的研究较少。新型城镇化是我国发展的重要任务，城乡协调发展与城镇化质量息息相关，如何促进城乡协调发展、提高城镇化质量成为一个亟待解决的理论问题。因此在新型城镇化的大背景下研究城乡协调发展的问题具有重要的理论意义。

就现实层面而言，河南省作为农业大省，乡村人口比重较大，并且由于地处中部，城乡发展起步较晚，城镇化水平较低，而提高城镇化质量的关键就是促进城乡发展。本研究借鉴了国内外学者的相关研究，运用相关理论知识，在以人为核心的新型城镇化的大背景下，选取相关数据，运用主成分分析法，分别对河南省整体及18个省辖市进行分析，并研究了河南省城乡发展协调度与经济增长之间的关系，对河南省现阶段的城乡协调发展水平进行总结并提出相应的政策建议。

4.1 文献回顾

在城乡协调发展的研究中，国外的城乡关系理论体系较为成熟完善，从马克思的城乡融合理论到麦基的亚洲城乡一体化发展模式，这些都对城乡统筹发展提出了独到的见解，也为国内学者研究城乡协调发展奠定了理论基础。城乡协调发展的影响因素也是学者们关注的焦点，国外学者主要从城乡居民收入差距、地理距离、农业现代化水平等方面做研究，但很多影响因素与发展中国家的状况是不适应的。

刘易斯（Lewis，1954）提出"零值劳动力"的概念，认为现代部门吸纳农业剩余劳动力后，使城乡人均收入趋于一致，城市带动了农村发展，最终城乡趋于一体化发展。汤普森（Thompson）和强纳森（Jonathan）（2013）认为，城镇化建设导致城市人口超负荷，人口的无序化会增加城市管理的难度，只有合理规划和利用土地资源，解决居民最关心的住房问题，才是当前城镇化中解决民生问题的重中之重。朱丽（Julie，2009）在对农村地区城镇化建设情况进行研究时发现，城镇化建设应更加注重与基础设施建设同步推进，在改善贫困社区卫生服务项目、提高从业人员职业技能和专业知识、改善环境压力的过程中，要适当放开非政府组织的监管职能和权利，充分协调经济建设、基础设施、环境资源的关系，进而缩小城乡差距。

国内由于历史及环境问题，城乡差距问题较发达国家相比更为严重。随着经济发展，国内城乡发展失衡的现状越发凸显。针对这种情况，国内学者针对城乡协调发展的研究则大都从区域城乡发展现状的实际出发，测度及判断其城乡协调度指标大小及变动趋势，分析影响城乡协调度指标的内在因素及其相关机制。徐丁（2014）按定性和定量两个方面对辽宁省的城乡协调发展情况进行研究：根据辽宁省城乡发展的现状，选择经济、空间、社会、环境四个方面的指标，运用主成分分析法和 AHP 法对辽宁省整体及其 14 省辖市的城乡发展水平进行评价，发现辽宁省整体初步协调，沈阳和大连初步协调，其他城市仍然处于失调状态，最后根据现状提出相关建议。胡国远（2007）通过定性结合定量，对浙江省的城乡协调发展现状进行分析研究，提出了经济、社会、空间、政策、生态环境五个方面的总体发展目标，通过这五个方面的指标来测度浙江省城乡协调发展程度，不再横向对比地区间发展水平，而是着眼于某一区域的长期发展变化过程。曹茂侠（2011）以福建省作为研究对象，分析福建当前城乡发展现状差距及存在的问题，构建评价城乡经济社会协调发展程度的指标体系，对福建城乡协调发展进行了定量化的系统分析，并借鉴一些国内统筹城乡协调发展的先进经验，提出促进福建城乡协调发展的对策建议。

随着地理信息技术的不断发展，GIS 技术被广泛运用于城乡差距问题的研究中。张梦薇（2017）针对河南省城镇化水平低的情况构建了以发展方向、发展效率及城乡协调为内容的城镇化质量评价指标体系，运用熵值赋权法和 GIS 技术进行分析。其研究发现 2000～2015 年河南省的城镇化水平有了大幅提高，但仍存在总体协调度低、地区间协调度差异大且分布不均等问题。王艳飞等（2016）按区域进行对比研究，运用 GIS 技术和 ESDA 方法研究中国地级市城乡协调发展空间特征，构建空间计量经济学模型探讨城乡协调发展影响因素。其研究发现：首先，城乡协调发展体系具有层级内协调和层级间互馈的特征；其次，各分项指标均存在明显的空间差异，但不同指标系数区域间差异不同；再次，城乡协调发展综合指数空间聚集特征明显；最后，经济增长、城镇化、对农投资、消费能力的提高有助于提高城乡协调发展，教育投资、教育水平、基础设施建设对城乡协调发展的作用仍需加强。

研究区域的划分也各不相同，有的将研究对象定为单一省份，对各地市进行对比研究。高新才、魏丽莉（2010）认为，由于中国城乡失衡问题存在差异性，使减小城乡差距、实现城乡协调发展的任务变得长期且艰巨，根据城乡发展的本质，选取一组衡量城乡发展协调度的评价指标，运用主成分分析法及聚类分析法，构建区域城乡协调发展度的指标体系，对甘肃省各地市进行了实证分析及初步评价，得出了甘肃省市域城乡协调度从北往南呈递减趋势、甘肃省市域城乡协调发展水平和城市化发展水平基本一致的结论，城市化仍然是甘肃省未来几年城乡协调发展的核心主要动力之一。刘凯等（2015）强调了新型城镇化的意义，并以此为背景，以济南市为样本，构建城乡协调度综合评价指标体系，认为制约济南市协调发展的因素包括了城乡不同制度约束、社会协调水平滞后、城市对农村的扶持政策不到位等。武京涛（2012）选择河北省 2001 年、2005 年和 2010 年三个年份的统计数据，从经济、社会领域综合分析了河北省及其各个地区城乡协调发展的水平、质量和发展阶段，并从时空维度分别研究了十年间城乡关系发展的特征和规律，针对发展中出现的问题进行深入分析，最后基于统筹城乡思想提出了河北省城乡关系协调发展的对策。韩峰、李二玲（2015）将研究对象设为整个中原经济区。在分析了城乡协调发展内涵的基础上，构建城乡协调发展的评价指标体系，利用中原经济区各省辖市的统计年鉴进行分析及评价。其研究认为，中原经济区区域协调发展空间分布呈块状，北方城乡协调发展水平好于南方；不同因子对省辖市层次城乡协调发展影响程度与各省辖市之间按各主因子的差异程度不一致；县域经济发展是推动城乡系统往高层次城乡协调发展演变的重要动力。张改素（2015）的研究对象同样为中原经济区。她认为实施城乡统筹发展是实现城乡一体化的一种手段，其明显特征是具有动态性。她分析了城乡统筹发展和新型城镇化的相似之处及相关联系，论证了新型城镇化对城乡协调发展的引导和促进作用，从不同层面进行了分析，认为，首先，中原经济区城乡统筹发展具有明显的尺度效应；其次，经济基础对城乡统筹发展作用明显，城乡统筹发展格局与区域经济发展水平格局存在一定的相似性；再次，就城乡统筹发展主要影响因素而言，政府政策较为重要，但不是唯一重要的；最后，城乡统筹发展影响因素较多，但不同时期、不同区域其主导因素不同，且以自上而下为主模式、以自下而上为主模式、综合模式等成为中原经济区城乡统筹发展的主要模式。朱钊（2015）以苏中地区为样本，采取结构分析法、对比分析法和计量分析法，将理论和实证研究相结合。从江苏省统计年鉴中选取 15 个指标，建立城乡协调发展评价体系，对苏中三市2006～2013 年的城乡发展程度进行评分比对，寻找变化趋势以及影响因子。研究后发现虽然苏中城乡发展各方面有了较大进步，但仍存在以下问题：在空间结构上苏中地区发展水平不平衡，8 年间城乡协调发展水平经历了先上升再下降又上升的阶段。

有的研究则着眼于中国的整体情况。梁姝娜、张友祥（2015）以新型城镇化建设为大背景，将城乡协调发展设为目标，采取政府引导与市场主导相结合的综合推进模式，通过完善城乡资源的市场配置、公共产品的有效供给、社会保障的合理统筹、发展空间的相互作用以及发展政策的协调推进等机制，推进我国新型城镇化过程中的城乡统筹协调发展。刘晨光等（2012）提出我国城乡发展失衡问题日益突出，主要体现为城乡居民收入扩大对我国的经济发展产生了重要的影响，在此情况下，城乡协调发展对解决该问题、促进我国经济发展有着重要的作用，并且他认为城乡协调发展是解决"三农"问题的根本途径。杜威漩、胡盼盼（2010）将重点放在城乡协调发展与城乡收入差距之间的关系研究，以城乡收入差距、适度城乡收入差距及城乡协调发展内涵界定为基础，两者相互影响，一方面城乡协调发展有利于城乡居民收入差距的缩少，另一方面适度的城乡居民收入差距是城乡协调发展的必要条件，过高或过低则会阻碍经济发展和造成社会不稳定。而根据我国国情，应采取有效措施提高农民收入，并加强农村教育、税收、基础设施和社会保障的投入，保障社会稳定，促进经济健康有效增长。

4.2 河南省城乡协调发展指标体系的构建

新型城镇化以城乡协调发展为核心，因此提高新型城镇化质量就必须促进城乡协调发展、实现城乡一体化。城乡协调发展将城市和乡村的经济社会等各方面看作一个整体，统一规划发展，全盘推进，将城乡协调发展和城乡融合有效结合。河南省作为农业大省和人口大省，乡村各方面发展更具有重要意义。本研究以新型城镇化为背景，选取若干指标，构建城乡协调发展评价体系，对河南省城乡协调发展现状进行评价分析。

4.2.1 河南省城乡协调发展现状

经过几十年的城乡发展，河南省在经济、产业、社会、环境方面都取得了许多成果：城乡居民生活水平、城镇化率、城乡基础公共服务设施、城乡生态环境等各方面显著提高，但在取得成果的同时，也暴露出许多弊端：城乡二元结构突出、城镇化质量较低、环境保护力度不足。这些都制约着河南省城乡协调发展。

改革开放 40 多年来，河南省的国内生产总值由 1978 年的 162 亿元增长到 2016 年的 40471 亿元，增长了 249 倍，人均 GDP 增长了 180 多倍，经济建设取得了显著成效。随着城镇化的不断增速，全省 GDP 在 2002 年后有了强劲的上升趋势，年平均增速达到了 16.9%，到 2012 年增速开始放缓，年平均增长率为 9.9%（见图 4-1）。

除了在经济上取得显著成就外，河南省城镇化建设也取得了良好成果，农村人口大量向城市转移、城市人口增加、城市规模扩大，城市人口由 1978 年的 963 万人增加至 2016 年的 5232 万人，增长了 4.44 倍。按照城市规模划分，到 2015 年底，河南省拥有特大城市 1 个，大城市数量达到 15 个。由图 4-2 可知，城镇化率由 1978 年的 13.63% 上升到 2016 年的

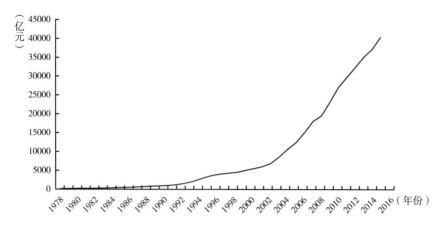

图 4 - 1　1978 ~ 2016 年河南省经济总量

48.5%，可以看出 1978 ~ 1996 年城镇化增速较小，在 1996 年后河南省城镇化率增长速度明显加快，按照城镇化发展阶段的划分，分别为小于 19.04% 的初级阶段、19.04% ~ 50% 的加速阶段、50% ~ 80.96% 的减速阶段、大于 80.96% 的后期阶段。目前，河南省处于加速发展阶段，即将进入减速阶段，需要政府及时做好政策调整，使河南省的城镇化率保持稳定的提高。

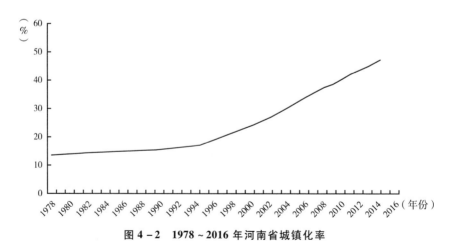

图 4 - 2　1978 ~ 2016 年河南省城镇化率

经过近 40 年的城乡协调发展，河南省城乡差距已经在逐步减小，但仍有许多问题，城乡二元结构依然存在。2016 年农村居民纯收入为 11696.74

元，城镇居民可支配收入为 27232.92 元，是农村居民的 2.33 倍，如图
4-3所示，2001~2015 年，城乡人均收入比与消费比虽然有小幅下降，但
仍有较大差距。除此之外，城市地区的高新技术产业与教育资源均优于乡
村地区，这会进一步加大乡村地区的人口、资源向城市流动，继续扩大城
乡差距。在基础设施建设、医疗卫生、环境保护方面，与城市的规划建设
相比，政府对农村地区投入和重视程度不足，导致居民生活设施不完善，
便捷性与城市相比仍有较大差距，长此以往，容易造成恶性循环使城乡二
元结构现象越发严重，城乡差距越拉越大。

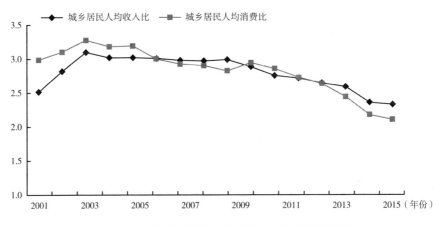

图 4-3　河南省城乡居民人均收入比与人均消费比

4.2.2　评价方法及步骤

城乡协调发展评价体系需要体现城市和乡村两个体系在经济、社会、
空间、环境等各方面不同的发展情况。因此指标的选取要求具有代表性和
全面性，能显著体现河南省在新型城镇化的大背景下城乡各方面的现状、
发展及不足，对河南省的城乡协调发展进行评价并提出相关建议。

分析城乡协调发展问题一般有主成分分析法、层次分析法、综合指数
法等，本研究使用的方法为主成分分析法。主成分分析法（Principal
Component Analysis，PCA）最早由 H. 霍特林在随机变量中使用，现在已
经成为常用的多变量分析方法，核心为降维处理，将多维变量系统转化为
一维系统，能消除各变量之间的共线性，减少变量个数。在主成分分析法

中，综合因子的权重由综合因子贡献率决定，这种确定权重的方法弥补了认为确定权重的评价方法的缺陷，所以该方法得到了较广泛的应用。

（1）原始指标数据的标准化转换，得到新的标准化数阵（SPSS 软件处理）；

（2）对标准化数阵求相关系数矩阵；

（3）得到特征根，确定主成分；

（4）对主成分进行综合评价。

4.2.3　河南省城乡协调发展评价体系构建

依照全面性、客观性、合理性的原则，本研究构建的评价体系从经济、社会、空间、环境四个方面选取指标，以综合判断河南省城乡协调发展现状。如表 4-1 所示。

表 4-1　河南省城乡协调发展评价体系

经济性指标	社会性指标	空间性指标	环境性指标
城乡固定资产投资比（$Z1$）	社会劳动力的非农比重（$Z3$）	用水普及率（$Z9$）	生活垃圾无害化处理率（$Z13$）
GDP 非农比重（$Z2$）	乡村从业人员非农比重（$Z4$）	城镇化率（$Z10$）	建成区绿化覆盖率（$Z14$）
城乡居民人均收入比（$Z5$）	平均每千人口卫生机构床位数（$Z7$）	人口密度（$Z11$）	人均公园绿地面积（$Z15$）
城乡居民人均消费比（$Z6$）	城乡财政教育投入比（$Z8$）	人均年生活用电量（$Z12$）	

经济性指标。选取了城乡固定资产投资比、GDP 非农比重、城乡居民人均收入比、城乡居民人均消费比 4 个指标来反映城乡经济发展现状。其中，城乡固定资产投资比反映的是城乡之间固定投资差距，指标越接近 1，说明城乡固定投资差距越小。GDP 非农比重反映的是区域产业结构现状及区域城乡经济发展水平高低，二、三产业在 GDP 中占比越高，区域产业结构层次越优化，城乡经济协调发展水平越高。城乡居民人均收入比和城乡居民人均消费比反映的都是居民实际收入

和消费情况，从中可以观察到城乡贫富差距情况，指标值越接近1，说明城乡经济差距越小。

社会性指标。按照社会角度选取了社会劳动力的非农比重、乡村从业人员非农比重、平均每千人口卫生机构床位数、城乡财政教育投入比4个指标。社会劳动力的非农比重、乡村从业人员非农比重两个指标反映的均是城镇化进程中农村劳动力由农业向非农产业转移的情况，能够衡量区域生产力结构及社会结构；平均每千人口卫生机构床位数体现了城乡卫生事业发展情况，医疗卫生事业关系到居民人口素质以及城乡居民生活质量，与新型城镇化发展息息相关；城乡财政教育投入比体现的是地方财政对教育行业的投入情况，教育作为社会发展的基础，更能体现以人为核心的新型城镇化原则，也能体现城乡教育之间的差距。

空间性指标。从空间角度选用了用水普及率、城镇化率、人口密度、人均年生活用电量4个指标。用水普及率和人均年生活用电量关系到城乡居民生活质量与卫生水平，反映出城乡居民生活质量的提高程度；城镇化率反映了一个地区的城乡协调发展水平，可以观察到城乡社会结构的变迁情况，衡量区域空间结构水平，与城乡协调发展正相关；人口密度则是从土地资源丰裕程度的方面来衡量城乡协调发展情况。

环境性指标。环境与城乡发展密不可分，生活垃圾无害化处理率、建成区绿化覆盖率和人均公园绿地面积都反映了区域经济可持续发展的能力，良好的环境是城乡协调发展的必要因素。习近平同志在十九大报告中指出，坚持人与自然和谐共生，必须树立和践行绿水青山就是金山银山的理念，坚持节约资源和保护环境的基本国策，在城乡协调发展的过程中必须要重视环境的治理和保护。

由于研究对象为发展情况，所以按照时间序列选取研究指标。数据来源于2002～2017年《河南省统计年鉴》，选取2001～2016年15个统计指标构建评价体系。除年鉴数据以外，也有一部分数据是根据已有数据进行运算处理后得到的。

4.3 河南省城乡发展协调综合指数的测算

根据《河南省统计年鉴》，找出2001～2016年的原始数据，有些数据需要进行预处理。然后将处理后的数据用 SPSS 进行标准化处理，并对数据进行 KMO 和 Bartlett's 检验，得到结果如表 4 - 2。

表 4 - 2　KMO 和 Bartlett 的检验

KMO 检验	Bartlett's 检验		
	近似卡方	df.	Sig.
0.749	521.304	105	0.000

资料来源：根据主成分分析所得。

得到 KMO 为 0.749，说明数据比较适合做因子分析，而 Bartlett's 检验的 P 值接近 0，同样适合做因子分析。运用 SPSS 对数据进行主成分分析处理，得到结果如表 4 - 3 所示。

表 4 - 3　解释的总方差

成分	初始特征值	方差贡献率(%)	累计贡献率(%)
1	11.473	76.490	76.490
2	1.987	13.247	89.737
3	0.963	6.418	96.155
4	0.227	1.510	97.665
5	0.208	1.384	99.049
6	0.072	0.482	99.531
7	0.029	0.190	99.721
8	0.018	0.120	99.841
9	0.010	0.067	99.909
10	0.005	0.033	99.942
11	0.004	0.029	99.971
12	0.003	0.018	99.989
13	0.001	0.010	99.999
14	0.000	0.001	100.000
15	3.185E - 5	0.000	100.000

资料来源：根据主成分分析所得。

经过 SPSS 运算后得到表 4 – 3，提取特征值大于 1 的成分，可以得到 2 个主成分因子。由表 4 – 3 可以看出，第一个主成分因子特征值为 11. 473，方差的贡献率为 76. 49%，说明第一个主成分因子表达了全部信息的 76. 49%；第二个主成分因子特征值为 1. 987，2 个因子的累计贡献率为 89. 737%，说明提取的 2 个主成分因子已经表达了全部信息 89. 737%，同时得到了表 4 – 4 成分矩阵。

表 4 – 4　成分矩阵

指标	成分		指标	成分	
	1	2		1	2
$Z10$	0. 996	0. 069	$Z1$	0. 914	– 0. 149
$Z12$	0. 986	– 0. 094	$Z6$	– 0. 903	0. 257
$Z3$	0. 981	0. 126	$Z15$	0. 896	0. 416
$Z11$	0. 979	– 0. 049	$Z13$	0. 787	– 0. 536
$Z7$	0. 975	– 0. 173	$Z9$	0. 578	0. 741
$Z14$	0. 958	0. 205	$Z5$	– 0. 655	0. 669
$Z4$	0. 935	0. 222	$Z8$	0. 382	– 0. 427
$Z2$	0. 929	0. 326			

资料来源：根据主成分分析所得。

从表 4 – 4 可以看出，与第一个主成分因子有关载荷较高的指标有城乡固定资产比（$Z1$）、GDP 非农比重（$Z2$）、社会劳动力的非农比重（$Z3$）、乡村从业人员非农比重（$Z4$）、平均每千人口卫生机构床位数（$Z7$）、城市化率（$Z10$）、人口密度（$Z11$）、人均年生活用电量（$Z12$）、建成区绿化覆盖率（$Z14$）、人均公园绿地面积（$Z15$）。

与第二个主成分因子有关的载荷较高的指标包括城乡居民人均收入比（$Z5$）、GDP 非农比重（$Z2$）、用水普及率（$Z9$）、城乡居民人均消费比（$Z6$）、人均公园绿地面积（$Z15$）。

继而可以得出城乡协调度在主成分因子的得分情况，计算可得

$$\begin{aligned}
F1 = & 0. 080 \times Z1 + 0. 081 \times Z2 + 0. 086 \times Z3 + 0. 081 \times Z4 - 0. 057 \times Z5 \\
& - 0. 079 \times Z6 + Z7 \times 0. 085 + 0. 033 \times Z8 + Z9 \times 0. 050 + 0. 087 \times Z10 \\
& + 0. 085 \times Z11 + Z12 \times 0. 086 + Z13 \times 0. 084 + 0. 080 \times Z14 + Z15 \times 0. 078
\end{aligned}$$

$$(4. 1)$$

$$F2 = -0.075 \times Z1 + 0.164 \times Z2 + 0.063 \times Z3 + 0.0112 \times Z4 + 0.337 \times Z5$$
$$+ 0.129 \times Z6 - 0.087 \times Z7 - 0.215 \times Z8 + Z9 \times 0.378 + Z10 \times 0.035$$
$$- 0.025 \times Z11 - Z12 \times 0.047 - Z13 \times 0.27 + Z14 \times 0.103 + Z15 \times 0.209$$

$$(4.2)$$

再根据 $F1$ 和 $F2$ 的值得出城乡协调发展综合指数 F

$$F = F1 \times 0.765/0.897 + F2 \times 0.132/0.897 \qquad (4.3)$$

根据表 4-5 所示，2016 年 F 值大于 1，说明河南省城乡发展整体协调。接下来研究经济、社会、空间和环境四个方面的城乡协调发展情况（见表 4-6）。可将四个方向的指标分别进行主成分分析，各提取出一个主成分因子，并得到各因子的得分情况。

表 4-5　河南省城乡协调发展测定结果

年份	$F1$	$F2$	F
2001	-1.253	-2.414	-1.424
2002	-1.144	-1.691	-1.225
2003	-0.901	0.381	-0.712
2004	-0.752	0.676	-0.542
2005	-0.647	0.991	-0.406
2006	-0.400	1.506	-0.120
2007	-0.219	0.956	-0.046
2008	-0.192	0.283	-0.123
2009	-0.013	0.618	0.080
2010	0.218	0.551	0.267
2011	0.501	0.123	0.446
2012	0.736	-0.298	0.584
2013	0.899	-0.271	0.727
2014	1.077	-0.285	0.877
2015	1.341	-0.588	1.057
2016	1.569	-0.538	1.259

资料来源：《河南省统计年鉴》及笔者整理所得。

表4-6 河南省各因素城乡协调发展测定结果

年份	F 经济因素	F 社会因素	F 空间因素	F 环境因素
2001	0.631	-1.380	-1.691	-1.642
2002	0.977	-1.182	-1.577	-1.294
2003	1.137	-1.210	-0.919	-1.136
2004	1.057	-1.125	-0.739	-1.064
2005	0.926	-0.975	-0.636	-0.667
2006	0.552	-0.850	-0.442	-0.705
2007	0.375	-0.190	-0.339	-0.330
2008	0.308	0.019	-0.374	-0.066
2009	0.184	0.105	-0.115	0.314
2010	0.168	0.310	0.419	0.474
2011	-0.176	0.741	0.713	0.564
2012	-0.399	1.163	0.888	0.718
2013	-0.659	1.228	0.979	0.939
2014	-1.113	1.074	1.114	1.169
2015	-1.815	1.121	1.291	1.210
2016	-2.152	1.153	1.427	1.515

资料来源：《河南省统计年鉴》及笔者整理所得。

从图4-4可以看出，2001～2016年河南省整体水平及社会、空间、环境三种因素都经历了由负到正的变换过程，变换趋势都是逐渐上升。其中，在社会因子中，城乡人均消费比与收入比都经历了先上升后下降再上升的过程，说明城乡收入与消费的差距正在逐渐缩小，平均每千人口卫生机构床位数上升较快，说明城乡医疗建设取得了一定成果，但城乡财政教育投入比却呈现了较大的波动性，并没有太大提高，说明城乡教育之间还有较大差距。在空间因子中，用水普及率、城市化率、人口密度和平均年生活用电量都是呈逐渐上升的趋势，说明在空间上城乡协调发展水平有了较大的提高。在环境因子中，生活垃圾无害化处理率、建成区绿化覆盖率、人均公园绿地面积虽然有一定的波动，但整体仍呈上升趋势，说明环境因素促进了城乡协调发展。总的来说，2008年之前，河南省的社会、空间、环境因素都为负值，2009年后均为正值，但数值较低，说明河南省的城乡协调发展取得了较大进步，在社会、空间、环境方面仍有进步空间，需要继续提高居民生活水平，加强医疗、教育等基础设施建设，同时也要注重生态环境的保护，让绿水青山变成金山银山。河南省城乡发展的整体情况在 2009 年时转变为正值，说明河南省的整体情况在不断好转，城乡发展逐渐趋于协调。

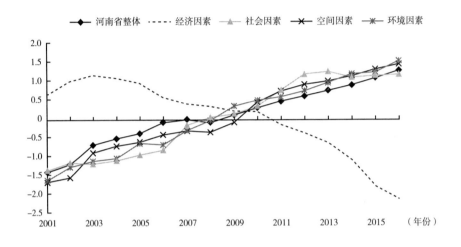

图 4-4 河南省城乡协调发展整体情况

经济因子的变化过程却与众不同，由正值变为负值，2001～2003 年虽然逐渐上升，但从 2004 年开始下降，在 2011 年变为负值，继续减小。说明在经济方面城乡发展并不协调，但在 16 年的过程中经济仍在持续增长，而经济增长与城乡协调发展之间是否存在一定的关系呢？

前述研究展示了河南省 2001～2016 年城乡协调发展整体情况，只有在经济因素上河南省城乡协调发展不平衡，但无法反映出 18 个省辖市经济因素城乡协调发展的具体情况。接下来，选取 2011～2016 年河南省 18 个省辖市的经济指标，对城乡协调发展情况进行具体研究，研究方法仍为主成分分析法，选取指标除 GDP 非农比重、从业人员非农比重、城乡人均收入比和城乡人均消费比外还有人均 GDP，使结果更为显著。

从表 4-7 可以看出，18 个省辖市经济因素的城乡协调发展较为均衡，除平顶山市和周口市之外，其他省辖市的协调度都逐渐上升，而周口市的协调度先上升而后又逐渐下降，说明在经济因素上两市的城乡协调发展水平仍需要提高。以 2016 年进行分析，平顶山市、安阳市、焦作市、许昌市、信阳市、周口市、济源市的协调度小于 1，说明这些省辖市在经济因素上城乡协调发展水平不够协调。

表 4 - 7 河南省 18 个省辖市关于经济因素的城乡协调度

年份 省辖市	2011	2012	2013	2014	2015	2016
郑　州	0.722	0.856	1.103	1.117	1.314	1.495
开　封	0.42	0.586	0.758	0.975	1.097	1.256
洛　阳	0.74	0.936	1.033	1.159	1.343	1.583
平顶山	0.772	0.702	0.574	0.485	0.323	0.309
安　阳	0.56	0.608	0.628	0.581	0.839	0.927
鹤　壁	0.488	0.675	0.842	0.976	1.05	1.172
新　乡	0.684	0.759	0.998	0.928	0.944	1.04
焦　作	0.481	0.587	0.626	0.667	0.727	0.839
濮　阳	0.568	0.495	0.655	0.875	1.025	1.146
许　昌	0.53	0.713	0.764	0.708	0.67	0.824
漯　河	0.624	0.649	0.752	0.693	0.799	1.01
三门峡	0.599	0.74	1.017	1.098	1.517	1.586
南　阳	0.496	0.61	0.775	1.043	1.596	1.808
商　丘	0.479	0.567	0.773	0.828	0.981	1.108
信　阳	0.603	0.624	0.629	0.812	0.704	0.943
周　口	0.538	0.507	0.205	0.603	0.412	0.143
驻马店	0.335	0.467	0.816	0.987	1.138	1.292
济　源	0.437	0.739	0.795	0.879	0.646	0.881

资料来源：历年《河南省统计年鉴》及计算所得。

4.4　河南省城乡协调发展路径：增长的视角

在对河南省 18 个省辖市的 2011～2016 年城乡协调发展现状进行分析评价后，留下了一个新的问题：经济增长与城乡协调发展之间有怎样的联系？本章对两者进行线性拟合，并运用 ADF 检验、协整检验、误差修正模型和 Granger 因果检验对河南省经济增长和城乡消费差距进行实证分析。

由于研究的是城乡协调发展与经济增长之间的关系，所以选取了人均GDP来衡量经济增长情况，根据数据可以看出，近40年来河南省一直处于人均GDP持续增长的阶段；选择城乡人均消费比来衡量城乡协调发展情况，城乡人均消费比＝城市人均消费/农村人均消费。

为了研究经济增长与城乡协调发展的长期关系，所以选用了1978～2016年近40年《河南省统计年鉴》中的相关数据进行研究分析，用 UT 和 $AGDP$ 分别表示城乡人均消费比和人均GDP。由于时间跨度过长，物价水平发生改变，所以对人均GDP进行平减，为了增强数据的平稳性，对2个指标分别进行对数化处理，记做 $\ln UT$ 和 $\ln AGDP$。

首先根据对数化处理后的 $\ln UT$ 和 $\ln AGDP$ 做出两者的散点图如图4－5所示。

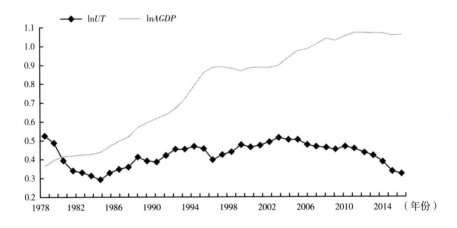

图 4－5　$\ln UT$ 和 $\ln AGDP$ 曲线

从图4－5可以看出，1978～2016年河南省城乡消费比和人均GDP虽然出现了几次波动，但整体呈现出正相关特征。将两者按一元一次方程的形式进行拟合，构建如下模型

$$\ln UT_t = \partial + \beta \ln AGDP_t + c_t \qquad (4.4)$$

其中，$\ln UT_t$ 表示第 t 年的对数化处理后的城乡人均消费比，$\ln AGDP_t$ 代表第 t 年的对数化处理后的人均GDP，c 为随机误差项。将数据用 Eviews 进行 OLS 回归后结果如表4－8所示。

表 4 - 8　回归结果

项目	回归系数	标准误	t 值	P 值
∂	0.3465	0.0315	10.9876	0.0000
β	0.1006	0.0389	2.5898	0.0137

R^2 值为 0.1535，调整后的 R^2 值为 0.136，F 值为 6.7072，P 值为 0.0165，D - W 值为 0.2815。由此可得，虽然 P 值较小，模型中 F 值也通过了检验，但判定系数和调整后的判定系数较小，并且 D - W 值较小，查表可以发现低于取值范围，说明模型存在严重的正自相关性。

根据商勇（2009）的研究，引入城乡人均收入差距（UR）和非农从业人员比重（US）2 个新指标，分别取对数。将 $\ln UT$、$\ln AGDP$、$\ln UR$、$\ln US$ 按照多元方程的形式再次进行拟合，构建如下模型

$$\ln UT_t = \partial + \alpha \ln AGDP_t + \beta \ln UR_t + \delta \ln US_t + \varepsilon_t \tag{4.5}$$

其中，$\ln T_t$ 表示第 t 年的对数化处理后的城乡人均消费比，$\ln AGDP_t$ 代表第 t 年的对数化处理后的人均 GDP，$\ln UR_t$ 表示第 t 年的对数化处理后的城乡人均收入比，$\ln US_t$ 表示第 t 年的对数化处理后的非农从业人员比重，ε_t 为误差项，回归后结果如表 4 - 9 所示。

表 4 - 9　回归结果

项目	回归系数	标准误	t 值	P 值
∂	- 0.2661	0.1143	2.3272	0.0259
α	0.3532	0.0825	4.2821	0.0001
β	0.6396	0.0899	7.1147	0.0000
δ	- 0.4737	0.1235	3.8345	0.0005

资料来源：通过模型回归所得。

R^2 值为 0.7408，调整后的 R^2 值为 0.7186，F 值为 33.3435，P 值为 0.0000，D - W 值为 0.5625。由结果可知，模型的判断系数有了明显改进，为 0.7408，F 值也通过了检验，并且在 5% 的显著性水平下模型各系数的 t 值也通过了检验。但由于 D - W 的值过小，并未通过检验，说明模型仍存

在自相关性。

总体来说，模型的拟合优度较好，能够较强地解释变量之间的关系，因此可以得到河南省 1978~2016 年城乡消费差距与经济增长之间的关系

$$\ln UT_t = -0.2661 + 0.3532\ln AGDP_t + 0.6397\ln UR_t - 0.4737\ln US_t \qquad (4.6)$$

由关系式可以发现，$\ln AGDP$ 与 $\ln UR$ 的系数为正，$\ln US$ 的系数为负，说明随着经济的增长和城乡收入差距的加大，城乡消费差距也会逐渐变大，但如果非农从业人员越来越多，城乡消费差距就会渐渐变小，说明发展第二、第三产业会减轻城乡消费差距、减小城乡差距。这种情况出现的主要原因在于城乡差距收入分配制度的影响，但分配制度短时间内不会发生太大改变，导致了城乡消费差距存在一定的滞后性。此外，收入差距的拉大使资源往往向城市及少数人集中，农村资源投入不足，这也导致了城乡消费差距的进一步拉大。

城乡消费差距与经济增长之间是否有长期均衡关系、它们之间是怎样影响的、是否存在因果关系，接下来将通过协整检验、误差修正模型和格兰杰因果关系检验的方法对以上问题进行分析。

数据平稳性检验的目的是运用统计量进行统计检验来分析数据是否平稳，广泛运用的方法是单位根检验，包括 DF 检验、ADF 检验。根据数据的具体情况，选取 ADF 检验对序列 $\ln UT$ 和 $\ln AGDP$ 及其一阶差分序列进行平稳性检验，结果如表 4-10 所示。

表 4-10　原始数据及一阶差分后的平稳性检验

变量	ADF 检验值	1% 临界值	5% 临界值	10% 临界值	结论
$\ln AGDP$	-1.3335	-4.2268	-2.5366	-3.2003	非平稳
一阶 $\ln GDP$	-2.9910	-3.6210	-2.9434	-2.6103	平稳
$\ln UT$	-1.5365	-3.6156	-2.9411	-2.6091	非平稳
一阶 $\ln UT$	-4.0848	-4.2268	-3.5366	-3.2003	平稳

由表 4-10 可知，在显著性水平为 10% 的情况下，$\ln UT$ 和 $\ln AGDP$ 都不平稳，一阶差分后序列平稳，因此两个序列都是一阶单整。根据协整原理，得到两个相同的 n 阶单整的平稳时间序列组合，说明两者可能存在协

整关系。接下来对 $\ln UT$ 和 $\ln AGDP$ 进行协整检验。

非平稳序列很可能在回归的过程中出现伪回归，影响结果，协整检验的目的就是检验一组非平稳的线性组合是否具有稳定的均衡关系、它们的回归方程所描述的因果关系是否为伪回归。目前协整检验的方法主要有两个：两变量的 EG 两步法和多变量的 JJ 检验。根据实际情况将运用 EG 两步法进行检验。

上一步已经进行单位根检验，$\ln UT$ 和 $\ln AGDP$ 都是一阶单整序列，即 $\ln UT$、$\ln AGDP \sim I（1）$，利用最小二乘法估计模型，得到

$$\ln UT_t = \partial + \beta \ln AGDP_t + \varepsilon_t \tag{4.7}$$

并算出相应的残差序列

$$e_1 = \ln UT_t - (\hat{\partial} + \hat{\beta} \ln AGDP_t) \tag{4.8}$$

若残差 e_1 是平稳序列，则说明 $\ln UT_t$ 和 $\ln AGDP_t$ 具有协整关系，不平稳则不具有协整关系。运用 Eviews 进行 OLS 拟合后，可得结果如表 4 – 11 所示。

表 4 – 11　协整检验的线性回归结果

项目	回归系数	标准误	t 值	P 值
∂	– 5.6378	3.6684	– 15.3585	0.0000
β	0.1453	1.2369	13.4675	0.0000

$R^2 = 0.8364$，调整后的 $R^2 = 0.8462$，F 值为 17.6432，模型 P 值为 0.0000，D – W 值 $= 0.4795$。

因此可得

$$\ln UT_t = - 5.6378 + 0.1453 \ln AGDP_t \tag{4.9}$$

对残差序列 e_1 进行 ADF 检验，结果如表 4 – 12 所示。

表 4 – 12　残差序列的 ADF 检验

变量	ADF 值	1% 临界值	5% 临界值	10% 临界值
e_1	– 6.5375	– 4.2268	– 3.5366	– 3.2003

由表 4 - 12 可知，残差序列的 ADF 检验中，ADF 值在 1% 的显著性水平下仍小于临界值，因此可知序列 lnUT 和 ln$AGDP$ 之间存在协整关系，即河南省城乡消费差距和经济增长之间存在一种长期均衡稳定的关系，表现为在经济增长的同时城乡消费差距逐渐扩大，验证了 2001 ~ 2016 年经济因素对河南城乡协调发展水平的影响。

4.5　本章小结

本章运用理论分析与实证分析相结合的方法，针对河南省城乡协调发展的现状、趋势及其影响因素开展研究。首先，运用省域层面数据对河南省 2001 ~ 2016 年城乡发展状况进行了现实描述，发现随着河南省经济增长，城乡差距逐渐减小；其次，提供构建一个涵盖经济、社会、空间、环境四维的城乡协调发展评价指标体系，对影响河南省城乡协调发展的各因素进行评价分析，并分别估算出河南省省域层面及区域层面城乡发展协调度指标，分析发现河南省除经济因素外，其余各因素的城乡差距均在逐渐缩小；最后，通过构建计量模型，实证分析了影响河南省城乡发展协调度的主要因素，并得出了以下结论。

其一，GDP 及 UR 对于城乡协调度影响为正，说明 GDP 的发展和城乡收入差距的加大对城乡协调发展是不利的。协整检验表明，1978 ~ 2016 年河南省城乡消费差距与人均 GDP 之间存在长期的协整关系，并且随着 GDP 的增长，城乡消费差距会越来越大。劳动剩余型发展中国家二元经济理论模型可以解释这种现象：在城乡二元经济结构中，由于收入不同，劳动力大量从农村向城市转移，没有足够的劳动力，农村发展动力不足，使城乡收入差距进一步变大，从而导致城乡消费差距的增大。但 GDP 前系数只有 0.3532，说明 GDP 的增长对城乡消费差距的影响没有城乡收入差距明显。

其二，US 对于城乡协调度影响为负，说明非农劳动力的增多对缩小城乡差距有着明显的正面作用。出现这种情况的主要原因在于随着二、三产业的发展，劳动力开始从第一产业中解放出来，转移到二、三产业中。这些产业自身能够吸引大量的劳动力，并且能促进通信、金融、房地产、交通等相关产业的发展，而这些产业又能形成新的消费群体，进一步推动服务业的发展，形成良性循环，使以往从事第一产业的劳动力收入大幅提高，从而减小城乡差距。

因此，从整体来看，河南省近年来城乡协调发展综合水平逐渐上升，城乡居民在经济增长水平、城镇化率、生活条件、卫生教育情况、环境保护等方面都有了显著提高，从综合得分可以看出，河南省经历了从城乡发展水平严重不协调到协调的转变过程。虽然取得了一定成绩，但城乡协调发展仍存在着一些问题，如城镇化水平仍低于全国平均值，城乡居民的收入和消费情况仍有较大差距，二、三产业从业人员比重依旧较低，地方财政对教育卫生投入较小，城乡生态环境建设存在较大差距等。

从各影响因素看，河南省的城乡协调发展水平在社会、空间、环境三个方面经历了从不协调到协调的过程，说明这些因素与城乡协调发展存在相互促进的关系。但经济方面城乡协调发展水平并不协调，城乡收入消费仍有较大差距。

虽然从整体来看，河南省已经处于城乡发展整体协调的阶段，但仍有一些城市城乡发展并不协调，如平顶山市、周口市，仍处于城乡发展不协调阶段。因此，这些市要向南阳、洛阳等城乡发展协调的地区学习。城乡差距形成的主要原因就在于收入分配制度的不平衡，现有的分配制度使城乡收入及居民福利都有较大差距，因此，消除城乡差距的根本措施在于改进收入分配制度，进行制度创新，消除城乡二元经济结构。政府要在城乡协调发展的过程中扮演好领导的角色，整体监督，服务群众，贯彻好以人为核心的发展理念，使公共资源能够在城乡之间合理分配，充分利用。政府要从大局出发提高城镇化水平，促进劳动力向二、三产业转移，重视人才和资金的引进，建立吸引人才、吸引资金的平台。除此之外，政府还应加大对城乡基础设施建设的投入，注重教育与卫生事业的发展，重视居民精神文化活动建设，保证城乡协调发展质量的全面提升。

非农劳动力比重的升高能够促进城乡差距的减小，因此应该努力促进劳动力向二、三产业转移。但在推动城镇化建设的同时也不能忘记建设国家粮食生产核心区的战略定位，应该提高农业生产效率，推广农业的机械化生产，广泛应用大型机械和高科技机械，重点建设有本地特色和优势的农产品建设基地，重视农业深加工，提高产品价值，利用"一带一路"的政策便利，推动农产品出口。这样既提高了农业生产价值，也能使更多的劳动力转移到二、三产业。

截至 2016 年末，河南省二、三产业的比重分别为 47.6% 和 41.8%，第二产业虽然占比最大，但近年来呈现逐渐下降的趋势，第三产业的比重逐年上升。要抓住"一带一路"和科技发展的战略机遇，推动电子商务、工业互联网、智能制造等新兴产业发展，发展农村、跨境电子商务，推动汽车及零部件、装备制造、精细化工等传统产业重塑创新体系，重构商业模式。将互联网技术嵌入产业发展的研发、生产、管理、营销、服务等各个环节，推动互联网等现代信息技术带动传统农业向现代农业、传统制造业向先进制造业的转变，促进城乡协调发展。

城乡二元经济结构出现的主要原因就在于分配制度不够完善，城市经济以现代化的大工业生产为主，而农村经济以典型的小农经济为主；城市的道路、通信、卫生和教育等基础设施发达，而农村的基础设施落后；城市的人均消费水平远远高于农村，城乡差距逐渐扩大。因此，需要改革分配制度，使资源能在城市和乡村之间合理分配，消除城乡之间在居住、就业、社保、教育、医疗、税收、财政和金融等方面的不公平和二元化的政策、制度，实现政策的统一和制度的公平。政府也要致力于政策调整和制度创新，加大对农业、农村、农民的支持和保护力度。

5

河南城乡协调发展探索：
基于功能分工视角

就理论而言，无论是区域协调发展还是城乡协调发展，其内涵都是在讲如何能够通过构建某种机制或体系，以实现区域间、城乡间的产业功能分工及协作。杨开忠（2018）研究认为，探索和促进区域、城乡协调发展模式应当切实发挥都市圈的支撑引领作用。他认为，都市圈是城乡一体化发展的区域形态，有利于乡村实现与中心建成区、周边建成区的市场、基础设施和公共服务互联互通，有效整合整个都市圈的资源和市场，形成发展优势、实现乡村发展目标；有利于乡村实现与中心建成区、周边建成区的生产链、供应链、价值链互联互通，有效分享和利用整个都市圈生产、供应和价值链的辐射带动作用。以城市群为主体构建大中小城市和小城镇协调发展的城镇格局，是实施区域协调发展战略的基本内容。

本章首先通过引入空间经济学的经典理论模型，以说明城镇化进程中通过有效的城乡功能分工有助于实现区域、城乡的协调发展；其次，探讨回顾和总结河南省在推进城乡协调发展进程中业已进行的政策实践及经验所得；最后，本章将梳理河南省在新型城镇化进程中构建现代城乡协调发展体系的实施路径。

5.1 基于功能分工的城乡体系：演化路径

关于城市功能分工的相关研究大都是建立在 NEG 之 C－P 模型的分

析框架基础之上的。其中较为经典的研究，如 Villar、Rivas（2001）以垄断竞争框架为基础构建了一个存在农业、制造业、生产性服务业的两区域三行业模型，用以分析影响制造业、生产性服务业集聚布局的内生因素，并通过数值模拟的方法发现，制造业与生产性服务业的区域产业倾向于呈现出生产性服务业、制造业分别在两地集聚布局的均衡状态。这一模型的构建，对于探讨中国城乡协调发展模式具有一定的理论价值：当下中国城乡发展的不协调、区域发展的不协调，一个主要的表现就是城乡区域间农业、工业与生产性服务业发展的不协调以及地方政府基础设施、公共服务覆盖范围在城乡间的差距不断拉大，能够通过模型构建及推演找到城乡协调的均衡条件及发展路径，对于指导中国当下政策实践具有积极意义。①

Villar、Rivas（2001）借助计算机数值模拟运算，对其所构建的两区域三行业模型进行了均衡分析，并认为当贸易成本较高时制造业厂商更倾向于选择邻近消费市场布局，从而引致生产性服务业也伴以分散布局；当贸易成本较低时，生产性服务业厂商倾向于通过空间上的不断集聚以达到共享市场信息以及获得知识溢出的这种外部性，这种集中将不断使得其区域内部工资水平上升，这将不断促使该区域的制造业厂商外迁和集聚，从而逐渐形成以知识密集型的生产性服务业产业为核心、以劳动密集型的制造业为外围的产业集聚现象。该模型的这一研究结论之所以对解释中国新型城镇化进程中如何不断缩小城乡差距、实现协调发展具有一定的理论意义，是因为根据该模型的均衡结论，随着区域产业格局的不断演化，不管是因为内生的贸易成本还是区域资源禀赋条件，区域间所形成的产业格局分布特征应当以城市的生产性服务业为核心、以乡镇的制造业为外围。而制造业集聚在城市边缘（乡镇）有利于降低贸易成本及生产成本，在客观上也有利于促进外围区域基础服务设施的不断完善、有利于缩小城乡之间的差距。

结合本研究第二章的综述，不难看出，城乡协调发展的首要内涵就是要逐步缩小城乡之间的差距。尽管中央层面提出并制定了一系列的重要措施以确保乡村振兴战略的顺利实施，然而不断缩小城乡在居民收入、基础

---

① V-R 模型的构建及推导详见附录1。

设施、公共服务等方面的差距，实现城乡协调发展仅依赖政府政策扶持及财政转移支付是远远不够的。按照经济学的观点来看，构建城乡之间相互依托的产业结构网络及分工体系，才是不断缩小城乡差距、实现协调均衡发展的重要抓手。

关于区域分工格局或城市群功能分工是城市经济学、区域经济学领域研究的一个热点问题。关于这一理论研究，较为经典的当属 Duranton、Puga（2005）所构建的一个关于企业管理与生产相分离的多城市模型。近似于 V－R 模型、D－P 模型认为关乎交通运输及信息通信的技术进步均会在一定程度上激励企业选择管理与生产相分离的链式产业模式，由此企业所在地的城市也将逐渐由产品分工（Sector Specialization）转向功能分工（Functional Specialization），即由于总部经济及生产性服务业的收益高于制造业，从而城市间功能分工的结果只能是少数大城市逐渐成为商业服务中心，而大量小城市成为制造业中心，从而完成城市群功能分工。①

Duranton、Puga（2005）通过数值模拟的方式对以上均衡时期厂商布局选择的临界条件进行了探讨，认为现实经济社会中的交通运输及通信技术的进步都会降低厂商选择部门分散布局的成本，而在专业化部门形成集聚的情况下，这种分散布局又将实现边际收益递增的情形，从而反过来激励厂商的这种布局。进一步地，由于总部部门与生产性服务业行业的利润会高于制造业本身，由此随着厂商选择分散化布局，城市之间的这种功能分工将逐渐显现，即出现以总部部门和生产性服务业行业集聚为主的少数大城市以及以专业化制造业集聚为主的大量小城市。

张若雪（2009）的研究则认为，D－P 模型虽然沿用 NEG 的分析框架构建了城市群从产品分工到功能分工的演化机制模型，但它也有明显的缺陷，即其模型中厂商选择布局模式所考虑的关键变量在于其不同布局模式所隐含的成本问题，而一般均衡条件下城市群分工状态是完全的产品分工或者完全的功能分工，并不存在一个动态的过程化调整阶段，而这是不符合经济现实的。由此，其在南北贸易模型的框架下，构建了一个存在中心城市和外围城市的两区域经济圈模型，通过讨论具备研发和制造两部门厂商的区位选择，用以说明均衡条件下经济圈的中心城市（N）与外围城市

---

① D－P 模型的具体构建详见附录 2。

（S）之功能分工的决定因素。

具体而言，其模型假定厂商的研发和制造环节均只使用劳动力，外围城市研发效率较低而中心城市具有研发的比较优势，因此中心城市的厂商研发出新产品后可以选择在中心城市生产并向外围城市销售，也可以选择在外围城市生产，两个城市之间贸易成本为零，劳动力市场完全竞争且不能在两城市间流动。

两城市居民的效用函数可以表示为下式（5.1）

$$\max U = \int_0^\infty e^{-\rho t}\ln(u_t)\,\mathrm{d}t = \int_0^\infty e^{-\rho t}\ln\left[\int_0^\eta x_t(\theta)^a\mathrm{d}\theta\right]^{\frac{1}{a}}\mathrm{d}t, 0 < a < 1$$
$$\text{s.t. } \widehat{a_t} = w_t + r_t a_t - c_t \tag{5.1}$$

解上式可得欧拉方程（5.2）

$$\frac{\widehat{c_t}}{c_t} = r_t - \rho \tag{5.2}$$

代表性居民在 t 期对于第 θ 种产品消费量为

$$x_t(\theta) = \frac{p_t(\theta)^{-\varepsilon} c_t}{p^{1-\varepsilon}} \tag{5.3}$$

则总需求为

$$y(\theta) = \frac{p(\theta)^{-\varepsilon} E}{p^{1-\varepsilon}} \tag{5.4}$$

由此可以得到产品市场均衡时的价格为

$$\max \pi(\theta) = [P^i(\theta) - w^i]y(\theta) \tag{5.5}$$

$$P^i(\theta) = \frac{w^i}{a}$$

其中，w^i 表示城市 i 的工资水平。

中心城市的厂商在选择是否将新产品布局到外围城市生产时主要考虑的因素在于相对转移成本 $\frac{f_c}{n}$，其中，f_c 表示转移成本参数，n 表示产品种类。由此，市场出清的条件是厂商预期收益等于预期成本，即对于分别把制造放在中心城市、外围城市的厂商而言，其均衡条件分别为

$$V^N = \frac{w^N f_n}{n} \tag{5.6}$$

$$V^S = \frac{w^N f_n}{n} + \frac{w^S f_e}{n} \tag{5.7}$$

由此，可分别得到中心城市与外围城市劳动力市场出清的条件为

$$L^N = f_n g + \frac{a}{1-a}(\rho+g)(1-r^S)f_n \tag{5.8}$$

$$L^S = f_e g r^S + \frac{a}{1-a} r^S(\rho+g)(w f_n + f_e) \tag{5.9}$$

其中，r^S 表示外围城市的制造业份额。

因此可以看出，当 f_e 减少时，中心城市工资降低，外围城市制造业份额增加，中心城市制造业份额相应减少，此时中心城市进行研发的劳动力数量增加，从事制造的劳动力数量减少，经济圈的功能分工状态逐渐显现，即中心城市倾向于专业化与研发，外围城市逐渐倾向于专业化与制造。该模型同样隐含地说明，企业异地管理成本的降低，会降低中心城市厂商把制造放在外围城市的成本，由此一方面会提高外围城市的劳动力需求，降低中心城市的要素价格，从而使得新产品研发变得有利可图；另一方面区域之间的这种功能分工也将会通过专业化以提升技术进步效率及生产效率，从而使得各区域更好地发挥其比较优势，形成城乡之间优势互补、协调发展的一体化经济圈。

5.2 构建功能分工的新型城镇化体系：以河南省为例

上节，本研究借助经典的空间经济学模型，探讨了城市功能分工的理论基础。现实中，由于各级城市及乡镇具有不同的功能定位及分工，而其又作为新型城镇化的重要载体，因此坚持走以功能分工实现城镇化协调布局的新型城镇化道路，对于河南省这样的农业大省、人口大省来说，具有重要的现实意义。

陈润儿省长在 2018 年河南省《政府工作报告》中明确指出：2017年全省上下按照习近平总书记关于以人为核心推进新型城镇化的要求，积极探索生态、融合、适度、集约、高效的城镇化路子，推动城乡、区域融合协调发展。一是深入推进中原城市群建设。科学编制中原城市群

发展规划，支持郑州建设国家中心城市，启动郑州大都市区规划建设，支持洛阳建设中原城市群副中心城市，增强重要区域中心城市和主要节点城市辐射带动能力，重点产业带、城际轨道交通、生态走廊等加快建设。二是启动实施百城建设提质工程。着力提升城市品质和承载能力，突出高水平规划、高标准建设、高效率管理，坚持硬件与软件、新区与老区、地上与地下、宜业与宜居"四个统一"，做好以绿荫城、以水润城、以文化城、以业兴城"四篇文章"，持续推进城镇基础设施扩容提质，加强城镇污水垃圾处理、供排水、供热供气以及地下管网、管廊等设施建设，积极推进生态修复、城市修补，全面开展文明城市创建。首批 45 个市县新一轮城乡总体规划编制完成，在建和竣工项目 4317 个，新增 9 个全国文明城市、8 个国家卫生城市、1 个国家生态园林城市。三是加快农业转移人口市民化。探索建立有利于农业人口有序转移的户籍、土地、财税、社保等体制机制，出台促进农民进城八项措施，实行城乡统一的户口登记制度，全面实施居住证制度，稳步推进城镇基本公共服务常住人口全覆盖。四是持续推动美丽乡村建设。综合整治农村人居环境，持续改善农村基础设施，2694.8 万农村居民和在校生的饮水安全问题有效解决，2.1 万个行政村电网改造升级，新建改建农村公路 5.4 万公里，改造危桥 23.6 万延米，一批县市建立了农村垃圾收集处理长效机制。

根据《河南城市发展报告（2019）》披露，2017 年，河南城镇化率首次突破 50%，达到 50.16%。河南城镇化率突破 50%，意味着乡村社会开始加速向城市社会转型。全省至少实现了 200 万人农业转移人口在城镇落户，而郑州常住人口已突破千万，人均 GDP 突破了 10 万元。截至 2018 年底，河南常住人口城镇化稳步提高，达到 51.71%，比 2017 年提高 1.55 个百分点，仍然保持了较高的推进速度。城镇化的核心特征是农村人口向城镇转移，就业部门由原来的农村农业向城镇的第二、第三产业转移。然而，虽然近年来河南城镇化增速位居全国前列，但 2018 年全省常住人口城镇化率仍低于全国平均水平 7.87 个百分点，全省仍有将近一半的居民生活在农村，这在一定程度上影响了工业化和农业现代化的发展，河南也仍然面临着城镇化发展的艰巨任务。报告同时指出，在综合考虑人口转移、经济发展、生活方式转变、空间优化、城乡统筹、环境宜居六大因素后发现，2017年全省城镇化质量综合指数平均水平为0.636，各省辖市指数存在一定差距。其中，有8个城市的指数高于全省平均水平，分别是郑州、济源、许昌、洛阳、濮阳、新乡、漯河、焦作。郑州的城镇化质量综合指数领先于其他省辖市，是因为除环境宜居分项指标得分较低外，其他各分项指标都处于全省前列，而由于空间优化、生活方式转变、人口转移、经济发展等方面的分项指标得分较低，信阳的综合得分最低。

河南省城镇、产业复合发展的轴带特征日趋显著，中心城市带动能力明显增强。以省会郑州为中心，洛阳、开封、新乡、焦作、许昌等周边区域，近年来联系日益密切，城镇、人口和产业集聚趋势明显。随着郑汴、郑焦城际铁路通车，郑汴、郑新、郑焦、郑许城际公交的运营，郑州与开封、许昌、新乡、焦作等周边城市联系日益便捷和紧密，呈现出集群化的发展态势。全省城镇和产业沿主干铁路、高速公路、干线公路形成了京广、陇海、南太行、伏牛东、宁西、黄淮六条城镇产业复合轴带，集中分布了18个省辖市、11个县级市和56个县城，集聚了全省约80%的城镇人口和70%的生产总值。近年来，全省大力实施中心城市带动战略，中心城市综合实力和辐射带动能力逐步增强。郑州航空港经济综合实验区正朝着国际物流中心、国际货运集散中心、国内客运中转枢纽、全球重要电子信息产业基地和国家区域性高端服务业中心的目标快速推进，洛阳市省域副中心城市地位显现。

河南省县级市、县城发展不断提速。县级市、县城是县域经济的核心，是现代城镇体系的重要组成部分，是吸纳农村人口就近转移的主要载体。通过整合土地、人口、产业等区域空间资源要素，河南省以促进人口和产业集聚为核心，以完善基础设施、提高综合承载能力和辐射带动能力为重点，因地制宜、突出重点，选择了308个区位优越、特色明显、具有一定产业基础或发展潜力的中心镇加快发展。如水冶、明港、回郭、石佛寺、龙湖等一批中心镇已经初步具备小城市的规模，在县域经济社会发展中的地位越来越突出。

河南省新型城镇化发展确定了紧紧围绕科学推进"以人为核心"的城镇化发展思路，深化实施中心城市带动战略，推进一个载体、三大体系、五大基础建设，构建以中原城市群为主体形态的现代城镇体系。力争到2020年全省常住人口城镇化水平达到56%，户籍人口城镇化率达到40%

左右，以"米"字形轴带为主体的城镇化空间格局基本形成，中原城市群引领中西部地区经济发展增长极作用进一步凸显，郑州市中心城区常住人口达到700万人左右，洛阳市达到350万人左右，10个地区性中心城市达到100万人以上，13个左右城市（县城）达到50万～100万人，80个左右城市（县城）达到20万～50万人，10个左右中心镇区人口达到10万人以上，100个左右中心镇镇区达到3万人以上。城镇发展模式更加科学合理，基础设施和公共服务设施更加完善，基本公共服务实现常住人口全覆盖，城乡发展一体化格局基本形成，实现全省城镇发展格局的不断优化，着力打造以郑州为中心的核心增长极，提高地区中心城市辐射带动能力，增强县级城市产业和人口集聚能力，积极发展特色中心镇，促进大中小城市和中心镇协调发展。加快转变城镇发展方式，提高城市综合承载能力和可持续发展水平，为全面建成小康社会，实现中原崛起、河南振兴、富民强省奠定坚实基础。

坚持规划引领、核心带动。强化规划引领作用，实施中心城市带动，以中原城市群核心区为统领，加快郑州都市区建设，提升郑州全国区域性中心城市地位，推进郑汴一体化发展，发挥洛阳区域副中心城市作用，增强中原城市群核心区核心带动能力；坚持统筹协调、联动发展。统筹兼顾区域整体利益和各地局部利益，重点加强大中小城市和中心镇城乡规划、基础设施、公共服务、产业发展、生态建设、社会保障等协调发展，统筹资源要素配置和城市互动发展，推进大中小城市和中心镇功能互动、空间对接、产业互补、发展衔接，促进大中小城市和中心镇融合发展；坚持产城互动、融合发展。坚持以产兴城、依城促产，把就业作为推进新型城镇化的前提条件，通过产业集聚区和转型升级繁荣城市经济，拓展就业创业空间，通过完善城市功能吸引要素集聚，拓展产业发展平台，形成产业集聚、就业增加、人口转移、产城融合的新格局；坚持改革创新、激发活力。坚持把改革创新贯穿城镇建设发展全过程，充分发挥市场在资源配置中的决定性作用，打破市场壁垒，促进各类资源要素自由流动、优化配置，激发各级城镇协调发展动力活力；坚持集约节约、绿色低碳。把生态文明理念融入城镇化进程，根据资源环境承载能力构建科学合理的城镇布局，着力推进绿色发展、循环发展、低碳发展、紧凑发展，节约集约利用土地、水、能源等资源，合理控制城市开发边界，推进产业集聚、人口集中、土地集约，推动形成绿色低碳的生产生活方式和智能化城市运营模式，促进经济效益、社会效益和生态效益相统一；坚持分类指导、突出特色。根据不同地区实际，因地制宜，分类指导，循序渐进。合理确定长远和阶段性目标，选择重点区域、重点城镇和交通基础设施等关键领域进行重点突破，有序推进大中小城市和中心镇协调发展。挖掘各地自然历史文化禀赋，发展有历史记忆、中原特色、民俗风貌的美丽城镇，体现区域差异性，形成各具特色的城镇发展模式。

5.2.1　河南省新型城镇化发展战略回顾

近年来，河南省坚持把推进新型城镇化作为释放内需潜力和稳增长、调结构、促改革"牵一发而动全身"的综合性战略举措，持续完善和丰富深化推进城镇化的思路、举措和政策，积极探索符合河南实际的新型城镇化道路，着重从完善城镇功能，统筹推进农业转移人口市民化、基本公共服务均等化、城乡发展一体化等方面不断推进新型城镇化建设。

早在 2014 年，河南省政府印发《关于科学推进新型城镇化三年行动计划的通知》（以下简称《通知》）。《通知》强调："把科学推进新型城镇化作为事关经济社会发展全局的综合性战略举措，坚持以人为本、优化布局、生态文明、传承文化、产城互动、科学有序，把近期重点与长远发展相结合，围绕抓好'三个一批'（优先解决一批已进城就业定居的农民工落户，成建制解决一批城中村居民转户，推动一批农村富余劳动力有序转移）、解决'五个问题'（农业转移人口'进得来''转得出''向哪转''落得下'和农村居民'过得好'），在农业转移人口市民化、城镇棚户区和城中村改造、城镇化布局和形态优化、城镇化绿色发展、城乡发展一体化、体制机制改革创新等六个关键领域，着力推进 25 个重大专项实施，转变城镇化发展方式，提高城镇化质量和水平，为中原崛起、河南振兴、富民强省提供有力支撑。"三年行动计划提出了有序推进农业转移人口市民化、加快城镇棚户区和城中村改造、优化城镇化布局和形态、提高城镇综合承载能力、推动城乡发展一体化、创新城镇化发展体制机制六个方面的主要任务，力争经过三年的努力实现全省新型城镇化质量和水平显著提升，重大专项取得突破性进展，有利于城镇化发展的体制机制基本建立。

从数据来看，河南常住人口城镇化率从 2013 年的 53.7% 上升到 2018 年的 59.58%，这意味着河南城乡发展实现了由"乡村河南"向"城镇河南"快速迈进，由城乡二元向城乡一体稳步推进。河南确立了快速推进"三个一批"的基本思路，即优先发展一批已进城定居的农民工落户，成建制解决一批城中村居民转户，推动一批农村富余劳动力有序转移，快速推进了城镇化进程。陈润儿省长在 2017 年河南省《政府工作报告》中提出："未来河南全省上下要继续积极探索新型城镇化路子，推动城乡区域协调发展。坚持遵循规律、因地制宜，以人为本、公平共享，规划引领、有序推进，探索具有中国特色、符合河南特点的生态、融合、适度、集约、高效的城镇化路子，加快形成城乡区域协调发展新格局。"

首先，立足于继续推进中原城市群建设。通过实施中原城市群发展规划，加快打造具有较强竞争力和影响力的国家级城市群。加快编制全省城镇体系规划，构建多极支撑、大小结合的城镇格局。支持郑州建设国家中心城市，推进郑汴一体化深度发展，加快郑州与周边毗邻城市融合发展，推动郑州大都市区建设。通过出台支持洛阳发展的政策措施，提升洛阳中原城市群副中心城市地位，打造带动全省发展的新的增长极。依托"米"字形综合交通运输通道，优化城市空间布局。通过出台有效措施，加快北部跨区域协同发展示范区、东部承接产业转移示范区、西部转型创新发展示范区、南部高效生态经济示范区建设。

其次，着力实施百城建设提质工程。把中小城市建设作为新型城镇化的重点，突出高水平编制规划、完善城市功能、推进产城融合、提高人居环境质量、提升精细化管理水平等关键环节，在基础条件较好的县级城市、县政府所在地、重点镇和部分基础设施薄弱的省辖市城区，扎实推进百城建设提质工程。完成所有县（市）城乡总体规划编制、总体城市设计以及市政公用设施和公共服务设施专项规划编制。统筹地上与地下建设，谋划推进一批水电路气暖、垃圾污水处理等基础设施和教育、医疗、文化、体育等公共服务项目，提高县级城市的承载吸纳能力，持续推进美丽乡村建设。

最后，不断推进实现农业转移人口市民化。加快国家和省新型城镇化综合试点，深化国家中小城市综合改革试点。开展城乡一体化示范区管理体制改革创新。深化户籍制度改革，加快构建以居住证制度为载体的基本公共服务供给机制。建立多元融资制度，大力推动PPP项目，全面提升县级投融资平台的融资能力。创新土地管理制度，盘活存量土地资源，做好土地收储供应。健全社会保障制度，加大城乡统筹力度。优化财政分配制度，统筹整合现有资金，加大对县级城市的支持力度。建立农业转移人口市民化激励机制，用好城镇建设用地增加与吸纳农业转移人口落户数量挂钩政策，保持新增农业转移人口的适度规模。

2016年河南省政府颁布《关于深入推进新型城镇化建设的实施意见》（以下简称《意见》）。《意见》要求全面贯彻落实党的十八大和十八届三中、四中、五中全会以及中央城镇化工作会议、中央城市工作会议精神，按照"五位一体"总体布局和"四个全面"战略布局，牢固树立和贯彻落实创新、协调、绿色、开放、共享的发展理念，以人的城镇化为核心，更加注重提高户籍人口城镇化率，更加注重城乡基本公共服务均等化，更加注重环境宜居和历史文脉传承，更加注重提升人民群众的获得感和幸福感，紧紧围绕新型城镇化目标任务，坚持点面结合、统筹推进，充分发挥综合试点的示范作用，着力解决"三个一批人"城镇化问题；坚持纵横联动、协调推进，加强部门间政策制定和实施的协调配合，确保改革举措和政策落地生根；坚持补齐短板、重点突破，加快完善现代城镇体系，推进中原城市群一体化发展，充分释放新型城镇化蕴藏的巨大内需潜力，充分发挥城镇化建设作为供给侧结构性改革的重要平台作用，为经济持续健康发展提供持久强劲动力。

其一，通过户籍制度深化改革、居住证制度改革，强化"一基本、两牵动、三保障"机制，建立健全农业人口转移激励机制，有序推动农业人口向城镇转移落户。围绕加快提高户籍人口城镇化率，各省辖市、县（市、区）政府要抓紧出台本地户籍制度改革的具体实施意见，制定实施推动非户籍人口在城镇落户方案，促进有能力在城镇稳定就业和生活的农业转移人口举家进城落户。鼓励各省辖市、县（市、区）进一步放宽落户条件。全面放开对高校毕业生、技术工人、中职学校毕业生、农村升学学生和军人进入城镇、留学归国人员的落户限制。合理设立集体户口，方便符合条件但无个人合法房屋产权的人员进城落户。

其二，通过提升中原城市群一体化发展水平、郑州国家中心城市建设、提高地区性中心城市发展水平、培育壮大新兴中小城市、有重点地发展小城镇等若干方面措施，加快构建现代城镇体系。围绕建设国家中心城市，重点推进枢纽体系、物流体系、产业支撑体系和开放体系建设，建成一批具有战略突破作用的重大工程。优化中心城区空间布局，进一步强化主城区综合服务功能，统筹推进航空城综合开发、新城区有序拓展和外围组团建设，构建通勤高效、功能互补、生态隔离的空间结构。以一体化交通网络建设为先导，优化区域分工和产业布局，推动郑州与周边毗邻城市融合发展，打造中原城市群核心增长极。以强化产业支撑和提升综合服务功能为重点，推进中心城市产业结构和空间布局优化调整，增强要素集聚、科技创新、高端服务能力，壮大综合实力。推动工业基础较好城市壮大规模实力、传统农区城市加速工业化和城镇化步伐、资源型城市转型可持续发展，逐步发展成为 100 万人口以上的大城市。推进中心城市组团式发展，强化中心城区与组团间产业链接、基础设施和公共服务体系对接，形成分工合理、功能互补、联动发展的格局。

其三，通过大力推进棚户区改造、构建城市综合交通网络、强化市政公用设施建设、提升城市公共服务水平、建设新兴城市等途径，实现全省城镇综合承载能力的不断提升。实施棚户区改造计划和城镇旧房改造工程，加快推进城镇棚户区和城中村改造，有序推进旧住宅小区综合整治、危旧住房和非成套住房改造，加强配套基础设施建设。实施道路交通畅通工程，优化街区路网结构，打通"丁"字路和封闭街区，加快建设快速路，优化主次干道功能，提高城市道路网络连通性和可达性。加快推进郑州、洛阳市城市轨道交通建设，支持其他有条件的省辖市发展轨道交通和大容量快速公交系统。畅通城市进出通道，加强综合交通枢纽建设，鼓励省辖市依托高铁站、城际站、机场及公路运输场站，加快完善换乘枢纽、停车场等集疏运体系，促进不同运输方式和城市内外交通之间顺畅衔接，实现"零距离换乘、无缝化衔接"。加快南水北调中线工程配套水厂和缺水县供水设施建设，推动既有水厂、管网改造和城镇生活污水垃圾处理设施建设，实施雨污分流改造，推动垃圾综合处理，争取到 2020 年城市公共用水普及率达到 98%，实现污水垃圾处理设施建制镇全覆盖。积极引导热电机组加快建设完善配套供热管网。依托国家油气干线，引导天然气管道向用气市场集中、规模较大、管道经济效益较好的乡镇及产业集聚区延伸，力争到"十三五"末全部县及具备条件的乡镇、产业集聚区通上管道天然气。加强地下综合管廊建设，有序推进海绵城市建设，到 2020 年基本建成地下综合管廊 1000 公里左右，城市建成区 20% 以上、县城 10% 以上的面积达到海绵城市建设目标要求。实施第二期学前教育三年行动计划和扩充城镇义务教育资源五年计划，加快城镇中小学和幼儿园建设，增加城镇基础教育资源供给。全面实施健康扶贫建设、妇幼健康和计划生育服务保障、公共卫生服务能力促进、疑难病症诊治能力提升、人口健康信息化建设、中医药传承与创新等六大工程，提高医疗卫生服务质量和效率，增强卫生综合服务能力。加强公共文化体育服务设施以及社区服务综合信息平台规划建设，基本完成基层综合文化中心建设，打造包括物流配送、便民超市、银行网点、零售药店、家庭服务中心等在内的便捷生活服务圈。加强社区养老设施和养老机构建设，构建以居家为基础、以社区为依托、以机构为补充的多层次养老服务体系。完善城市突发公共事件应急指挥体系、保障体系和应急预案，提升处置突发事件和危机管理水平。持续实施"宽带中原"战略和"互联网＋"行动，加强信息基础设施建设，到 2020 年宽带网络全面覆盖城乡，光纤到户覆盖城市所有家庭，固定宽带家庭普及率达到 80%。继续实施蓝天工程、碧水工程，加快绿道系统、公园绿地建设，有序推进生态系统修复，打造生态宜居城市。实施全民节能行动计划，全面推进工业、建筑、交通运输、公共机构等领域节能。加强生活垃圾分类回收与再生资源回收的衔接，建立覆盖城镇社区的再生资源回收体系，推进城镇生活垃圾、餐厨废弃物、建筑垃圾等集中化处置和资源化利用。

其四，通过加快城乡一体化示范区建设、新农村建设、农村三大产业融合发展、农村电子商务及易地扶贫搬迁，不断带动河南省城乡一体化发展。加快城市功能区综合连片开发，推动绿色、低碳、集约、紧凑发展，吸引人口和高端要素集聚。协同推进产业集聚区、商务中心区和都市生态农业园区建设，构建先进制造业、现代服务业、都市生态农业互促共进的产业格局。积极推进城乡一体化发展体制机制改革探索，在土地集约节约利用、基本公共服务均等化、城乡金融服务、社会管理等重点领域开展先行先试。开展国家产城融合示范区试点建设，按照产业、村庄、土地、公共服务和生态规划"五规合一"要求，科学编制新农村发展规划。坚持因地制宜、分类指导、分批推进，对产业有基础、发展有条件、空间布局合理的村镇建设新农村规划引导点。加强农村基础设施和公共服务设施配套，全面改善农村生产生活条件，逐步实现基本公共服务均等化。加强农村人居环境综合整治，开展美丽乡村示范创建，争取到 2020 年 60% 以上的村庄达到美丽乡村建设要求，有条件的县形成 2~3 条美丽乡村示范带。加强历史文化传统村落保护，保持乡村风貌、民族文化和地域文化特色。以县级行政区为基础、以建制镇为支点，搭建农村一、二、三产业融合发展服务平台，建立多形式利益联结机制，扶持农民工返乡创业，积极发展规模种养业、农产品加工业和农村服务业，推进生产、加工、物流、营销等一体化发展。强化体验活动创意、农事景观设计、乡土文化开发，大力拓展农业的生态美化、旅游休闲、文化传承、健康养老、科普教育等功能，提高农业综合效益。实施农村精品旅游线路和休闲观光农业品牌培育计划，建设一批特色旅游村镇。到 2020 年建设一批农村一、二、三产业融合发展示范县（市、区），主要农产品加工转化率达到 60% 以上。落实国家电信普遍服务补偿机制，实施宽带乡村工程，加快农村及偏远地区光纤宽带网络建设，提升农村地区宽带接入速率。开展电子商务进农村综合示范，积极探索农村市场新模式、新业态，推进连锁经营与电子商务融合发展，搭建以公益性为主的农村流通电子商务公共服务平台，建设完善农村电子商务综合服务网络体系。进一步完善农村商贸物流配送体系，支持适应乡村特点的商品集散平台和物流中心建设，鼓励电子商务第三方交易平台渠道下沉，带动农村特色产业发展，推进农产品进城、农业生产资料下乡。实施黄河滩区居民迁建安居工程，推动不具备基本发展条件的贫困地区村庄搬迁脱贫。在县城、小城镇或产业集聚区附近建设集中安置区，使更多贫困劳动力转移到二、三产业就业，转移到城镇落户。积极争取中央财政对河南省易地扶贫搬迁的转移支付，加大各级政府财政投入。鼓励引导金融机构为符合条件的搬迁项目提供中长期贴息贷款支持。统筹谋划安置区产业发展与群众就业创业，确保搬迁群众生活有改善、发展有前景。

其五，通过完善土地保障机制、创新投融资机制、完善城镇住房制度、创新城市规划管理体制，不断完善创新新型城镇化体制机制。抓紧完成各级土地规划调整完善工作，划定永久基本农田、生态保护红线和城市开发边界。总结完善城镇建设用地增加与农村建设用地减少相挂钩政策，完善并推广有关经验模式，在符合国家规定条件的 38 个国定贫困县和 5 个开展易地扶贫搬迁的贫困老区县，允许将增减挂钩结余指标在省域范围内有偿流转使用。建立城镇低效用地再开发激励机制，组织各地对空闲土地核实底数、分类有序处置，推进城镇低效用地再开发、农村土地综合整治、工矿废弃地复垦利用和历史遗留矿山地质环境恢复治理，盘活存量建设用地。开展各类开发区（国家级、省级开发区）土地节约集约利用评价，完成国土资源部确定的30个城市中心城区节约集约用地评价，开展国土资源节约集约模范县（市）创建活动。建立建设用地批、征、供、用、管衔接机制，加强新型城镇化推进过程中的建设用地批后监管。深化政府和社会资本合作，全面放开城市基础设施建设运营市场，广泛吸收各类资本投入城市基础设施建设、棚户区改造和教育、医疗、养老、文化等公共服务设施建设运营。加快理顺市政公用产品和服务价格形成机制，完善政府补贴及监管机制，确保社会资本进入后能够获得合理收益。优化政府投资结构，健全财政转移支付同农业转移人口市民化挂钩机制，加大对农业转移人口市民化相关配套设施建设的投入。积极争取国家资金，支持城镇基础设施和公共服务设施建设，支持有条件的地方通过发行地方政府债券拓宽城市建设融资渠道。深化与国开行、农发行等政策性金融机构的合作，争取其加大对新型城镇化建设领域的信贷支持力度；鼓励引导各商业银行、保险公司等金融机构围绕服务全省城镇化重点项目建设，加大金融创新力度，积极探索设立城镇化专项投资基金、融资租赁、发行债券、夹层投资、债贷组合等业务，支持重点企业发展，加快推进重点项目建设。支持城市政府推行基础设施和租赁房资产证券化，提高城市基础设施项目直接融资比重。深化住房制度改革，以满足新市民住房需求为主要出发点，以购租并举为主要方向，加快建立购租并举、市场配置与政府保障相结合的住房制度，健全以市场为主满足多层次需求、以政府为主提供基本保障的住房供应体系。进一步扩大住房保障范围，将符合条件的农业转移人口纳入住房保障体系，将公租房保障范围扩大到非户籍人口。加快推广住房保障货币化补贴制度，实现由实物与租赁补贴相结合逐步转向货币化补贴为主。培育发展以住房租赁为主营业务的专业化企业，支持其通过租赁或购买社会闲置住房开展租赁经营，引导住房租赁企业和房地产开发企业经营新建租赁住房。加强房地产市场调节调控，推动各省辖市、县（市）加快编制本地住房建设规划，统筹安排住宅用地年度供应规模、住房建设总量、供应结构、空间布局和开发时序。鼓励引导农民进城购房，对农业转移人口购买首套房给予补贴或贷款贴息，鼓励商业银行开展农村居民个人住房贷款业务，加强对农民进城购房的金融支持。推进"多规合一"，加强国民经济和社会发展规划、城市总体规划、土地利用总体规划、生态环境保护等各类规划的协调衔接，强化空间规划的精准套合。加强空间开发管制，根据城市的人口变化、资源禀赋和环境承载能力，合理确定城市规模，实行一、二、三产业融合和经济、生态、人居功能融合布局。启动省辖市和县城新一轮城市总体规划编制，合理确定各类用地的容积率、建筑密度等指标，控制超强度开发，争取用三年左右时间，实现设市城市、县城控制性详细规划全覆盖。依法加强规划编制和审批管理，严格执行城乡规划法规定的原则和程序，落实城市政府定期向同级人大常委会报告城市规划实施情况制度。全面开展城市设计工作，以提升城市品质、彰显城市特色、增强城市活力为目标，大力推进城市设计编制工作。实施提升县级城市管理水平三年行动计划，着力解决城市"脏、乱、差"等顽疾，努力提升县（市）整体形象和精细化管理水平。理顺城市管理体制，加快推进城市管理和综合执法体制改革，积极推进城管领域大部门制改革。

其六，通过深入推进国家级、省级试点以加快推进新型城镇化综合试点改革。推动洛阳、濮阳、兰考、新郑、禹州、长垣等国家新型城镇化综合试点地方围绕国家批复方案，在建立农业转移人口市民化成本分担机制、多元化可持续的投融资机制等方面开展深入探索，尽快形成可复制、可推广的经验和模式。推动兰考、偃师、禹州等3个国家县城基础设施投融资体制改革试点地方以推广PPP模式为重点，加快形成与本地城镇化进程相适应的多元化融资渠道。推动济源、林州等2个国家中小城市综合改革试点地方深入开展试验示范。加强对试点工作的跟踪指导和监督检查，及时总结推广试点工作的成功经验和有效做法。推动20个省级新型城镇化综合试点地方在完善"五规合一"规划体系、推进产城互动发展、完善基础设施配套、吸引农民进城购房、分类推进新农村建设、提高公共服务保障水平等领域率先开展改革试验，探索不同区域、不同发展阶段地区加快新型城镇化进程的有效路径。研究支持试点地方制定先行先试的政策措施，加快推动试点地方建立工作机制，明确责任分工，有序推进试点工作。

5.2.2 推动大中小城市和中心镇协调发展的必要性

促进大中小城市和中心镇协调发展是推进新型城镇化的基本要求。城镇化是人类社会发展的客观趋势和现代化建设的核心内容。城镇化水平低、发展质量不高是河南省经济社会发展诸多矛盾的症结所在，必须发挥新型城镇化的综合带动作用，推进产业集聚、人口集中、土地集约，构建科学合理的现代城乡体系。新型城镇化是以城乡统筹、城乡一体、产城互动、节约集约、生态宜居、和谐发展为基本特征的城镇化，基本要求是大中小城市和中心镇协调发展。中央城镇化工作会议要求围绕提高以人为核心的城镇化质量，把城市群作为主体形态，促进大中小城市和中心镇合理分工、功能互补、协同发展。早在 2013 年印发的《中共河南省委关于科学推进新型城镇化的指导意见》就明确指出：要全面落实中央部署，立足河南省实际，提出围绕构建"一个载体、三个体系"，把加快城镇化作为带动"三化"协调科学发展的着力点，努力走出一条全面开放、城乡统筹、经济高效、资源节约、环境友好、社会和谐，以中原城市群为主体形态，大中小城市与中心镇协调发展、互促共进的新型城镇化道路。中央和河南省委关于科学推进新型城镇化的决策部署为全省优化城镇布局、促进城镇化健康发展提供了科学依据和基本遵循，对加快"四个河南"建设，实现中原崛起、河南振兴具有重大而深远意义。

推动大中小城市和中心镇协调发展是立足河南省省情的必由之路。河南全省 1 亿人口，16.7 万平方公里土地，人多地少、人均资源少、环境压力大、保粮任务重是河南省的基本省情。据统计，到 2020 年，全省常住人口城镇化水平达到 56%，需要转移就业 1100 万农村人口，任何单一层次的城镇都难以承担这么多农业人口转移落户。同时，多年以来河南省城镇化是在资源环境严重约束下发展的，主要依靠的高投入、高消耗、高排放、低效率的城市经济发展模式和以规模扩张占主导的城镇发展方式越来越难以为继，以优化布局、完善功能、集约节约为主导的内涵式发展成为城镇化的必然趋势，迫切需要转变城镇发展方式，促进大中小城市和中心镇协调发展，更好推进城乡统筹、城乡一体、互动发展。

推动大中小城市和中心镇协调发展是引导全省城镇合理布局的必然选

择。经过近年来的快速发展，河南省各级城镇人口集聚、产业支撑能力不断提升，综合承载能力明显增强，但仍存在中心城市规模较小、经济综合实力和区域影响力不强、中小城市和中心镇活力不足等问题。一些中心城市"摊大饼"式向外蔓延，不同程度造成城市拥堵、环境污染等"城市病"。全省县城平均人口 15 万人，镇均不足 1 万人，服务带动乡村发展功能较弱。当前，城乡关系、农业生产方式、农村劳动力就业方式、农民生活方式正在发生深刻变化，农村劳动力转移到城市就业、融入城市的愿望强烈，尤其是国家积极稳妥地推进以人为核心的新型城镇化，河南省各级城镇处于快速扩张阶段。此外，郑武、郑石等多条高速铁路建成通车，郑渝和郑徐等铁路线路、西气东输、西电东送、南水北调中线工程等一大批跨区域重大基础设施建设，极大地改善了河南省城镇发展的环境和条件，为打造"米"字形城镇密集带，构建放射状、网络化城镇空间布局提供了有力支撑。必须抓住城镇化加快发展的有利时机，遵循经济社会发展规律，顺应群众愿望要求，合理调控全省城市形态和空间布局，一方面推进大中城市加快发展，承接大量农村转移人口转移就业；另一方面增强中小城市和中心镇产业功能、公共服务和居住功能，促进农村人口就近城镇化，通过引导大中小城市和中心镇协同发展，让大量进城农民进得来、落得下、过得好。

5.2.3　构建现代城乡发展体系的核心任务

总体上看，当前河南省正处于城镇化加速发展的关键阶段，面临着提升速度和提高质量的双重任务。今后一个时期，要充分发挥新型城镇化的综合带动作用，统筹推进大中小城市、小城镇协调发展和新农村建设，构建以大带小、以小补大、以城带乡、统筹发展的现代城乡体系，促进产业集聚、人口集中、土地集约，全面提升城镇化水平和质量，走河南特色、科学发展的新型城镇化道路。

一是有序推进农业转移人口市民化。通过实施"一基本、两牵动"，建立健全农业转移人口市民化推进机制，在加快产业发展、以就业带动促进人口集聚的同时，强化住房牵动、教育牵动，以住房保障和优质教育吸引农村人口向城镇转移，力争每年向城镇转移农村劳动力 100 万人左右、带动随迁人口 100 万人左右。实施差别化落户政策，适当控制郑州中心城区人口规模，有序放开中等城市落户限制，全面放开小城市和建制镇落户限制，逐步把符合条件的农业人口转为城镇居民，力争每年实现转户100万人左右。加快推进城中村、产业集聚区内村庄城市化改造，推动600万左右农业人口成建制地转为城镇户口。推进实施居住证制度，建立与居住年限等条件相挂钩的基本公共服务体制机制，逐步解决好城镇非户籍人口子女教育、医疗卫生、社会保障等需求。深化农村配套改革，加快农村土地承包经营权和宅基地使用权确权颁证，建立健全农业人口转移的促进机制。开展新型城镇化综合试点，探索建立健全由政府、企业、个人共同参与的农业转移人口市民化成本分担机制和多元化可持续的城镇化融资机制。完善农业转移人口社会参与机制，推进农民工融入企业、子女融入学校、家庭融入社区、群体融入社会。

二是优化城镇化布局和形态。坚持核心带动、轴带发展、节点提升、对接周边，完善中原城市群联动发展机制，推动城际交通一体、产业链接、服务共享、生态共建。加快大郑州都市区建设，构建辐射带动中原城市群发展的核心区域。依托"米"字形快速铁路、城际铁路建设，构建中原城市群"半小时交通圈"和"一小时交通圈"。巩固提升郑州国家区域性中心城市地位，加快洛阳中原城市群副中心城市建设，推动开封建设成为新兴副中心城市，推进中心城市组团式发展和县级城市提质扩容，实施重点镇建设示范工程，构建以城市群为主体形态、放射状、网络化城镇空间布局，力争到2020年郑州中心城区常住人口达到700万人左右，洛阳达到350万人左右，10个地区性中心城市达到100万人以上。深化省直管县体制改革，壮大县域各产业规模和人口规模，建成地区副中心城市，打造全省区域经济新的战略支点。

三是分类推进新农村建设。在最大限度推动农村人口向城镇转移的基础上，因地制宜、科学有序，实施县域新农村建设规划，分类推进新农村建设，打造农民幸福家园和美丽宜居乡村。将城中村、城市规划区内城郊村、产业集聚区内村庄纳入城市统一规划、建设和管理体系，加快城市化改造，同步推动农民转为市民。稳步推进"三山一滩"等不具备开发发展条件的村庄易地搬迁。根据先进制造业和现代农业发展水平，选择条件成熟、积极性高的地方作为新农村建设引导点，规划建设农民集中居住社区。对于缺乏产业基础支撑、发展方向难以预测、暂不具备规划集中居住条件的村庄，按照美丽宜居乡村建设的要求，加强农村环境综合整治，改善农村生产生活条件。加强具有特殊人文景观和自然景观的古村落、古建筑、古民居等村庄保护。

四是加快城乡一体化示范区建设。以经济、生态、人居功能融合和一、二、三产业融合的发展理念为引领，以率先健全城乡发展一体化体制机制为目标，在构建现代城乡体系、构建现代产业体系、公共服务均等化、生态文明建设、体制机制创新等方面创新实践，保持城乡一体化改革发展领先优势。统筹推进城市功能区开发、新农村、城乡基础设施和生态网络建设，优先将产业集聚区、都市生态农业园区周边区域作为新农村社区建设的引导点，推动农民集中居住。要建立完善三次产业协同发展机制，培育壮大先进制造业集群，加快现代服务业集聚发展，加快实施都市生态农业发展工程。突出问题导向，注重整体协同，探索建立城乡一体化改革发展的制度体系，率先形成人口集中促进机制、农民持续增收长效机制和城乡基本公共服务均等化运行机制。要理顺示范区管理体制，赋予部分省辖市级经济管理权限，探索建立产业集聚区、专业园区、都市生态农业园区与所在乡镇（办事处）"区镇合一"的行政管理体制。继续深化鹤壁、济源、巩义、新郑、偃师、舞钢、义马等城乡一体化试点。

5.2.4 河南省促进大中小城市和中心镇协调发展的路径选择

以中原城市群为主体形态，大力实施中心城市带动战略，提高中心城市辐射带动能力，着力增强县级城市集聚产业和人口的能力，有重点地发展中心镇，推动大中小城市和中心镇协调发展。

其一，加快郑汴都市区建设。郑汴都市区的范围包括郑州市、开封市和郑州航空港经济综合实验区。郑汴都市区是在郑汴一体化的基础上，融合郑州和开封市区、航空港区"三位一体"，形成组团式、网络化的复合型城镇连绵带，按照 1000 万人左右的城镇人口规模拓展城市空间，强化区位交通优势，打造国家区域性中心、国家综合交通枢纽、全省经济社会发展的核心增长极。深入推进郑汴一体化建设。不断推进郑汴一体化发展，打造"三化"协调发展先导区，形成中原经济区最具活力的发展区域。加快郑汴新区发展，推进重点功能区连片开发，强化金融、科技、文化、信息、高端商务等服务功能。把郑汴一体化区域发展成为组团式、复合型、资源高效利用、协调发展的中部地区都市连绵带，全省推进新型城镇化样板区。提升郑州市国家区域性中心城市的地位。按照打造国家区域性中心城市的发展方向，利用区位优势，强化交通优势，提升物流优势，发挥创新优势，促进高端要素集聚，壮大支柱产业，完善综合服务功能，增强辐射带动全省和服务中西部发展的能力。加快中心城区有机更新，实施整片区综合改造，推动主城区现有批发市场、工业企业、仓储物流设施等外迁，疏解老城区部分功能，增加主要通道和公共空间，优化城市功能。着力把郑州建设成为国家一级综合交通枢纽、"三化"协调科学发展示范区和国家区域性中心城市。加快推进郑州航空港经济综合实验区建设。围绕国际航空物流中心、以航空经济为引领的现代产业基地、内陆地区对外开放重要门户、现代航空都市的战略定位，按照集约紧凑、产城融合发展理念，优化功能分区，规范开发秩序，科学确定开发强度，构建"三区两廊"空间发展格局。加强基础设施建设，推进与郑东新区、中心城区联动发展，形成现代化城市功能组团，提升郑州区域性中心城市地位。着力申报创建自由贸易区。到2020年基本建成全国重要的航空港经济发展先行区、具有国际影响力的实验区，国际航空货运集散中心地位显著提升，成为引领中原经济区发展、服务全国、连通世界的开放高地。推动开封城市发展。加快开封新区和老城建设，增强对河南东部地区的综合服务功能和对中原经济区的辐射带动能力。推动形成以开封市区为核心，以五县和中心镇为依托的城镇集群。突出特色文化、产业、城市环境，与郑州等周边城市形成差异化发展。着力把开封市建设成为富有中原特色的国际知名文化旅游城市、中原创新发展的试验区、传统城市复兴的示范区。加快都市区卫星城发展。依托快速交通轴线形成"多中心、组团式"布局，明确各卫星城发展定位，突出比较优势，加强与中心城区的空间对接、融合，实现一体化发展。推动中心城区与新郑、新密、荥阳、登封、尉氏等周边县城之间的快速通道和生态廊道建设，促进组团式发展，培育形成通勤高效、一体发展的都市区。

其二，加速中原城市群核心区发展。中原城市群核心区包括郑州、开封、洛阳、新乡、焦作、许昌六市的全部行政区域。以各区域中心城市为枢纽，以各个中小城市和城际铁路站点为节点，促进整个区域的经济社会融合发展，形成高效率、高品质的都市化地区和中原城市群的核心区，引领辐射带动整个中原经济区快速发展，使得该区域县城以上城镇人口总规模在 2020 年前后达到 2381 万人。强化核心区城市间的协调和衔接。深化落实习近平总书记"一带一路"倡议，以郑州为中心，依托"米"字形交通通道，形成放射状的城市发展轴带，深化郑州与开封、洛阳、新乡、焦作、许昌等城市融合发展，形成高效率、高品质的组合型城市地区，构建辐射带动中原城市群发展的核心区域。推动服务共享，完善基础设施规划建设协调联动机制，逐步推进与周边六市金融、通信、物流等一体化，提升城市群核心层整体发展效率。推动生态共建，提高城市群核心区资源环境承载能力，建设区域绿道系统，构筑生态防护屏障。强化交通引导。以都市化地区为特征的核心区应突出交通的一体化建设，重点加快建设包括航空、铁路客运专线、城际铁路、高速公路、快速通道和城市综合交通枢纽的现代化、网络化的快速交通体系，发挥现代交通网络对都市化格局的支撑和引导作用。以郑州为中心打造"半小时交通圈"，形成高效衔接的多层次城际快速交通运输网络，以交通枢纽带动大物流，以大物流带动大产业，以大产业带动城市群。强化产业联动发展。发挥航空港综合经济实验区对外开放门户功能，增强承接高水平产业转移能力，带动中原城市群加快构建开放型经济体系。建立健全多层次合作机制，推动与周边区域共建产业园区、物流基地等。完善综合服务功能，打造中原城市群参与全球投资贸易、文化旅游、航空经济等领域合作的重要平台。强化与其他区域合作交流。加强与长江中游、成渝、关中－天水等地区的联动发展，完善陆空集疏运网络，打通中西部国际货运通道。推动与京津冀、长三角、珠三角等经济区的合作交流，实现更大范围、更广领域、更高层次的产业协同、资源配置和市场拓展，促进合作共赢。

其三，提升洛阳全省副中心城市地位。按照国家新型城镇化城市试点要求，加快洛阳老工业基地改造，建设先进制造业基地和国际文化旅游名城。把洛阳市建设成为先进制造业基地和国际文化旅游名城，巩固提升中原城市群副中心城市地位。优化空间布局结构。构建洛阳都市区，根据地形地貌等自然条件和文物遗址分布等，科学组织城市空间结构，强化洛阳与偃师、伊川、宜阳、孟津等市县的联动发展。依托洛阳新区，向东发展，依托伊河两岸，形成新的带状城市空间，构成以现状"洛阳市区"和"偃师市区"为主、次中心的"带状双心"结构。打造伏牛山绿色生态屏障，加快山区人口弃山进城，促进资源合理保护开发。扩大区域影响力和辐射带动能力。加快产业结构调整、大力发展现代服务业，是促进洛阳经济增长方式转变、提高洛阳经济运行质量的客观必然趋势，也是强化城市现代服务功能、扩大区域影响力和辐射带动能力的要求。充分利用"省部共建洛阳先进制造业基地"的契机，以信息化带动工业化为核心，走新型工业化道路，把洛阳建设成为中部地区重要制造业基地。突出历史文化特色。突出洛阳厚重的历史文化底蕴，发挥其国家历史文化名城优势，加强历史文化资源保护，突出重点、区别对待，强调整体保护，延续城市历史风貌，有效调控城市用地发展方向，在空间上确保历史文化遗产的安全。加快建立历史文化展示系统，完整展示古都历史遗存格局和山水格局，促进城市文化产业和旅游业发展。开展区域合作，与西安、郑州、开封等沿黄城市打造黄河文化旅游线，与其他古都城市开展古都文化游，与南阳、平顶山等县市共推伏牛山水风光游，与济源合作开发小浪底黄河风情游等，逐步提高洛阳在全国和区域旅游网络中的地位，把洛阳建设成为国际知名旅游城市。

其四，发展壮大地区性中心城市。以优化城市形态、提升现代服务功能为重点，壮大经济实力，完善城市功能，提升基础设施水平和公共服务能力，加强生态和历史文化保护，建设集约紧凑、生态宜居、富有特色的现代化城市。实现南阳中心城区常住人口在2020年前后达到150万人，平顶山、安阳、新乡、焦作、许昌、商丘、信阳、驻马店发展成为中心城区常住人口超过100万的城市，周口、漯河、濮阳、鹤壁、三门峡等城市中心城区常住人口超过50万人，济源成为新兴地区性中心城市。推进中心城市组团式发展。以快速交通体系为支撑，加强中心城市和城市组团之间的交通联系，构建围绕中心城市的"半小时通勤圈"，打造一体化发展的都市区和城市集群。充分利用地区资源条件和优势产业发展基础，在中心城市发展科技、研发和生产性服务业等高端职能，形成基于地区产业链基础上的都市区和城市集群职能分工体系。以中心城市为核心，统筹建设区域性基础设施和社会服务网络，发展产业集聚、城乡发展、生态建设、体制改革等多种功能复合城镇集群。实施城市差异化发展。一是加快安阳、平顶山、焦作、鹤壁、三门峡、濮阳等资源型城市的发展转型。转变经济发展方式，加大对外开放力度，坚持走新型工业化道路，依靠科技进步和自主创新推动产业升级，突出自主创新、承接转移、集约集聚、改造提升和龙头带动，发展壮大高成长性产业，改造提升传统优势产业，积极培育先导产业。二是支持商丘、周口、驻马店、信阳、南阳等传统农业地区中心城市扩大规模，提升现代农业发展水平，扶持农业产业化龙头企业，强化经济集聚能力，提高区域影响力和辐射带动作用。推进城乡一体化示范区与城市融合发展。城乡一体化示范区是河南省深入贯彻党的十八大、十八届三中全会精神的重大战略举措，其本质上是一个体现城乡一体、产业融合、统筹发展的复合型功能区域，是探索"三化"协调科学发展的载体，在空间上涵盖城市、农村和生态用地，既有第一产业又有二、三产业，既有城市又有农村。推动城乡一体化示范区发展，要按照一、二、三产业融合和经济、人居、生态功能融合的原则，充分发挥区域综合优势，以健全城乡发展一体化体制机制为目标，优化城乡空间布局，统筹推进城市功能区、生态功能区、产业功能区和农业农村建设。将示范区发展成为中心城市的拓展区、其他组团的互动区，引领城市未来发展。示范区的功能区开发建设和村庄整治改造基本完成，城乡居民收入差距明显缩小，城乡一体化发展新格局全面形成。

其五，重点推进县城、县级市建设。把发展县级市、县城作为推进城镇化的重要着力点，努力使其成为吸纳农业人口转移的主阵地。以产业、村庄、土地、公共服务和生态规划"五规合一"为重点，全面提升县城规划建设水平，提升城市综合承载能力。推动基础较好的县（市）率先发展成为人口集聚能力强、功能完善的30万以上人口规模城市，促进基础较差的县（市）提升经济实力和综合承载能力。加快发展省直管县城市。完善省直管县城市功能，提高县城的综合承载能力和发展质量，增强省直管县对本地区及周边县域的辐射带动作用。深化省直管县体制改革，壮大县城产业和人口规模，建成50万人左右的地区副中心城市，打造全省区域经济新的战略支点。提升经济发达县级市、县城的现代化水平。支持巩义、长垣、新密、荥阳、林州、灵宝、民权、西峡等经济相对发达、产业基础较好的县市，要坚持规划引领，按照现代城市发展理念，优化城市布局结构，完善城市功能，实施产城联动发展，增强县域中心城市发展活力。逐步提高传统农区县城的产城互动和城乡统筹发展能力。针对传统农业县，大力发展现代农业，合理安排市县城镇建设、农田保护、产业集聚、村落分布、生态涵养等空间布局。强化基础设施城乡联网、共建共享。

其六，加快特色中心镇发展。实施重点镇建设示范工程，按照控制数量、提高质量、节约用地、体现特色的要求，在全国重点镇和省域城镇体系规划中，选择100个左右区位条件优越、发展潜力大的重点镇，推动中心镇发展与特色产业发展相结合、与服务"三农"相结合。通过完善基础设施和公共服务设施，布局建设专业园区，因地制宜发展特色产业，集聚产业、集中人口，着力打造10个10万人左右规模的中心镇小城市。加快产业基础较好的经济强镇发展。支持水冶镇、魏庄镇、大周镇等具有区位、资源优势，并形成一定产业基础和人口规模的中心镇，加快产业集聚区或专业园区建设，进一步完善城镇功能，逐步发展成为县域次中心。加强对中心城市近郊区（卫星）中心镇和风景名胜资源丰富的特色景观旅游名镇的发展引导。引导龙湖镇、白沙镇、回郭镇等主动承接大中城市的资金、技术、产业扩散，积极发展中心城市配套的相关产业和职能，重视发展城郊型农业和特色服务业，与中心城市协调城镇用地扩展和基础设施建设。支持下汤镇、嵖岈山镇、坡头镇等特色景观旅游名镇依托自身特色景观资源，发展城镇近郊休闲、生态旅游产业，打造城镇居民生态休闲度假基地。积极发展特色中心镇。支持神垕镇、石佛寺镇、朱仙镇等具有历史文化、特色景观资源的中心镇，通过特色资源的保护与开发利用，发展特色产品加工、销售和文化旅游等服务业，成为独具影响力、辐射力的特色中心镇。支持双龙镇、明港镇、新镇镇等交通枢纽型城镇利用交通、信息优势，积极发展交通和物流产业，注重商贸设施建设，避免城镇沿干线公路无序蔓延。支持荆紫关镇、豫灵镇、赵堤镇等边界窗口型城镇积极发展边际贸易，强化市场建设和交通、信息等服务基础设施建设，优化投资环境，提高产业集聚能力。强化中心镇服务农村地区功能。支持四通镇、张君墓镇、汲滩镇、西洋店镇等黄淮四市、南阳等平原传统农业地区的中心镇，按照区域统筹、合理布局、适度超前的原则，加快推进基础设施建设，规划建设具备商品销售、生活服务、休闲娱乐等综合功能的中心镇商贸中心，形成中心镇微商圈，促进农村商贸服务集约发展，使中心镇成为统筹城乡区域协调发展和基本公共服务的重要枢纽。

5.2.5 河南省大中小城市和中心镇协调发展的保障措施

其一，突出城乡规划的引领作用。

创新城乡规划理念。按照新型城镇化的要求和河南省省情实际，改革城乡规划编制和管理模式，充分发挥规划的引导和调控作用。一是把以人为本、尊重自然、传承历史、绿色低碳理念融入城市规划全过程，科学确立城市功能定位和形态，统筹规划城市空间功能布局，引导城乡建设和城镇化健康发展。二是将规划的编制和管理的重点，转向各类资源保护利用和基础设施的合理布局，将城市规划调控和管理的范围从传统的城市规划区之内扩展至全区域调控和城乡一体化协调发展。

完善城乡规划体系。加强省域城镇体系规划的实施，建立由省域城镇体系规划、市域城镇体系规划、城市总体规划、镇规划、乡规划和村庄规划构成的城乡规划体系。加强区域规划对区域城镇布局、基础设施共建共享、资源环境保护和生态建设管控的引导。开展跨市域城镇体系规划，鼓励编制覆盖全域的城乡总体规划，在区域层面加强空间管制，严格控制敏感地区的建设活动，让城市融入大自然，切实加强对资源环境和历史文化的保护。完善各层次城镇总体规划。按照新型城镇化的要求，深入分析城镇所处的自然环境和资源条件，科学确定城镇的区域职能定位；按照区域人口流动变化特点和资源环境容量，合理确定城市规模；结合区域城镇化空间格局，优化城市布局结构，合理划分生产、生活和生态空间；深入研究挖掘城镇的历史文化和地方特色，总结城市风貌特征，塑造多样性的城镇特色。对县城的规划，应从区域统筹、城乡一体的角度，整合城市总体规划和县域村镇体系规划，积极探索以城乡统筹和"五规合一"为特点的县域城乡总体规划。加快推进专项规划编制。为完善城市功能，提升城市综合承载能力，抓住机遇，加强城市基础设施建设，加快河南省各级城市的综合交通体系、给排水、绿地系统等基础设施专项规划编制。优化完善历史文化名城名镇名村保护规划、传统村落保护发展规划，有效保护、合理利用历史文化街区等各类历史文化遗存。加强控制性详细规划和城市设计。发挥控规在引导和调控城镇土地开发强度上的作用，重点加强城市新区和旧城改造区域控规编制工作，在满足城市交通、基础设施、生态环境的前提下，适当提高土地开发强度，集约节约利用土地资源。积极开展城市重要区域和重要节点的城市设计，合理利用历史文化、风景名胜、滨水地区等各类空间景观资源，延续城市文脉、彰显城市特色，发展当代文化、增强文化活力，鼓励城市规划和建筑设计创新，努力实现历史文化与现代文明交相辉映、相得益彰。

强化规划政策的落实。一是落实省委人才中长期规划，加强市县规划管理机构队伍建设，充实专业技术人才，提高规划工作水平。二是加强对规划的资金投入，将规划经费纳入各级财政预算。省财政每年安排一定的城乡规划工作经费用于省级城乡规划研究和区域规划的编制，对县（市）城乡规划给予资金补助。三是完善规划决策机制。完善城市规划委员会机制，重大规划方案由"议决制"向"票决制"转变。四是强化上级对下级规划实施的指导监督。选择部分城市试点建立派驻总规划师和规划督察员制度。

其二，强化城镇发展的产业支撑。

构建分工合理的城镇产业体系。发挥不同层级城市资源禀赋优势，在大中小城市和中心镇之间逐步培育形成分工合理、优势突出、特色鲜明、吸纳就业能力强的城镇产业体系。郑州、洛阳等特大中心城市大力吸引高端要素集聚，积极培育总部经济，形成以服务业为主导、以高端制造业为支撑的产业结构。地区性中心城市坚持制造业与服务业融合互动发展，不断拓展新领域，发展新业态，培育新的增长点，发展壮大主导优势产业，建设一批先进的制造业基地和区域性服务中心，提升城镇产业能级。以县城为主体的中小城市和中心镇围绕集聚人口、扩大就业、拉动内需，充分利用要素成本优势，因地制宜发展特色产业和劳动密集型产业，培育壮大一批特色优势产业集群。在产业基础较好的中心镇，规划建设一批专业园区或商贸园区，引导产业和人口集聚。提升产业载体发展水平。发挥郑州航空港经济综合实验区的综合带动作用，重点发展航空物流、高端制造业、现代服务业，建设国际航空物流中心、以航空经济为引领的现代产业基地、内陆地区对外开放重要门户，引领全省产业转型升级。实施产业集聚区提升工程，合理布局有关配套产业，提高专业协作水平。统筹产业集聚区产业布局和物流中心、专业市场等配套服务设施建设，完善基础设施和公共服务平台建设，带动农村劳动力向非农产业转移，农业人口向城镇转移，实现产城互动发展。把商务中心区和特色商业区作为加快城区服务业发展的主要载体，创新融资开发、商业运作模式，建成一批大型城市综合体，培育一批金融服务、文化创意、商务中介、总部经济等特色楼宇，形成一批商、旅、文融合的特色商业街，打造产业高集聚、产出高效率、功能高复合、就业高容量的服务业集群。

其三，提升城镇综合承载能力。

加强规划区域的基础设施建设。重点加快综合运输通道和重要枢纽设施建设，强化城际交通联系，形成铁路、公路、民航等多种运输方式高效衔接的现代交通运输网络。加快航空港、铁路港、公路港、快速铁路网、高等级公路网建设，构筑交通物流新优势，打造"丝绸之路经济带"的战略枢纽和内陆开放门户。依托郑州航空港经济综合实验区，发展连接世界重要枢纽机场和主要经济体的航空物流通道，完善陆空衔接，建设国际航空货运枢纽。改造提升商丘、洛阳、南阳、信阳、安阳、新乡、许昌等地区性综合交通枢纽，形成与郑州联动发展的枢纽格局。依托铁路、高速公路、干线公路，构建以地区性中心城市为中心、辐射周边县城的中心城市交通圈，提升地区性中心城市功能。推进中心城市与周边县城之间的国、省道升级改造，构建以县城为中心的县乡交通圈。实施能源保障工程，优化能源结构和布局。以完善河网水系、改善水环境为重点，建立现代化水利支撑保障体系。加强生态体系建设，构建全省生态体系框架。

完善城镇基础设施和公共服务设施建设。一是强化规划对城镇基础设施的统筹协调作用。牢固树立科学发展、高质量增长、规划引领的城镇建设理念，在科学分析和评价资源环境承载力基础上，合理确定城镇基础设施规划建设规模和标准，统筹安排城镇基础设施建设，统筹医疗、教育、治安、文化、体育、商业网点、社区服务等公共服务设施规划建设。加大城镇基础设施规划编制支持力度和城市市政基础设施建设力度。加强城市交通设施建设，加快完善城市道路网络和道路网结构，规划建设一批地上、地下配套设施完善的城市主干道路、快速路和重要立体交通设施，提高道路网密度，加快支路网建设和改造，优先发展城市公共交通，有效缓解交通拥堵，规划人口在100万人以上的城市可以率先开展城市轨道交通或快速公交系统规划和建设工作。着力提高城市雨水排涝系统规划设计标准，加快排水防涝设施建设和积水点改造，按照排蓄并举的原则，大力推行低影响开发建设模式，建设"海绵型"城市。加强城镇饮用水水源建设与保护，完善应急备用水源体系，全面推进既有水厂和管网建设改造，全面改进和加强二次供水管理，保障城镇供水安全。大力实施"气化河南"工程，进一步扩大天然气利用领域和规模，积极推进集中供热计量改革，发展热电联产集中供热。加快污水垃圾处理设施建设和配套管网建设改造；加快生态园林建设，积极推进城市绿道建设，实施城市河道生态建设和综合整治，推行节约型、功能完善型园林建设。严格执行地下管线工程的规划核实制度，统筹推进城市道路建设与地下管线建设，逐步建成较为完善的城市地下管线体系。二是加强公共服务设施建设。统筹推进通信、广电基础设施建设，统筹做好城镇电网建设工作，加快全民健身、科普设施、医疗卫生、文化服务、教育等公共服务设施建设。积极构建农村地区公共服务平台，加快教育、医疗卫生、社会保险与救助等社会事业发展，加快建立和完善中心镇社会养老保险、医疗保险和社会救助制度。

加强城市住房供应。进一步完善市场满足多元化住房需求、政府提供基本住房保障的住房供应体系。一是充分发挥市场决定作用，满足群众多元化住房需求。按照新型城镇化发展要求，科学编制和实施住房建设规划，统筹各级城镇住房建设，结合市场需求建设不同类型、不同价位的住房，优先建设中低价位、中小户型普通商品住房，满足群众多元化住房需求。落实地方政府调控房地产市场主体权责，进一步加强房地产市场分析研究，因地制宜，分类调控。发挥县级城市优势，鼓励引导农村转移人口到县城买房。改进住房公积金提取和使用机制，更好地为房地产市场健康发展服务。在做好传统住宅产业的同时，将工业地产、商业地产、物流地产、养老地产和城市综合体建设培育成为河南省房地产发展新的增长点。积极培育发展房屋租赁市场，发挥房屋买卖市场和租赁市场的双轮驱动作用，鼓励基金或民间资本进入房屋租赁市场，开展房屋租赁专业化、规模化经营。正确引导舆论，稳定市场预期，引导房地产开发企业走品牌化战略，鼓励支持企业重组整合，努力化解潜在风险，提升住房品质和企业整体竞争力。二是加快推进以棚户区改造为重点的保障性安居工程建设。逐步完善符合省情的住房保障体系。第一，继续大力实施棚户区改造。重点推进资源枯竭型城市、独立工矿区和三线企业集中地区棚户区改造，优先改造集中成片、住房条件困难、安全隐患严重、群众要求迫切的棚户区，优先安排城市建成区内已无农村户口和集体用地、撤销乡村行政建制并实施街道办事处管理的城中村。对城市规划区范围内土地已被全部或部分征用、原农村居民已全部或部分转变为城镇户口和已被建成区包围或半包围的自然村，稳步实施改造；城市规划区范围内其他自然村，结合城镇化发展和城市基础设施建设等实际情况，分轻重缓急有序实施改造。第二，完善公共租赁住房保障方式。围绕服务和推动大中小城市及中心镇协调发展，优化公租房布局，继续加大郑州、洛阳等外来务工人员较多的大城市公租房建设力度，适当控制鹤壁、济源等中小城市，南阳、周口、驻马店等人口净流出城市公租房建设规模，产业聚集区按照实际需求合理安排建设规模。逐步由以新建公共租赁住房保障为主转为新建和发放租赁补贴并重。在城镇近郊区、产业集聚区，依据城乡规划开展农村集体建设用地建设公共租赁住房试点，满足不同层次居民，尤其是进城务工农民的住房需求。第三，进一步加强保障房政策体系建设。进一步加强租赁型保障房资产管理，提高租赁型保障房管理服务水平，确保政府资产保值增值。研究建立保障房供需平衡机制，对公共租赁住房逐步实行租售并举，制定保障性住房上市收益分配办法，建立存量保障性住房调节、延续和流动机制，实现供需基本平衡。制定河南省基本住房保障条例，全面规范住房保障工作。

其四，加快推进城乡一体化示范区。

优化空间布局。坚持一、二、三次产业融合和经济、生态、人居功能融合的理念，充分发挥区域综合优势，按照"五规合一"的要求，完善总体规划，优化城乡空间布局，统筹推进城市功能区、生态功能区、产业功能区和农业农村建设，打造与老城区相互支撑、功能互补的发展核心。以率先健全城乡发展一体化体制机制为目标，先行先试，创新实践，保持示范区城乡一体化改革发展领先优势。

提升综合承载能力。统一规划、统筹安排，基础设施要向农村延伸，实现互联互通、共建共享，缩小城乡差距，率先形成设施完善、功能齐全、城乡一体的基础设施体系。推动城乡公共资源均衡配置，加快社会事业改革，统筹推进公共服务均等化。加强区域生态建设和环境整治，努力构建城乡一体化生态网络体系。通过示范区的功能区开发建设和村庄整治改造，促成城乡一体化发展新格局全面形成。

突出特色。立足不同城市及区域特点，打造多样化的特色风貌。示范区规划建设要既与老城区联系紧密又特色突出，着力打造空间结构疏密有致、开合有度、充分融入自然生态的城乡空间格局。

其五，转变城镇发展方式。

建设智慧城市。顺应现代城市发展新理念、新趋势，大力推进智慧城市建设。充分运用物联网、云计算、移动互联网和大数据等信息技术，与城市建设管理、交通出行、医疗保障、工农业生产等资源要素优化配置，让信息化与城市化高度融合，共同发生作用，达到政府管理更加科学、城市运行更加顺畅、人民生活更加便捷、企业生产更加现代的目的。加快推进郑州、洛阳新区等国家智慧城市试点示范建设，不断完善城市公共信息平台、城市公共基础数据库建设，以政务公开、智慧社区、智慧水务、地下管网数字化管理为抓手，提高智慧建设与宜居、智慧管理与服务水平，带动河南省智慧产业与经济快速发展。

建设节约型城市。大力发展节地节能节水型产业、节地节能型绿色建筑和紧凑型城市。合理确定城市用地规模，优化城市用地布局，提高建设用地开发强度、投资强度和环境效益，统筹地上地下空间，积极开发利用地下空间。实行最严格的水资源管理制度，推进节水型城市建设，加大工业、建筑、交通、公共机构等领域节能力度。优化能源利用结构，鼓励发展太阳能、地热能、风能、生物质能等可再生能源。大力发展循环经济，突出抓好产业集聚区循环化改造，减少资源消耗，降低废物排放，提高资源利用率。加强既有建筑节能改造，大力发展绿色建材，大力推进建筑产业现代化。

建设生态宜居城市。把生态文明理念全面融入城镇化进程，围绕美丽河南建设，加强城市生态建设和环境整治，全面提升城市人居环境质量。改善城市生态系统，科学规划生态功能区，加强城市调蓄水库、过境水系、周边湿地生态系统、绿地生态系统的保护和建设，推进城市河道整治和园林绿地、立体绿化、生态走廊、休闲健身广场建设，营造环城防护林和城郊森林公园，构建城市绿色生态空间。深入开展城市环境综合整治，强化城镇污水、垃圾处理设施建设和运营监管，加强大气污染、水污染、土壤污染等防治，发展绿色交通，倡导绿色出行，构建城市绿色生活空间。

建设人文城市。充分发掘城市文化资源，强化文化传承创新，把城市建设成为历史底蕴厚重、时代特色鲜明的人文魅力空间。强化历史文化名城名镇名村和传统村落保护，加强旧城改造中历史文化遗迹和传统风貌保护及周边环境治理，加强重要文化遗迹保护和展示工程建设，促进功能提升与文化遗产保护相结合，传承和弘扬优秀传统文化，推动地方特色文化发展，保存城市文化记忆。开展重点区域城市设计，注重传统文化元素融入，规划建设一批主题鲜明、本土风情浓郁的城市公共文化休闲空间，塑造具有鲜明地域特色和时代气息的中原城镇风貌。鼓励城市文化多样化发展，形成多元开放的现代城市文化。

其六，深化协调发展的体制机制改革。

适应新型城镇化发展要求，不断深化和推进体制机制改革创新，破除瓶颈制约，激发发展活力，形成大中小城市和中心镇协调发展格局。建立大中小城市和中心镇协调发展机制。一是深化完善省域城镇体系规划，统筹制定实施跨行政区的区域规划，明确区域发展目标、空间结构和发展方向，明确各城市的功能定位和分工，统筹交通基础设施和信息网络布局，加快推进区域协调发展。二是以中原城市群为主要平台，推动跨区域城市间产业分工、基础设施、环境治理等协调联动。重点探索建立区域发展管理协调模式，破除行政壁垒和垄断，促进生产要素自由流动和优化配置，在投资准入、市场秩序、信用信息等方面推进一体化，建立区域发展成本共担和利益共享机制，推进跨行政区互联互通，促进基础设施和公共服务设施共建共享，实现大中小城市协调发展。三是建立经济发展较好城市与粮食主产县合作和利益补偿机制，促强扶弱，增强经济发展较好地区对区域内欠发达地区的辐射带动作用。按照国家新型城镇化试点要求，加快洛阳、新郑、禹州、兰考4个国家新型城镇化试点城市发展。深入推进新乡统筹城乡发展改革试验区和信阳农村改革发展综合试验区建设，推进鹤壁、济源、巩义、义马、舞钢、偃师、新郑城乡一体化试点。启动温县现代农业综合配套改革试验区建设。

落实户籍改革政策。立足河南省农村人口多、转移任务重的实际，全面放开建制镇和小城市落户限制，有序放开中等城市落户限制，合理确定大城市落户条件，适当控制郑州中心城区人口规模，逐步将城中村、城郊村和产业集聚区内村庄的农业人口成建制地转为城镇户口，促进农村转移人口在大中小城市和中心镇有序转移落户。

加快行政区划调整。科学调整行政区划，统筹推进大中小城市和中心镇协调发展，使河南省行政区划与经济社会发展形成良好互动发展局面。一是积极稳妥推进撤县设区，扩大中心城市发展空间。新郑市区、中牟县城是郑汴都市区的重要城市组团，所辖县域是航空港经济综合实验区、郑东新区的主要空间载体，荥阳市在空间上已与郑州市区连为一体，应抓紧实施撤县设区。安阳、开封、新乡、许昌、濮阳等市可采用撤县设区、切块设区方式解决"一市一区""市县同城""县包围市"等问题。二是积极争取撤县设市，做大做强县域经济。完善城市设置标准，争取把一些人口、经济、财政、税收以及城市建设达到一定规模和标准的县撤县设市。三是推动撤乡镇改设办事处，大力开展撤乡建镇，分类有序推进"村改居"。各开发区、产业集聚区等管理机构与所在的县、乡、镇在空间上重叠，存在多头管理、权责不清的问题，应将乡镇整建制纳入各级开发区管理，赋予各级开发区完整的社会管理职能。

推进扩权强县、强镇。县城具有落户成本低、人文环境相近、进城农民有归属感等优势，是农民转移就业的重点之一。目前，河南省县城人口占县域人口比重仅为20%左右，低于全国平均水平。中心镇建设整体功能不完善、承载带动能力不强，难以吸引产业和人口快速集聚。学习借鉴外省经验做法，应大力推进扩权强县强镇。第一，在扩权强县方面。积极实施"大县城"战略，把县城和县级市作为城镇化发展的重要环节，扩大规模、增强实力、完善功能、塑造特色，提升承载能力。县（市）政府驻地乡镇、城市近郊和城市规划区内的乡镇可根据经济社会发展和城镇化建设情况扩大县城区域范围。进一步扩大省直管县改革的试点范围，将20个县级市全部纳入试点，减少行政层级，带动县域经济快速发展。第二，在扩权强镇方面。总结推广水冶镇、明港镇等经济发达镇体制改革试点经验，进一步扩大经济发达镇改革试点，以培育镇级小城市为目标，研究制定扩权强镇的政策措施，对镇区达到一定规模的中心镇赋予县级经济管理权限。研究建立省市县中心镇基础设施筹资机制及投资增长机制，在中心镇镇域收取的城建基础设施配套费和新增土地出让收益等各类规费除上缴中央财政部分外，地方留成部分全部用于该镇基础设施建设与维护。加快专业园区建设，推动产业集聚发展。扩大镇级财政自主权，指导有条件的中心镇通过旧镇区改造、迁村并点、空心村治理、土地综合整治等方式挖潜土地利用指标，相应增加的指标重点用于中心镇建设。

深化土地管理制度改革。实行最严格的耕地保护制度和集约节约用地制度，合理满足大中小城市和中心镇发展用地需求。贯彻落实耕地占补平衡和土地整理复垦监管制度，强化土地用途管制，严格划定城市开发边界、永久基本农田和生态保护红线，优先安排和增加住宅用地，合理安排生态用地，统筹安排基础设施和公共服务设施用地，推进旧城区、旧厂区、城中村更新改造，盘活存量建设用地。加强工程建设项目用地标准控制，提高工业项目用地产出强度和容积率门槛。允许农村集体经营性建设用地出让、租赁、入股，实行与国有土地同等入市、同权同价。改革征地制度，规范征地程序，完善对被征地农民合理、规范、多元保障机制，提高农民在土地增值收益中的比例。加快推进农村土地确权、登记和颁证工作，明晰农村土地产权关系。创新农村土地流转模式，探索发展农民土地产权股份合作社模式和农民土地产权参股模式，促进农村土地适度规模经营。简化集体建设用地和城镇建设用地之间的审批程序，缓解大中小城市和中心镇在协调发展中的用地供需矛盾。

改革城建投融资体制机制。完善省级财政转移支付办法，建立财政转移支付同农业转移人口市民化挂钩机制，加强城镇基本公共服务财力保障。不断探索公共私营合作制（PPP）投资运营新模式、特许经营模式等，积极吸引社会资本参与基础设施投资、建设和运营。鼓励地方政府发行市政债券，创新金融服务和产品，建立规范的政府举债融资机制。深化与政策性金融机构的合作，鼓励金融机构对符合政策的重大基础设施建设项目和城市功能区连片开发提供信贷支持，为城市建设提供规范透明、成本合理、期限匹配的融资服务。理顺水、气、暖等市政公用产品和服务价格形成机制，完善阶梯价格制度。建立健全节能节地节水和环境、技术、安全等市场准入标准，有效引导各类资本投资城市建设。加快市政公用行业市场化进程，实行投资、建设、运营和监管分开，改革现行城市基础设施建设事业单位管理模式，向独立核算、自主经营的企业化管理模式转变。按照非禁即入原则，扩大开放招商，着力破解资金难题。

完善新型城镇化监测考核机制。建立完善城镇化发展评估和监测指标体系，规范统计口径、统计标准和统计制度方法，实施动态监测与跟踪分析，全面、真实、客观反映大中小城市和中心镇发展水平，切实增强统计考核的科学性、合理性和可操作性，及时发现城镇化进程中的薄弱环节和存在问题，合理引导城市发展，为河南省新型城镇化的发展提供科学依据。

5.3　以发展新型城镇化助力构建现代城乡发展体系

结合当前河南省城镇化的发展态势，未来全省新型城镇化的发展应按照中央关于新型城镇化的战略部署，紧紧把握新型城镇化的时代特征和科学内涵，紧密结合河南省农村面积大、农业人口多、经济基础薄弱、资源环境约束强的省情实际和城镇化、工业化进入快速发展阶段的目标需求，以人口城镇化为核心，坚持产业为基、就业为本，强化城镇化加速发展的动力；坚持住房、教育牵动，推进农业转移人口市民化；优化城镇化空间格局，以中原城市群为主体形态，促进大中小城市和小城镇协调发展；深化实施中心城市带动战略，着力提高各级城市的承载能力、吸纳能力、社会保障与服务能力；创新土地流转、人口转移、社会管理和公共服务机制，努力在城镇化发展速度、质量和发展机制方面实现新突破。

首先，要坚持中心城市带动战略。努力打造全省核心增长极，强化省会郑州的国家区域性中心城市地位，尤其是郑州航空港经济综合实验区建设全面展开，战略效应初步显现；促进中心城市组团式发展，优化城市空间形态和布局，着力提升中心城市辐射带动能力，大力推进全省中心城市的快速发展和质量提高。

其次，要加快构建现代城乡体系。确立以中原城市群为主体形态，大中小城市、小城镇和新农村协调发展的全省现代城乡体系基本框架。通过城乡一体化示范区和新农村建设，积极探索城乡统筹和一体化发展道路。中原城市群不断发展壮大，成为国家重点培育发展的中西部地区三大城市群之一。

再次，通过载体建设来推进城乡统筹发展。全省各市县以提升城镇综合承载力为重点，坚持"三规合一"、产城互动发展理念，积极推进产业集聚区、商务中心区和特色商业区等载体的规划建设，有效促进产业集聚、增加就业、提高对人口转移的吸纳能力。在农村人口转移、土地流转及城市功能完善、增强综合承载能力等方面，探索促进农村人口向城镇转移的政策措施，取得较好效果。

最后，不断创新体制机制。积极深化户籍、城建投融资、市政公用事业、城市土地使用、城市管理等方面改革，出台促进农民工进城落户的政策措施，破除一些影响和制约城镇化的障碍和瓶颈。

5.3.1 构建现代城乡发展体系的目标、思路与路径

到 2020 年，农业现代化水平明显提升，农村居民人均纯收入达到

16000元，新转移农村人口1100万人左右，城中村、城郊村和产业集聚区内的村庄改造全部完成，深山区、黄河滩区、煤炭塌陷区、地质灾害易发区内等不具备发展条件的村庄搬迁基本完成，全省80%以上行政村建成省级农村人居环境达标村，40%以上建成省级农村人居环境示范村，全省农村基本达到小康水平，初步建成美丽宜居乡村。

深入贯彻落实习近平总书记系列重要讲话精神，特别是在河南调研指导工作时的重要讲话精神，紧紧围绕省委九届六次、七次全会的决策部署，按照全面建成小康社会和建设社会主义新农村的总体要求，把逐步缩小城乡差距、实现基本公共服务均等化作为根本目标，把加快工业化城镇化进程、促进城乡统筹发展作为根本出路，把促进农民增收作为核心任务，把促进劳动力转移和人口集中作为突出任务，把全面深化改革作为强大动力，把加强党的领导、强化"双基双治"作为坚强保障，坚持产业、村庄、土地、公共服务和生态规划"五规合一"，因地制宜、分步实施、群众自愿、因势利导，分类分批推进新农村建设。

其一，科学编制新农村建设规划。以县为单位，按照城乡一体和产业为基的思路，完善优化县域镇村体系规划，优化镇村布局，形成区域"一盘棋"。按照产业、村庄、土地、公共服务和生态规划"五规合一"要求，科学制定村庄规划。对于城中村、城郊村和产业集聚区内的村庄，编制城市社区规划。对于深山区、黄河滩区、煤炭塌陷区、地质灾害易发区等不具备发展条件的村庄，与产业扶贫结合起来，编制搬迁规划，通过搬迁实现集中居住。对于平原地区的村庄，根据特色农业布局，选择条件成熟、积极性高的地方，编制新农村社区建设规划，引导农民向社区集中居住。缺乏产业基础的地方，根据实际可编制村庄整治规划，改善农村人居环境，保障农民基本生产生活条件。对于具有历史文化价值的传统村落，按照有关法律法规规定，编制保护性发展规划，保留历史文化传承。已规划建设但缺乏产业支撑的新农村社区，要因地制宜研究发展产业，完善产业支撑。已开展新农村建设的村庄要注意规划的衔接，保持规划的科学性和连续性，提升规划编制水平。

其二，因地制宜推进村庄建设。针对村庄位置、产业情况、人口规模等因素，相应确定村庄建设重点，合理配置基础设施和公共服务设施。对于中心村，要按照农民生活和农村生产区域性服务中心功能定位，合理区分生产生活区域，统筹安排生产生活设施。对于自然村，要根据人口转移趋势和村庄变迁情况，改善农村人居环境，满足群众生活基本需求。对于传统村落，要明确历史文化资源保护与风貌管控要求，推动保护性发展。对于人口比较集中、优势产业明显、自然环境较好的乡村，要着力完善基础公共服务设施、净化环境、美化村庄，打造宜居、宜业、宜游的美丽乡村，使其乡情美景与现代生活融为一体。

其三，加快发展优势产业。要创造条件，因地制宜，培育发展优势产业，促进农民就近就业。结合专业园区建设，积极引导劳动密集型企业部分生产环节靠近农村布局，发展劳动密集型产业。依托当地的空间或者资源，发展旅游、农产品加工等特色产业，发展资源性产业。要按照多数人生产、多数人消费、优势最突出的选择标准，将畜禽养殖、茶叶和食用菌等经济作物种植作为产业发展的重点，发展特色种养业。加快商务中心区或特色商业区建设，重点发展金融、商务、物流、商贸、房地产等服务业。

其四，促进农村人口向城镇转移。发挥县城落户成本较低、人文环境相近、进城农民有较强归属感等优势，坚持产业为基、就业为本以及住房、教育牵动，大力发展二、三产业，积极发展质优价廉房地产业，努力扩大城镇基础教育资源和医疗卫生资源供给，制定优惠政策，鼓励、引导、促进农村人口向县城和一些有条件的重点镇转移。大力推进职教攻坚二期工程，实施全民技能振兴工程，开展农民工职业技能提升计划和雨露计划，不断提升农民工的职业技能和职业素养，增强就业竞争力和提高收入能力。

其五，拓宽渠道促进农民增加收入。按照"富裕农民、提高农民、扶持农民"的要求，加快建立以促进农民就业增收为主渠道的长效机制，既要富口袋，又要富脑袋。坚持人力资源、教育、民政、农业、扶贫和残联等部门"六路并进"，满足农民工就业创业的基本职业培训需求。同时加大奖补力度，充分挖掘社会资源，鼓励企业、职业学校、社会组织等成为培训市场主体，统筹政府和社会培训力量，最大可能地增加农民务工收入。创新农业经营体系，支持专业大户、家庭农场、农民合作社、农业产业化龙头企业等健康发展，形成以企业为龙头、以家庭农场为基础、以合作社为纽带实现专业化的生产与经营、利益与风险的共担机制，增加农民经营性收入。落实农民的土地承包经营权、宅基地用益物权、集体资产收益分配权，加快农村产权制度改革步伐，增加农民财产性收入。

其六，加快改善农村人居环境步伐。按照突出重点、依次展开、逐步提升的原则，分阶段推进。以保住房安全、保饮水安全、保用电安全、净化环境、硬化道路、美化村庄为重点，推进农村人居环境达标村和示范村建设，开展美丽宜居乡村建设。按照"以点为基、串点成线、连线成片"的总体思路，在农村人居环境达标村和示范村的基础上，保护传承乡土文化，把乡情美景与现代生活融为一体，建成一批天蓝、地绿、水净，安居、乐业、增收的美丽宜居乡村示范村，形成若干示范带，逐步实现全域美丽宜居乡村建设目标。

其七，加强农村社会管理。围绕和谐农村建设，按照急则治标、缓则治本的基本思路，加强基层服务型党组织和基层群众性自治组织建设，加快完善基层四项基础制度。完善基层民主科学决策制度和机制，深入推广"四议两公开"工作法，尊重和保障人民群众的民主权利。完善矛盾调解化解制度和机制，健全县、乡、村三级矛盾调解化解机制，维护公平正义。完善便民服务工作制度和机制，为群众服务、为群众谋利益、为群众提供便利，解决好服务群众"最后一公里"问题。完善基层党风政风监督检查制度和机制，把群众监督和各方面监督常态化。真正通过制度建设，让农村实现和谐美。

5.3.2 构建现代城乡发展体系的实施机制

一是建立健全农村人口向城镇转移推进机制。建立各级、各部门统筹协调推进的工作机制，研究出台进一步促进农村人口向城镇转移的指导意见。研究建立财政支持农村人口向城镇转移的稳定增长政策，进一步优化调整公共财政支出结构，逐步形成按常住人口支付基本公共服务支出，实现基本公共服务常住人口的全覆盖。合理确定省、市、县各级基本公共服务的事权范围和支出责任，完善以常住人口为主要分配因素的转移支付办法，合理调整进城农村人口流入地与流出地之间的财政投入。建立农村人口向城镇转移考核激励机制，将促进农村人口向城镇转移工作纳入政府绩效考核体系，对吸纳本省户籍进城农民成效突出的县（市、区）给予一定数额的资金奖励，用于居民培训及当地公共设施建设，奖励资金由省级财政统筹解决。

二是建立农村要素合理流动机制。深化农村改革，激活农村生产要素。加快农村土地承包经营权和宅基地使用权确权步伐，推进农村集体资产股份化改革，确保权属清晰，切实保护农民的合法权益。积极构建农村产权市场体系，加快建设省级农村产权交易中心，建立健全市、县、乡镇三级农村产权市场体系，逐步将农村土地承包经营权、林地承包经营权、小型农田水利工程所有权等纳入农村产权交易服务范围，推动农村各类产权要素合理流动，实现农村资源资产流动化、资本化。

三是探索完善支持农村发展的新机制。要明确各级政府的投入责任，不断加大投入力度，持续向农村进行倾斜，逐年提高财政投入新农村建设的比重。改革投入机制，以县级为平台，打破行业、部门界限，统筹使用各级财政安排的可用于新农村建设的各项专项资金，发挥资金整体效益。鼓励社会资本投向新农村建设，允许企业和社会组织在农村兴办各类事业。创新财政资金使用方式，引入市场化运作机制，大力推广政府购买服务。

四是建立新农村建设长效推进机制。着眼激发县级党委、政府的主导作用和广大人民群众的主体作用，设立省级新农村建设以奖代补专项资金，建立人口转移"以奖促转"机制、农村人居环境改善"以奖促治"机制、产业化发展"以奖促产"机制。由各县（市、区）自主开展新农村建设，建成后向上逐级申报建设成果，省级有关部门制定验收标准，组织验收合格后下拨"以奖代补"资金。将新农村建设纳入各级党政部门目标考核体系和党政干部综合考核，作为评价党政领导班子政绩和干部选拔任用的重要依据。

五是统筹推进城乡一体化发展试点。创新理念，统筹规划城市、乡镇和村庄建设，促进一、二、三产业融合发展和经济、生态、人居功能融合发展，加快公共设施向农村延伸、公共服务向农村覆盖步伐，实现城乡公共服务均等化。试点带动，在16个省辖市设立城乡一体化示范区，探索产业集聚、城乡建设、生态都市、农业发展和农民市民化、基本公共服务均等化的改革路子；推进鹤壁、济源等7个市一体化试点市建设，破除城乡分割的体制性障碍，统筹城乡产业发展、统筹社会事业发展、统筹基础设施建设、统筹劳动就业和社会保障，探索城乡一体化新格局；加快新乡统筹城乡发展试验区建设，探索推进城乡规划一体化、产业发展一体化、基础设施一体化、公共服务一体化、社会保障一体化和社会管理一体化"六个一体化"发展。

5.3.3　构建现代城乡发展体系的政策建议

一是优化城镇化空间格局，推进大中小城市和小城镇协调发展。推动中原城市群一体化发展。坚持核心带动、轴带发展、节点提升、对接周边，以郑州为中心，推动城际交通一体、产业链接、服务共享、生态共建，提升中原城市群整体实力和综合竞争力。促进综合交通体系与城镇体系的高度融合。加强中原城市群"米"字形运输通道建设，强化现代化快速交通体系在构建都市区、城市群及引导城镇发展布局方面的重要作用，推进大中小城市和小城镇协调发展。以郑州航空港经济综合实验区规划建设为重点，加快大郑州都市区发展；实施中心城市壮大工程，促进中心城市组团式发展，推动城市间协同联动发展；以县级城市为重点，实施县城扩容提质工程；积极发展特色中心镇，发挥小城镇的农村服务作用。

二是坚持产业为基、就业为本，强化城镇化发展动力。激发农业现代化对城镇化的基本推动力，强化工业化对城镇化的持续拉动力，发挥服务业对城镇化的快速提升力，促进产城融合对城镇化的聚合力。以城镇集聚产业的规模和提供的就业岗位决定农村劳动力向城镇转移的规模和进程，加快培育发展各具特色的城市产业体系，拓展就业创业空间，以产兴城、依城促产，形成产业集聚、就业增加、人口转移、产城融合发展的新格局。

三是坚持住房、教育两牵动，推进农业转移人口市民化。增加普通商品住房有效供给，建设多层次、多元化的保障性住房，构建适应新型城镇化发展的城镇住房保障体系；推进农业人口向各级城镇梯次转移，保障农业转移人口子女在城镇入学，推进农业转移人口享有城镇基本公共服务，建立健全农业转移人口市民化推进机制。优先推动一批已进城就业定居的农民工落户，成建制地推动一批城中村居民转户，推动一批农村富余劳动力有序转移。

四是提高城市建设管理水平，实现新型城镇化质量提升。加大旧城改造更新力度。把棚户区和城中村改造作为破除城市内部二元结构的重点，整片区统一规划，统筹推进，带动就业、居住、子女入学等公共服务全覆盖。实施城市交通畅通工程。充分发挥综合交通运输网络对城镇化格局的支撑和引导作用，形成铁路、公路、民航等多种运输方式高效衔接的现代交通运输网络；优化城市道路网结构，实施公交优先战略，提高道路通行能力，解决大城市交通拥堵问题。推进城镇基础设施扩容提升。构建安全、高效、便捷的生活服务和市政公用设施网络。统筹地上地下市政公共设施建设，在有条件的城市建设城市管道综合走廊。加大城市给排水、电力、通信、燃气、供热等设施建设力度，完善城市排水与暴雨内涝防治体系，提高应对极端天气的能力。推动新型城市建设。顺应现代城市发展新趋势，建设节约型城市、生态宜居城市、智慧城市和人文城市，推动城市绿色发展，提高智能化水平，增强历史文化魅力，全面提升城市内在品质。加强城市规划和建设管理。适应新型城镇化发展要求，把以人为本、尊重自然、传承历史、绿色低碳的理念融入城市规划建设管理全过程；优化城市形态和空间布局，划定每个城市的增长边界，科学确定开发强度，形成生产、生活、生态空间的合理结构；加强城市规划与经济社会发展规划、土地利用规划的衔接，实现"三规合一"；加强规划实施管理，实行规划实施责任追究制度，切实维护规划的严肃性。

五是城乡统筹，推动城乡发展一体化。在推动农村人口向城镇有序转移的基础上，协调推进城镇化和新农村建设。加快城镇基础设施向农村延伸、公共服务向农村覆盖；有序推进新农村建设，因地制宜，分类指导，改善农村生产生活环境；加快城乡一体化示范区建设，坚持一、二、三产业融合和经济、生态、人居功能融合的理念，积极开展城乡一体化试验探索。

六是改革创新，完善城镇化发展体制机制。深化重点领域和关键环节改革，不断破解人口管理、土地管理、资金保障、生态环境、城乡统筹、区域协调、城市社会治理等体制机制难题，形成有利于城镇化健康发展的制度环境。推进人口管理制度改革。建立健全与居住年限等条件相挂钩的基本公共服务提供机制，形成户籍制度和居住证制度有效衔接的人口管理制度。创新土地保障机制。严格划定城市开发边界、永久基本农田和生态保护红线；实行增量供给与存量挖潜相结合的供地政策，推进旧城区、旧厂区、城中村更新改造，盘活存量建设用地；开展农村集体经营性建设用地入市试点研究，完善对被征地农民合理、规范、多元保障机制，提高农民在土地增值收益中的分配比例。创新资金多元化筹措机制。建立财政转移支付同农业转移人口市民化挂钩机制，加强城镇基本公共服务财力保障，加大保障性安居工程、公共交通、就业培训等方面的投入；创新城市基础设施建设与土地储备相结合的联动机制，探索公益性基础设施建设和商业性开发相结合的长效机制；拓宽城市建设融资渠道，鼓励和吸引民间资本参与建设。完善生态环境保护制度。完善推动城镇绿色、循环、低碳发展的体制机制，完善城镇化地区、农产品主产区、重点生态功能区空间开发管控制度；建立反映市场供求和资源稀缺程度的资源有偿使用制度和生态补偿制度；强化城市环境综合整治和定量考核，健全生态环境保护责任追究制度和环境损害赔偿制度。完善城镇化的区域协调机制。探索建立都市区、城市群和组团城市建设的区域协调机制；适当调整行政区划，减少区域间、城市间的发展障碍；推进条件成熟的市县改区，尽快解决市县同城问题；撤销县城城关镇、城郊镇；探索产业集聚区、城乡一体化示范区、风景名胜区与区内乡镇（办事处）"区镇合一"的行政管理体制。

5.4 本章小结

本章首先通过引入经典的 V－R 模型和 D－P 模型，解释了城市功能分工的微观基础，那就是企业随着内在生产成本变动所具有的改变生产环节以及研发等环节的区位布局，从而在区域间形成以生产性服务业为核心、以制造业为外围的区域功能分工结构。

这对于当前中国城乡协调发展的路径选择具有一定的理论启发：传统区域城市立体网络空间的基本架构包含了大城市、中小城市、中心镇及乡村等若干层级，而新型城镇化要求构建协调发展的城乡格局就需要考虑城市功能分工的内在机理，通过明确大城市之间、大中小城市之间以及城乡之间不同的功能定位，各自通过施行不同的产业及区域发展政策，以更好地实现区域功能的不断深化和完善，并在整体上实现良性的功能关联和产业联动，城市层级内部的这种功能关联和产业联动无疑会有助于协调发展的新型城镇化格局的形成。

在构建功能分工的新型城镇化体系方面，河南进行了一定的探索，并取得了一定的成效。本章在回顾河南新型城镇化发展战略布局的基础上，梳理了其构建功能分工的现代城乡发展体系的思路、路径及政策实践，并最后总结了关于构建现代城乡体系、实现城乡协调发展的一些政策建议。

6

构建现代城乡发展体系：河南实践

6.1　河南省产业集聚区发展现状

产业集聚区是以若干特色主导产业为支撑、以产城互动融合发展为基调，具有生产要素集中、资源配置高效、创新能力显著等优势的经济功能区，是一个国家或地区转型发展的突破口、招商引资的主平台和经济发展的增长极。当前，产业集聚区已成为各地方政府促进本地经济发展的重要抓手，在推进经济改革创新、转型升级、跨越发展中发挥了积极作用。

自 2008 年以来，河南省在充分把握经济社会发展规律、紧密结合河南发展现实的基础上，加快部署产业集聚区建设，并取得了显著成效。目前，河南省按照"五规合一"原则，已在全省规划建设 183 个产业集聚区，培育"百千万"亿级优势的产业集群，使产业集聚区实现了从无到有、从小到大、从重点突破到全面发展的华丽转变，综合载体功能持续增强，成为带动全省经济健康快速发展的重要支撑。作为"十三五"的开局之年，2016 年河南省产业集聚区继续保持了平稳较快的增长，发展质量和综合效益进一步提升，对全省和各地经济的贡献度增大，经济结构调整和产业转型步伐加快，呈现出良好的发展态势。

6.1.1 从总体规模上看，产业集聚区经济实力显著增强

如图 6 - 1 所示，2012～2017 年，全省产业集聚区规模以上工业企业主营业务收入持续增加，从 24690.66 亿元增长到 54838.93 亿元，年增长率达 17.3%；截止到 2017 年底，全省产业集聚区规模以上工业企业主营业务收入突破 5.4 万亿元，增长 16.0%，占全省比重的 68%，比上年提高了 2.9 个百分点。

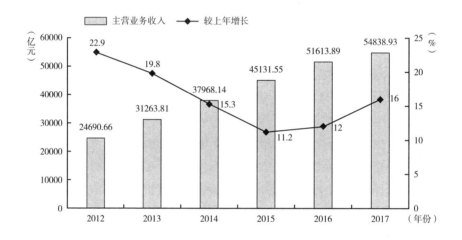

图 6 - 1 2012～2017 年全省产业集聚区规模以上工业企业主营业务收入情况

由图 6 - 2 可以看出，从 18 个省辖市来看，2011 年、2016 年产业集聚区规模以上工业企业主营业务收入均呈快速增长态势，年均增长率都在 10% 以上，其中郑州、开封、鹤壁、焦作、濮阳、许昌、漯河、商丘、信阳、周口、驻马店增长率均在 20% 以上。由此可见，河南省经济规模持续扩大，并保持较快增长水平。

由表 6 - 1 可以看出，2012～2017 年，全省产业集聚区工业企业增加值增速均超过 10%，并高于全省工业平均增长水平，但增幅呈现逐渐缩小的趋势。2017 年，全省产业集聚区工业增加值比上年增长 13.3%，高于全省工业平均水平 5.3 个百分点，占全省规模以上工业的比重为 64.9%。

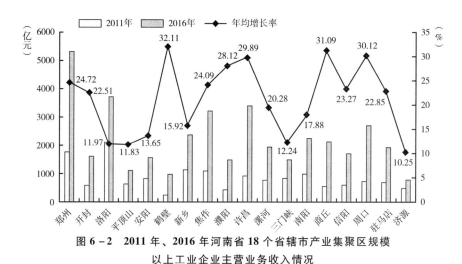

图6-2 2011年、2016年河南省18个省辖市产业集聚区规模
以上工业企业主营业务收入情况

表6-1 2012~2017年全省产业集聚区规模以上企业工业增加值增速及比重

年份	增长率（%）	增加值占全省比重（%）	年份	增长率（%）	增加值占全省比重（%）
2012	22.6	43.7	2015	13.3	60.4
2013	18.1	—	2016	11.9	63.4
2014	16.7	52.3	2017	13.3	64.9

　　从18个省辖市来看，如表6-2所示，2011~2016年产业集聚区工业企业增加值增速呈现明显的下降趋势，但除济源市、三门峡市外，其余省辖市产业集聚区规模以上工业增加值增速均高于全省工业增加值平均增速。其中，增长最快的前三位是濮阳、安阳和漯河，增加值增幅分别为17.5%、15.6%和14.8%。目前，产业集聚区规模以上企业已是全省工业经济增长的最主要动力，为确保全省工业稳定增长发挥了中坚作用。

表6-2 2011~2016年河南省18个省辖市产业集聚区规模以上工业企业增加值增速

单位：%

省辖市＼年份	2011	2012	2014	2015	2016
郑　州	49.8	49.6	17.2	14.7	8.0
开　封	27.1	18.1	15.7	13.3	12.1
洛　阳	21.0	12.3	11.1	9.0	10.7
平顶山	18.2	13.1	17.2	16.7	9.3

续表

年份 省辖市	2011	2012	2014	2015	2016
安　阳	28.5	12.3	15.0	15.4	15.6
鹤　壁	21.7	8.5	12.0	10.3	11.5
新　乡	28.6	22.5	15.9	10.5	11.2
焦　作	26.4	29.8	16.2	16.4	11.0
濮　阳	37.5	22.8	17.8	20.5	17.5
许　昌	34.9	23.6	22.5	12.3	11.0
漯　河	23.6	26.6	19.2	14.3	14.8
三门峡	14.4	8.9	11.1	1.9	8.3
南　阳	29.5	23.0	18.7	15.5	8.6
商　丘	45.7	33.5	24.0	14.2	13.6
信　阳	35.0	22.8	15.9	12.5	10.2
周　口	26.3	27.2	16.2	16.6	14.5
驻马店	29.7	21.8	22.3	14.6	13.8
济　源	18.6	17.1	11.2	3.7	4.2

　　如图6-3所示，2012～2017年，全省产业集聚区坚定不移实施一系列扩大有效投资的政策措施，加大重大项目建设推进力度，产业集聚区固定资产投资呈现较快增长态势，从10229.57亿元增长到21897.98亿元，年均增长率为16.44%，但增幅呈现明显缩减的趋势，从35.7%下降到了4.3%。

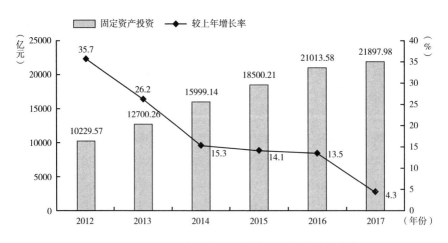

图6-3　2012～2017年全省产业集聚区固定资产投资情况

此外，全省各地紧紧围绕产业结构调整的方向和重点，积极承接龙头型、基地型和集群类项目，一大批竞争力强、关联度高、成长性好的产业结构转型升级项目已进驻或即将进驻产业集聚区。如表 6 - 3 所示，2016年 1 ~ 11 月，产业集聚区施工项目 9120 个，比上年同期增加 626 个。其中，亿元以上项目 5989 个，占施工项目总数的 66%。亿元以上重点投资项目占比高，为产业集聚区的稳定发展奠定了基础，成为集聚区后续发展的有力保障。

表 6 - 3　2016 年 1 ~ 11 月河南省产业集聚区固定资产投资情况

完成投资额 （亿元）	基础设施 投资 （亿元）	亿元以上 项目完成 投资 （亿元）	新开工 项目投资 （亿元）	完成投资 同比增长 （%）	施工项目 个数 （个）	亿元以 上项目 （个）	新开工 项目 （个）
18790.53	2388.17	15863.65	9226.91	14.2	9120	5989	3688

6.1.2　从发展潜力上看，产业集聚区提质增效发展态势明显

如图 6 - 4 所示，2012 ~ 2017 年，全省产业集聚区规模以上工业企业利润总额不断增加，从 1455.03 亿元增长到 3254.49 亿元，年增长率达20%。截止到 2017 年底，全省产业集聚区规模以上工业企业利润总额突破3000 亿元，较上年增长 19.1%，占全省比重的 61.7%，比上年提高 4.3 个百分点。产业集聚区企业凭借生产要素集中、资源配置高效、技术创新能力显著等优势，生产效益稳步提升。

根据河南省发改委公布的《全省 180 个产业集聚区名称及主导产业》发展定位，180 个产业集聚区主导产业涉及装备制造业、食品加工、纺织服装、化工、有色金属、生物医药、新材料、汽车及汽车零部件、轻工、电子信息、新能源、钢铁、农副产品加工等十五大类。其中，主导产业布局全部为化工、有色金属、钢铁、纺织服装等四大传统优势产业的集聚区数量仅为 10 个，占全省集聚区总数的 5.6%；而主导产业布局全部为汽车及汽车零部件、电子信息、装备制造、食品加工、轻工、建材等六大高成长性产业的集聚区数量为 38 个，占全省集聚区总数的 21.1%；主导产业布局全部为新能源汽车、生物制药、新能源、新材料等四大先导产业的集

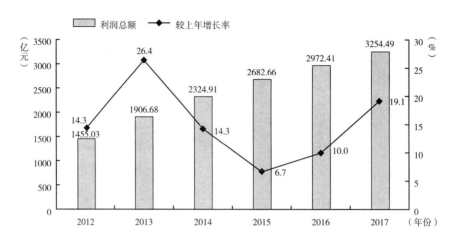

图 6 - 4　2012～2017 年河南省产业集聚区规模以上工业企业利润总额情况

聚区数量为 7 个，占全省产业集聚区总数的 3.9%。由此可见，虽然有不少产业集聚区结合产业基础布局涉及传统优势产业，但全部主导产业定位为传统产业的集聚区占比就很少，更多的产业集聚区逐步向产业链两端、价值链高端领域布局。表 6 - 4 展示了全省产业集聚区主导产业分布情况。

表 6 - 4　河南省产业集聚区主导产业分布情况

主导产业	数量（个）	主导产业	数量（个）
装备制造业	79	钢铁	2
汽车及汽车零部件	17	纺织服装	27
电子信息	18	新能源汽车	3
食品加工	32	生物医药	20
轻工	15	新能源	15
建材	11	新材料	19
化工	22	农副产品加工	34
有色金属	20		

2011～2016 年，全省产业集聚区固定资产投资实现快速增长。其中，交通运输、仓储和邮政业，金融业，租赁和商务服务业，科学研究和技术服务业，信息传输、软件和信息技术服务业这五大服务行业年均增速居于前五，分别为 135.19%、73.64%、51.32%、47.77% 和 34.92%。由此可

见，产业集聚区现代服务业投资呈现快速增长态势，发展势头迅猛。这将带动集聚区产业结构优化升级。

河南省加快实施优势产业集群培育工程，以主导产业、龙头企业为抓手，引导生产要素向优势产业、优势企业和优势地区集中，在全省形成了140个以上主营业务收入超百亿的特色产业集群。如驻马店装备制造产业集聚区，突出发展装备制造特色产业，积极推进产业转型升级，装备制造特色产业集群逐步发展壮大。2016年产业集聚区主营业务收入385.9亿元，是2011年的3.1倍，年均增长25.4%；固定资产投资102亿元，是2011年的2.41倍，年均增长19.2%，在2016年度省180个产业集聚区排序中，排综合指数29位，绝对量指数21位。郑州航空港产业集聚区，依托富士康龙头项目发展智能终端产业，积极开展产业链招商，实现了由单一品牌向多个品牌、单一生产向全产业链发展、港区制造向港区创造的转变，产业集群效益日益凸显。截止到2016年，入区企业已有182家，电子信息业产值2899亿元，全省占比超过70%。

6.1.3 从政策支持上看，产业集聚区管理服务不断优化

2008年12月召开的河南省委八届九次全会明确提出，加快产业集聚区建设，使之成为"全省构建现代产业体系、现代城镇体系和自主创新体系的有效载体和战略支撑"。2009年4月，河南省委、省政府出台《关于推进产业集聚区科学规划科学发展的指导意见》，正式将产业集聚区作为工业化、城镇化、农业现代化协调发展的战略突破口。近些年来，河南省委、省政府联合相关部门针对产业集聚区发展出台政策20多项，涉及内涵目标、规划建设、推进机制、支持政策、专业园区建设、考核晋级、综合评价等方面，聚焦产业集聚区持续健康发展。目前，针对产业集聚区发展的政策体系正在不断完善。

首先，为解决功能区与行政区不协调、管理机构与乡镇机构职能交叉问题，省政府从优化顶层设计、创新管理体制等方面入手，明确产业集聚区管理机构的法律地位。一是完善顶层设计，最大化各项效益。政府先后印发《河南省产业集聚区机构编制管理指导意见（试行）》《关于加快推进全省产业集聚区与乡镇行政区域管理套合工作的通知》等多个文件通知，为产业集聚区发展提供了良好的体制机制保障。例如在《关于推进产业集聚区与乡镇

行政区域管理套合的指导意见》中，确定了实行区镇统一领导、合理界定管理职能、完善财政管理体制、建立协调推动工作机制、推进干部人员交流、明确管理机构规格和加快调整行政区划等七个方面的任务。各地在完成产业集聚区的区镇管理套合的基础上，按照从严从紧、适度发展的原则，拟定了产业集聚区管理机构的"三定"规定，明确人员编制，核定领导职数，设置内设机构。二是创新管理体制，整合优势资源。全省各地借鉴各类经济功能区管理经验，实践"大部制"理念，按照"整合统一、集中管理、集约开发、精简效能"原则，分别成立了高规格管理机构，下设党政办、经济发展局等部门，按照小政府大社会和精简统一高效的原则，赋予相应权限，开通"直通车"，为产业集聚区发展提供了科学的机构支撑。三是创新编制管理，强化作用发挥。按照精简、统一和效能原则，合理确定编制总数和领导职数，并报上一级编办备案。创新机构编制和人事管理方式方法。通过领导体制和财税体制统一、机构综合设置、人员统一调配使用，理顺项目用地、管理与服务的关系，新型城镇化和城乡示范区一体化建设与项目发展、产业布局的关系，形成"以区带镇、以镇促区、融合发展"的格局。

其次，不断提升行政服务水平。一是简政放权催生发展活力。全省不断推进机构改革和职能转变，处理好管理和服务的关系，一方面积极主动放掉该放的权，另一方面认真负责管好该管的事，退出"越位点"，补上"缺位点"，优化政府组织机构，理顺了部门职责分工，突出强化责任，确保权责一致，最大限度激发市场和社会活力。二是权责清单提高服务效能。为进一步推进简政放权、优化政务环境，通过到安徽、上海自贸区考察学习，探寻产业集聚区简政放权、运营管理、监管服务的新途径、新形式。科学制定了编制权责清单方法步骤、时间节点。三是创新服务优化发展环境。为建立健全产业集聚区要素保障机制，省政府先后出台14个文件，不断优化政务、商务、法制等环境，实现"一优带百通"。各地对落地企业实行"三个一"跟踪服务，即一个项目一名县级领导、一个帮办单位、一个服务团队。设立企业服务110指挥中心，为园区企业实行"一键式"服务；设立企业服务大厅，为企业办理手续提供"一站式"服务；建立企业发布需求、政府分类培训、定向输送上岗的服务机制；建立联动保障制度，纪检、监察、组织、公安、督察等部门形成了既分工明确、又高效运转的优化发展环境联动机制。四是省级联席会议指导督察。为确保产业集聚区健康持续发展，省委、省政府每年都结合年度发展规划，明确省直各部门服务保障产业集聚区的责任分工，建立由省部门分工的联动推进工作机制，指定牵头负责部门和协调配合部门。

河南省通过优化完善规划布局、加强政策扶持引导、推进体制机制创新等一系列举措，全省产业集聚区持续保持良好发展态势，不断取得显著发展成效，转型升级突破口、招商引资主平台、农民转移就业主渠道、改革创新示范区和县域经济重要增长极作用进一步凸显，为全省经济社会发展和中原经济区建设提供了有力支撑。

6.2 河南产业集聚区政策实践：基于门限模型的实证

6.2.1 河南产业集聚区：绩效与评价

产业集聚区已成为全省经济发展的重要增长极，主要经济指标基本占据全省的半壁江山。如表 6 - 5 所示，2012～2017 年产业集聚区规模以上工业企业增加值、主营业务收入、利润总额占全省的比重均呈现持续快速上升态势。工业增加值占全省比重从 43.7% 上升到了 64.9%；主营业务收入占全省比重从 47.9% 上升到 68.0%；利润总额占全省比重从 37.4% 上升到 61.7%。此外，2012～2017 年，产业集聚区固定资产投资占全省的比重呈现先上升后下降的趋势，但基本在 50% 左右。2017 年，产业集聚区固定资产投资占全省比重为 49.9%。由此可见，产业集聚区已成为河南省发展经济的主要载体和关键抓手。

表 6 - 5 2012～2017 年产业集聚区规模以上工业企业经济指标占全省比重

单位：%

年份	工业增加值占全省比重	主营业务收入占全省比重	利润总额占全省比重	固定资产投资占全省比重
2012	43.7	47.9	37.4	49.0
2013	48.6	52.6	43.2	50.2
2014	52.3	56.8	48.7	56.8
2015	60.4	62.4	55.4	52.9
2016	63.4	65.1	57.4	52.9
2017	64.9	68.0	61.7	49.9

如图6-5所示，2016年，河南省18个省辖市中有12个省辖市GDP增速高于全省水平（8.1%），18个省辖市GDP增速高于全国水平（6.7%）。作为各省辖市推进地区经济发展的重要支撑，产业集聚区凭借其生产要素集中、资源配置高效等优势，带动了区域经济快速增长。如鹤壁全年产业集聚区规模以上工业增加值254.08亿元，比上年增长11.1%，占全市规模以上工业企业的57.2%，对全市规模以上工业企业增长的贡献率达到74.5%。产业集聚区规模以上工业企业主营业务收入1212.25亿元，增长6.2%，占全市比重达到58.7%，对全市规模以上工业企业主营业务收入增长的贡献率达到59.8%。

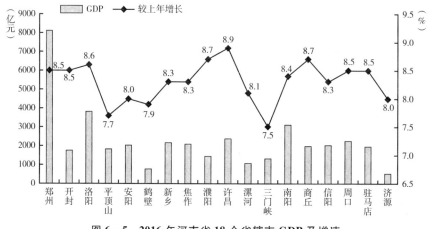

图6-5　2016年河南省18个省辖市GDP及增速

产城融合、集聚发展是河南新型城镇化的突出特点。目前，产业集聚区已成为农民工转移就业的主阵地，超过一半的农民工选择省内就业。一方面，产业集聚区完备的公共服务为落地企业和员工提供了宜居宜业环境；另一方面，集聚区企业又为城区居民和周边群众提供了大量的工作岗位，切实解决了农村富余劳动力"人往哪里去"的问题。如图6-6所示，2013~2016年全省产业集聚区规模以上工业企业从业人员期末人数持续增加，从351.8万人增加到478.2万人，增长率达到36%。在产业集聚区的助推下，全省城镇化率到2016年已达到48.5%。

随着产业集聚区开发的不断推进，商丘、信阳、周口、驻马店等传统农区开始凸显后发优势，产业发展势头日益强劲。如表6-6所示，在工业

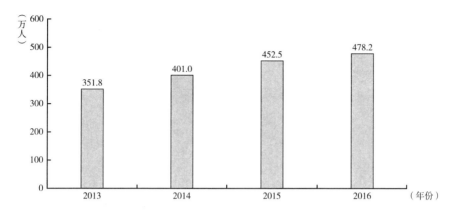

图6-6 2013~2016年集聚区规模以上工业企业从业人员期末人数

领域，商丘全年产业集聚区规模以上工业企业增加值504.3亿元，比上年增长15.5%，占全市规模以上工业企业的比重为86.2%；规模以上工业企业主营业务收入2290.8亿元，增长18.9%，占全市比重达到85.7%。信阳全年产业集聚区规模以上工业企业增加值458.77亿元，增长10.7%，占全市规模以上工业企业增加值的75.2%；规模以上工业企业主营业务收入2171.58亿元，增长10.3%，占全市规模以上工业企业的比重为81.3%。在固定投资领域，商丘全年产业集聚区完成固定资产投资1254.22亿元，占全市固定资产投资的比重为76.7%。信阳产业集聚区固定资产投资1124.47亿元，占全市的比重为50.7%。

表6-6 2016年商丘市、信阳市产业集聚区主要经济指标情况

省辖市	工业企业增加值（亿元）	占全市比重（%）	主营业务收入（亿元）	占全市比重（%）	固定资产投资额（亿元）	占全市比重（%）
商 丘	504.3	86.2	2290.8	85.7	1254.22	76.7
信 阳	458.77	75.2	2171.58	81.3	1124.47	50.7

随着河南经济进入新常态，全省产业集聚区的发展需要进一步加快提质转型，由规模扩张向创新驱动转变，提高竞争力和带动力。目前，在产业集聚区提质转型过程中面临诸多问题和挑战。

其一，各地产业集聚区发展不平衡。近年来，河南省产业集聚区建设取得显著成效，但是各地发展较为不平衡。如图6-7所示，在18个

省辖市中，从总体规模看，2016 年 1～11 月郑州市产业集聚区规模以上工业主营业务收入为 5320.29 亿元，明显高于其他地市，分别高于洛阳、许昌、焦作、周口 1603.4 亿元、1922.58 亿元、2104.25 亿元和 2617.19 亿元。从发展速度看，2011～2016 年鹤壁、商丘、周口增长率均在 30% 以上，郑州、开封、焦作、濮阳、许昌、漯河、信阳、驻马店增长率处于 20%～30%，其余地市低于 18%。此外，各个产业集聚区之间发展也极为不平衡。全省 180 个产业集聚区中，2016 年 1～11 月 38 个产业集聚区规模以上主营业务收入低于 100 亿元，132 个产业集聚区规模以上主营业务收入为 100 亿～500 亿元，9 个产业集聚区规模以上主营业务收入为 500 亿～1000 亿元，1 个产业集聚区规模以上主营业务收入高于 1000 亿元。

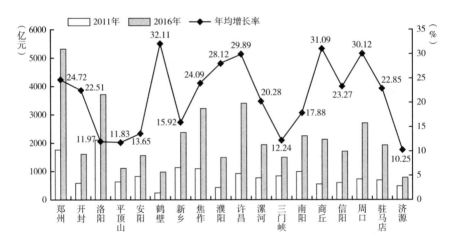

图 6－7　2011 年、2016 年 1～11 月 18 个省辖市产业集聚区规模以上工业企业主营业务收入情况

其二，主导产业同质性较强。从主导产业布局数量上看，装备制造、农副产品加工、食品加工、纺织服装、化工等行业覆盖全省 180 个产业集聚区数量占据前 5 位，其中涉及的产业集聚区数量分别为 79 个、34 个、32 个、27 个和 22 个。由此可见，全省产业集聚区主导产业发展存在明显的产业同构现象，使得各个产业集聚区差异性、互补性偏低，区域分工难以形成。同时，产业集聚区主导产业同质性较强，将会导致各地在招商引资、承接产业转移中争项目、争企业、争产业的情况时有发生，甚至于陷

入恶性竞争。这些问题不利于产业集聚区之间的优势互补和差异化发展，影响全省产业集聚区整体竞争力的增强。

其三，产业链整合难度较大。相较于传统工业园区或开发区，产业集聚区更加突出产业链的衔接和企业间的融合互补。但是，从各个集聚区内部看，产业链环节不完整、本地配套率低问题仍然较为显著。一方面，产业集聚区在发展中重"制造"轻"服务"，倾向于引进投资大的制造业项目，而忽视投资小的研发、设计、技术服务中介服务等生产性服务业，导致产业链、创新链和服务链分割发展，产业发展缺乏配套，产业集群以"堆"代"链"，产业层次由传统加工制造转型服务增值提升受到制约，制约了区域产业竞争力的提升。另一方面，能真正充分发挥培养行业核心竞争力、引导中小企业进行配套供应生产、进行产业链式发展的领袖型龙头企业较少，即便是在较为成熟的产业集聚区，大多数龙头企业与中小企业之间的关系不够紧密，缺乏企业之间的分工与协作，甚至存在较为激烈的竞争关系，这就使得整个产业链更加难以整合。

其四，自主创新能力总体较弱。产业集聚区承载着全省创新引领和经济转型升级的发展重任，其自主创新、科技创新发展方面要切实加强。目前，大多数产业集聚区依然延续着基于投资驱动和规模扩张的传统产业发展模式，项目建设上新兴产业、新型项目的"双新"色彩不明显，传统制造、加工企业占比仍然较大，高新技术企业偏少，研发机构和高层次技术人才较为缺乏。此外，产业集聚区固定资产投资主要集中在制造业领域，而对于信息技术服务、科学研究和技术服务业的投资过少。

6.2.2 河南产业集聚区政策实践：实证分析

鉴于线性模型在经济实践中运用的有限性，Tong（1978）提出的非线性时间序列模型（门限自回归 Threshold Auto-regression），成为非线性计量的经典模型。门限自回归模型常用于研究时间序列资料，将数据按照某一指标进行分段，在各分段上分别进行线性回归。因此，为了对样本进行计量研究而采用的门限自回归模型的本质是，把非线性模型进行分段线性化研究。

门限自回归模型可以有效捕捉到时间数量资料中的非线性波动现象，

可以比较精确地解释非线性波动，为解决结构突变现象、非对称特征和跳跃现象等问题提供了解决办法。同时，门限的存在，使得其具有控制作用和分段线性的应用，使得利用线性模型进行问题处理成为了可能，同时保证了模型的稳定性。因此，门限自回归模型被广泛地应用到宏观经济研究以及财务金融等微观经济领域。为拓展门限自回归的运用范围，Marterns、Kofman 和 Vorst（1998）开始使用这种方法研究截面数据和面板数据。

在试图用门限自回归模型作为经济问题的检验方法时，首先必须检验门限效应（也叫门槛效应）的存在性问题。由于未知参数的存在，导致了检验统计量的非标准分布，为了解决这个问题，Hansen（1999）利用 bootstrap（自体抽样法）发放来检验统计量的渐进分布，之后检验是否显著具有门限效应。若原假设被拒绝，亦即存在门限效应时，用最小二乘法（OLS）对门限模型进行估计，计量结果具有超一致性。Chan（1993）推导出了 OLS 估计量的渐进分布，但是该分布属于非标准正态分布，因为未知参数的问题。Hansen（1999）使用似然比检验，通过构造"非拒绝域"的方法来解决未知参数非正态分布的问题。同时，Hansen 提出，使用两阶段 OLS 估计面板门限模型。首先估计出来一个门限值（λ）计算相应的残差平方和，在其中取最小值作为门限估计值（$\hat{\lambda}$）；其次，利用 $\hat{\lambda}$ 来对模型中位于 $\hat{\lambda}$ 不同区间的系数进行估计并做相应的分析，找出在不同的区间范围内解释变量对被解释变量影响的差异以及显著性的差异。

现在常用的门限模型有两类：单一门限模型和双门限模型。下面简单介绍一下这两种模型。

1. 单一门限模型

（1）前提假定。

$$y_{it} = u_i + x_{it}{}'(\lambda)\eta + \varepsilon_{it} \tag{6.1}$$

式中，y_{it} 是被解释变量，x_{it} 是解释变量，u_i 是解释变量的个体效应，ε_i 是随机扰动项，λ 是门限值。根据门限值的大小，将样本分为两个不同的区间，在两个样本区间内分别对模型进行估计，得到不同的 η 系数：η_1、η_2。

（2）模型估计。

用减去组内均值的方法消除解释变量的个体效应 u_i，对式（6.1）的截面数据取均值，得

$$\overline{y}_i = u_i + \overline{x}_i(\lambda)\eta + \overline{\varepsilon}_i \qquad (6.2)$$

用式（6.1）减去式（6.2），得到估计模型

$$y_{it}^* = x_{it}^*(\lambda)\eta + \varepsilon_{it}^* \qquad (6.3)$$

Hansen（1999）等提出用 OLS 法估计门限值的估计值 $\hat{\lambda}$，进而得到 η 的估计值。

（3）假设检验。

我们首先假设模型中存在门限效应，但仍然需要再一次检验是否具有统计上的显著性。Hansen（1999）研究表明，采用"自体抽样法"可以获得其一阶渐进分布，这样得到的 P 值是渐进有效的。由此得到的 P 值若小于我们设定的临界值（如 5%），那么就拒绝原假设，从而可以认为存在门限效应。

2. 双门限模型

（1）模型设计。

上面我们假定只存在一个门限值，但是现实生活中可能存在两个或者多个门限值，我们假定双门限模型为

$$y_{it} = u_i + x_{it}'\eta_1 I(z_{it} \le \lambda_1) + x_{it}'\eta_2 I(\lambda_1 < z_{it} \le \lambda_2) + x_{it}'\eta_3 I(\lambda_2 < z_{it}) \quad (6.4)$$

其中有两个门限值 λ_1、λ_2，样本被两个门限值分为三个区间。目的是估计在这三个区间范围内，模型系数的不同估计值 η_1、η_2、η_3。

（2）模型估计。

用最小二乘法（OLS）对模型进行估计。由于 $\hat{\lambda}_2$ 是渐进有效的，但是 $\hat{\lambda}_1$ 却不是。此时，我们可以先固定 $\hat{\lambda}_2$，重新估算 $\hat{\lambda}_1$。Bai（1994）认为重新估计的 $\hat{\lambda}_1$ 也具有渐进有效的性质。

（3）门限个数的确定。

在模型的设定中，可能不存在门限效应，也可能存在一个或两个门限值甚至多个门限值，因此需要对此进行检验。前面，我们采用 $F1$ 统计量来检验单一门限效应的显著性。如果 $F1$ 拒绝了原假设，即存在一个门限效应，那么在模型设定中，我们就需要做进一步的检验以便区分单一门限和双重门限。如果 $F2$ 的值较大，那么我们就拒绝仅存在一个门限值的原假设。

本研究中采用 2011 ~ 2016 年，河南省 180 个产业集聚区的 1080 个面板数据。使用每个产业集聚区的规模以上工业企业主营业务收入［绝对数值 lnc1（万元）、增长率 lnc2（%）］，以及产业集聚区固定资产投资额 IFA（万元）2 个指标。在进行分组回归模型选择时，考虑到三种常用模型——固定效应、随机效应和 Pooled OLS，通过两两比较，分别采用相应的检验方法进行检验，以期选择出最优的计量模型。结果如表 6 - 7 所示。

表 6 - 7　分组回归模型筛选

方法 / 模型	固定效应和 Pooled OLS	随机效应和 Pooled OLS	固定效应和随机效应
Wald	36. 13 ***	—	—
BP - LM	—	873. 67 ***	—
LR - MLE	—	329. 37 ***	—
Hausman	—	—	- 2. 13
选择结果	固定效应	随机效应	随机效应

注：*** 、** 、* 分别表示 1%、5%、10% 显著性水平。

固定效应和 Pooled OLS：本研究采用 Wald 检验，在固定效应模型和 Pooled OLS 模型之间做选择。原假设 H0 是个体效应不为 0，Wald 检验结果为 36. 13，在 1% 的显著性水平下显著，因此拒绝原假设，选择备择假设，亦即个体效应为 0。因此在固定效应模型和 Pooled OLS 之间选择固定效应模型。

随机效应和 Pooled OLS：为增加结果的可靠性，用 BP - LM 和 LR - MLE 两种检验方法用来比较随机效应和 Pooled OLS。其中 BP - LM 检验（XTTEST0）结果为 873. 67，在 1% 的显著性水平下显著，因此拒绝原假设，随机效应和 Pooled OLS 相比较，所以选择随机效应。LR 似然比（MLE）检验，P 为 329. 37，也在 1% 的显著性水平下显著，因此拒绝原假设（个体效应方差为 0），所以选择随机效应。两种检测方法均拒绝了个体效应方差为 0 的原假设，选择备择假设个体效应方差不为 0，选择随机效应。

固定效应和随机效应：Hausman 检验用来在固定效应和随机效应之间做出选择，得到统计系数为 - 2. 13，P 值为 0. 19，统计意义上不显著，因此固定效应和随机效应不存在统计意义上的差异，不能拒绝原假设，所以选择随机效应估计方法。

依据固定资产投资增长率的大小，对全省 180 个产业集聚区进行了分组，依据这一分组，在本节中对各分组进行回归分析，用以研究不同固定资产投资额度对产业集聚区规模以上工业主营业务收入的影响。回归结果如表 6-8 所示。

表 6-8 产业集聚区分组回归

变量	总体回归	低 IFA	中 IFA	高 IFA
	随机效应 GLS			
C	83.1 ***	3.1 **	-2.52	142.2 ***
IFA	2.1 ***	-0.74 *	2.12	2.96 ***
$Adjustd\ R^2$	0.781	0.824	0.889	0.913
$Wald\ chi2$	276.56	87.91	143.18	439.6
P	0.00	0.00	0.00	0.00
Obs	1080	281	463	336

注：***、**、* 分别表示 1%、5%、10% 显著性水平。

从总回归模型中我们看到，固定资产投资（IFA）对被解释变量（lnc1，主营业务收入）的影响为正，说明固定资产投资促进了主营业务收入的提高，在 1% 的显著性水平下显著。在低固定资产投资组，固定资产投资阻碍了规模以上工业企业主营业务的提高，且该结果在 10% 的显著性水平下显著；当固定资产投资处于中间水平时，其对主营业务的影响不显著；在高固定资产投资小组，固定资产投资对主营业务收入影响系数为 2.96，且通过了 1% 的显著性检验，显著促进了主营业务收入的提高。

分组回归虽然得出了结论，但是存在一个严重的问题是，分组具有较强的主观性，难以避免人为因素的影响，为规避这一问题，接下来用 Stata 软件再次对计量模型进行门限回归分析。门限回归的目的旨在找出在不同的门限区间，回归结果的差异性，以判断经济影响的非线性影响。通过 Bootstrap500 找到模型的两个门限值 $\lambda_1 = 387$，$\lambda_2 = 18329$，与手动分组基本一致。使用随机效应广义最小二乘法，得计量结果如表 6-9 所示。

表 6 - 9　产业集聚区门限回归

变量	模型一	模型二	模型三	模型四
	总体回归	门限 < 387	387 < 门限 < 18329	门限 > 18329
	随机效应 GLS			
C	19.17	- 14.86**	- 2.52	95.38***
IFA	1.89***	- 2.94**	5.93	3.42***
$Adjustd\ R^2$	0.8324	0.894	0.761	0.907
$Wald\ chi2$	449	273.93	289.78	526.18
P	0.00	0.00	0.00	0.00
Obs	1080	267	417	396

注：***、**、* 分别表示 1%、5%、10% 显著性水平。

总体回归模型显示，全省产业集聚区固定资产投资对规模以上工业企业主营业务收入产生正向作用，且通过了 1% 的显著性水平检验。在模型二中，当固定资产投资 < λ_1 时，固定资产投资阻碍了产业集聚区内工业企业主营业务收入的增长，且通过了 5% 的显著性检验；在模型四中，IFA 的系数为 3.42，说明固定资产投资每增加 1 个百分点，主营业务收入增加 3.42 个百分点。

门限自回归模型预测结果：根据 2011 ~ 2016 年河南省产业集聚区 7 年的数据，采用门限自回归模型对产业集聚区 2015 年、2016 年的主营业务收入进行预测，对比预测结果和实际值发现，门限自回归模型对产业聚集区主营业务收入具有较好的预测能力。通过门限自回归模型对河南省全省产业集聚区规模以上工业企业主营业务收入进行两年的预测（对比两年的实际值和预测值）：2015 年全省主营业务收入为 37855.05 亿元，预测值是 42019.11 亿元，预测准确率为 11%；2016 年，全省产业集聚区主营业务收入实际值为 43668.99 亿元，预测值为 47904.88 亿元，预测准确率为 9.7%，说明该模型对产业聚集区主营业务收入的预测准确率较高。

6.2.3　河南产业集聚区发展展望

长期以来，以农业为主的河南省一直处于全球产业价值链的低端地位，信息技术、生命科技、新能源、新材料等产业一直停滞不前。

当前，随着经济全球化的趋势不断发展，新科技革命和产业变革推动制造业重构的步伐不断加快。在经济全球化背景下，新一轮的科技革命和产业变革严阵以待，一触即发，信息技术、生物科技、新材料技术、新能源技术得到了广泛的应用，具有重大颠覆性的科技创新、产业创新不断涌现。现代与传统也在这个大环境下有机结合，特别是新一代信息通信技术与传统制造业的紧密结合、制造业与服务业的深度融合，这些都已经成为全球产业发展的新亮点。目前不同产业的边界逐步打破，不同产业组织得到重新构建，不同产业链重新组合，催生出智能制造、分享经济等各种新科技、新形态纷纷涌现。与西方发达国家在传统制造领域占据技术、市场领先甚至是垄断地位不同，目前，国内外在人工智能、数字制造、工业机器人等领域基本上处于同一起跑线，还未形成某家独大的技术控制及市场地位。这一发展形势为河南产业集聚区打破原有全球价值链低端锁定，进而重塑全省现代产业体系，并进一步融入世界高端产业链提供了一个难得的战略机遇。

全球经济整体形势积极向好拉动集聚区经济增长。2017 年 12 月，联合国（UN）发布的《2018 世界经济形势与展望》报告中指出，2017 年全球经济增长速度为 3%。这是近七年来的最快增长，同时，全球约有 2/3 的国家 2017 年的增长速度高于 2016 年。《2018 世界经济形势与展望》预计，2018 年、2019 年全球经济增长速度也将稳定在 3% 左右。根据国际货币基金组织（IMF）按照市场汇率做出的预测，2018 年全球 GDP 增长率将达到 3.1% 左右，会比 2017 年略高。世界银行（WBG）根据 PPP 预测，2018 年全球 GDP 增长率将达到 3.7%，这高出 2017 年 3.5% 的增长率 0.2 个百分点；世界银行根据市场汇率预测，2018 年全球 GDP 增长率将达到 2.9%，高出 2017 年 2.7% 的增长率 0.2 个百分点。经济合作与发展组织（OECD）根据 PPP 预测，2018 年全球 GDP 增长率将达到 3.59%，高出 2017 年 3.34% 的增长率 0.25 个百分点。综上所述，世界各大组织对 2018 年经济增长普遍看好，这在一定程度上预示着世界经济形势整体积极向好。这一形势，意味着外需对河南省产业集聚区经济增长的拉动作用将进一步增强。

供给侧结构性改革深入推进形成发展新动力。供给侧结构性改革是党和国家做出的重大战略性部署，党的十九大报告中三次指出供给侧结构性改革，重要性不言而喻。河南必须抓住供给侧结构性改革这个机遇并以其为主线，坚持质量第一、效率优先，推动全省经济发展质量变革、效率变革、动力变革，提高全省的全要素生产率。供给侧结构性改革的本质是改革。河南省必须要从"创新、协调、绿色、开放、共享"五个维度来为全省产业集聚区发展注入新的动力。一是降低企业成本，包括人力成本、财务成本、能源成本、物流成本等，并通过"双创"和"互联网＋"等手段，提升企业自主创新能力；二是推动制造业的延伸，使其在研发设计、检验检测、销售服务等环节转向"微笑曲线"，加快生产制造业与生产性服务业两个产业的融合发展，促进在中高端消费、创新引领、绿色低碳、共享经济、现代供应链、人力资源服务等领域形成新的动能。这些都将为河南省产业集聚区培植新的市场竞争优势提供战略机遇。

国家战略的集中释放进一步扩大发展空间。目前，我国着眼于开拓新的发展空间，以区域发展总体战略为基础，大力发展"一带一路"建设等。同时，一大批国家战略规划和平台密集落地河南。目前，河南省已拥有五大国字号战略平台：郑洛新国家自主创新示范区、中国（郑州）跨境电子商务综合试验区、中国（河南）自由贸易试验区、国家大数据综合试验区和郑州国家中心城市等。河南省还同时拥有五大国字号战略规划：粮食生产核心区、中原经济区、郑州航空港经济综合实验区、中原城市群和促进中部地区崛起"十三五"规划等。这一集中释放国家战略的叠加效应为河南省产业集聚区的发展带来了新的发展机遇。河南省产业集聚区一定要积极落实国家战略部署，实现河南崛起、中部振兴的发展方略。尤其当前产业集聚区正处于提质增效的重要时期，国字号五大战略规划和五大战略平台必然为集聚区发展带来政策红利，激发改革创新活力。

全面实施《中国制造2025河南行动纲要》。当前，河南省工业经济正处在负重爬坡、攻坚转型的关键时期，为贯彻落实《中国制造2025》，实现全面建成小康社会，2016年2月，河南省制定了"河南行动纲要"。这对于推进河南制造向中高端创新转型、加快河南省产业集聚区发展具有重要意义。河南省依据省情制定了"中国制造2025河南省'1＋10＋3'体系"方案，即《中国制造2025河南行动纲要》（以下简称《纲要》）。《纲要》制订了河南省高端装备制造业、电子信息产业、食品产业、新能源汽车产业、原材料产业、医药产业、节能环保产业和消费品产业等8个产业，以及煤化工转型解困、承接产业转移等10个年度行动计划，制订了企业服务、技术改造和信息化等 3 个年度实施方案。通过 "1 + 10 + 3" 方案，将显著推进河南省高成长性产业的品牌化、集群化、规模化和效益化，加快河南省产业转型升级的步伐，培育形成支撑全省经济持续健康发展的新增长点。

随着 "再工业化" 战略的实施，全球制造业的市场竞争日趋激烈。2008 年国际金融危机爆发以来，全球已经实现了工业化的主要发达国家纷纷反思并审视 "脱实向虚" 的经济发展模式，将目光重新聚焦实体经济，陆续实施 "再工业化" 战略。如美国发布的 "先进制造业伙伴计划"、德国提出的 "工业 4.0"、日本启动的 "再兴战略"、法国颁布的 "工业新法国"、英国实施的 "高价值制造战略" 等，都是 "再工业化" 的典型案例。它们都力图重振制造业，并不断扩大在全球竞争中的优势。其他新兴经济体也不甘落后，在加快推进自身工业化进程的同时，利用人力、土地、资源等方面的低成本优势，加紧抢占制造业市场份额，试图打造新的 "世界工厂"，并达到一定区域内的市场领导地位。这些挑战都很直观地摆在了中国制造业的面前，给我国制造业带来了严峻的 "双向挤压" 竞争态势。因此，我国制造业要想在全球市场竞争中处于有利地位，就必须考虑如何优化发展环境、加速转型升级、提高产品的附加值。作为河南省制造业转型发展的突破口，产业集聚区肩负着改造提升传统制造业、发展新兴产业的重任，其面临的挑战十分严峻。

产业集聚区发展与业绩提升压力持续加大。近年来，伴随着我国经济增速持续放缓，经济增长率从原来的 9% 左右逐步下降到目前的 6% 左右。在结合国内外主流研究观点的基础上，我们可以发现，今后一段时期我国的经济增长率预计处于 6% ~ 7%。同时，考虑到我国对外贸易比重占全球贸易比重的 15% 左右，处在一个较高的水平，我国的低成本竞争优势正在逐步消失。同时，结合人口等要素条件、生态环境约束强化等条件，依赖创新形成的新动能、新优势难以在短期内取得新的突破，今后一段时间里，我国经济将很难再现过去的高速增长。国内环境的不乐观，相当程度上决定了产业集聚区的发展和业绩提升都面临着巨大的压力。

区域发展的多元化格局决定了产业集聚区承接产业转移的竞争日趋激烈。对河南省来说，相当部分的产业集聚区都倚重承接产业转移来借力发展。但随着国家政策的调整，不少区域发展规划相继推出，尤其是我国的中西部，正在形成区域经济发展的多元化格局，河南省周边区域中心城市竞相发展、齐头并进的竞争格局逐渐强化。2016 年 12 月 3 日，同济大学发展研究院发布的《2017 中国产业园区持续发展蓝皮书》指出，苏州工业园区、武汉东湖国家自主创新示范区、青岛经济技术开发区连续五年位列全国 10 强；2016 年，成都高新技术产业开发区位居全国 10 强；合肥高新技术产业开发区、西安高新技术产业开发区、合肥经济技术开发区、杭州高新技术产业开发区、烟台经济技术开发区、青岛高新技术产业开发区也挤入前 20 强；就河南省而言，郑州高新技术产业开发区全国排名最靠前，但也仅仅排在第 37 名，差距较为明显。与周边省份相比，河南省产业集聚区在各方面并未显现出综合优势，例如政策体系、软硬环境、产业配套、创业氛围等方面均无明显优势。对未来而言，河南省产业集聚区与周边地区产业集聚区的竞争只会越发激烈。

制约河南省产业集聚区发展的因素不容忽视。河南省产业集聚区尽管取得了不错的成绩，进入了由规模扩张向量与质并重转变的关键时期，但客观来讲，仍面临较多困难与制约因素。比如，由于长期以来受思想观念和体制环境的影响，全省仍有相当大数量各地的产业发展走的是"高投入、高消耗、低产出"的老路，不少产业仍然专注于传统制造业，产业集聚区内的不少企业在资本、技术、人才、信息等高端要素积累方面仍然比较薄弱，这直接影响了产业集聚区发展的动力不足，无法持续发力。此外，资源环境约束日益加剧。当前，土地、资金等问题已经成为困扰河南各地产业集聚区发展的主要因素。河南省作为传统农业大省的定位决定了非农业土地资源的利用非常有限，土地因素已成为产业集聚区发展的最大影响因素；资金约束也是一个相当长时期内都会普遍存在的难题，尤其是对新建的产业集聚区而言，资金约束甚至会成为影响产业集聚区的首要因素。

2018 年及未来的一段时间，河南省产业集聚区经济指标的增速将呈现稳中趋缓的态势，与此同时，发展质量和综合效益将持续提升，并进一步在推进全省改革创新、转型升级、跨越发展中发挥更加突出的作用。面对国内外经济发展的新形势、新要求，河南省产业集聚区的发展也将表现出以下趋势。

1. 创新驱动日益成为产业集聚区发展的首要动力

综观全球,先进制造业发展的突出趋势是以智能制造为核心的新一代信息技术与制造业的加速融合。产业集聚区作为河南省制造业转型发展的突破口,必须聚焦智能制造这一主攻方向,坚定不移地实施创新驱动发展战略。河南省产业集聚区务必要加快建立产学研深度融合的技术创新体系,做到以企业为主体、以需求为导向;河南省产业集聚区还要结合自身优势产业发展需求,有针对性地开展共性关键技术和跨行业融合性技术的研发,从而突破产业发展的技术瓶颈,进而带动全省传统制造业的转型升级,这样才能不被市场淘汰;河南省产业集聚区还要进一步聚焦培育智能制造型生态体系,推动制造业与信息技术的深度融合,推动产品、技术和商业模式等诸多因素的创新,进而不断提高制造业发展的数字化、网络化和智能化水平,最终实现全省集聚区由规模扩张向量与质并重转变,实现生产要素由高强度投入驱动为主向创新驱动为主转变,实现粗放消耗型向绿色集约型转变。

2. 公共服务平台日益成为产业集聚区的竞争利器

随着我国产业集聚区的深入发展,软件建设正逐渐显示出其独有的竞争优势。在我国,中关村科技园、张江高科技园区均在公共服务平台建设方面做出了较早探索,并取得了显著成效。目前,河南省面临日益激烈的产业集聚区竞争,加大力度推动公共服务平台规划和建设是必然趋势。公共服务平台建设,一般根植于集聚区的经营价值链上,特别是针对中小企业发展的薄弱环节,如融资、技术、市场、人才等,如人力资源平台、风险管理平台、公共技术平台等。因此,对河南省产业集聚区而言,建设并利用好公共服务平台,不仅有利于园区的品牌宣传,有利于招商引资,有利于降低园区内企业的运营成本,更有利于促进园区内企业创新、开拓市场,通过增加园区内企业的经营效益,进而有效提升园区相关产业集群的综合竞争力。

3. 产业融合发展日益成为产业集聚区的重要特征

产业发展的高级阶段是不同产业间的融合发展,融合发展也是产业结构优化、升级的必然趋势,这必将有利于打破区域间的障碍和壁垒,推动区域间生产要素充分的重组与流动。就目前来说,河南省产业集聚区的发展仍然在很大程度上过度依赖传统制造业,产业集聚区的竞争优势过于依赖要素成本，因此在全球分工中一直居于价值链的偏低端，这在很大程度上制约了全省产业集聚区的转型升级。在这一背景下，河南省必须把握产业融合发展的规律和趋势，突出承接产业转移的新趋势，瞄准新动态，重点推动不同产业间的融合发展，例如服务业与制造业之间、新兴产业与传统产业之间、虚拟经济与实体经济之间、软件开发与硬件生产之间的融合发展，加快载体、禀赋、价值链等要素的升级，加快建设多元化、多形式、多渠道、多层次产业融合发展的新格局，推动全省产业集聚区的良性发展。

河南省产业集聚区要想有所作为、在新经济浪潮中不被淘汰，就必须提高发展质量和效益，深化供给侧结构性改革，坚持做大做强主导产业，坚持积极培育新产业，深化改造优化存量，扩大中高端增量，重点加快产业集群发展质量提升、创新驱动速度提升、开放招商效果提升、绿色循环改造水平提升等，同时，做好优化要素保障、升级配套功能、提升管理服务等工作，强化区域间的协同链接，增强产业集聚区的综合承载功能。只有这样才能为打好全省发展转型攻坚战、实现先进制造业强省目标工作提供有力支撑。

第一，聚力于加快推进产业集群提质。

各地方政府应当进一步加强发展统筹规划，结合自身实际突出地方特色，按照品牌和企业共生、总装和零部件集聚、制造业和服务业融合等三条路径，切实加快培育具有较强竞争力优势的产业集群。首先是加快培育千亿级别的新兴产业集群。推动全省各地依托主要城市中心城区，以及周边具有相对优势的产业集聚区，合理布局、建设新兴的产业园区。重点围绕电子核心基础部件、新能源汽车及智能汽车、新一代智能终端、智能制造装备、智能电力及新能源装备、生物医药及生命科技、新化工材料、高端合金材料、智能传感器、物联网、节能环保等领域，设计周密推进计划，成立专业推进团队，加快项目实施。其次是努力打造各地市千亿级别的主导型产业集群。应结合中原城市群规划的四个主要发展轴带建设，重点围绕装备制造、汽车制造、新材料制造、电子制造、食品制造等产业，引导龙头项目以及产业链关联项目向发展轴带沿线产业集聚区集聚，通过主导型产业集聚，进而打造市域千亿级优势产业集群。具体来说，以郑州航空港、中牟汽车等产业集聚区为试点和突破口，争创国家级的新型工业化产业示范基地。最后是提升县（市、区）百亿级别的产业集群。县区可通过围绕资源、市场和市域产业链，推动县区内骨干企业加快主导产品的更新换代，加快质量、品牌的提升，拓展产品种类，做好市场细分，扩大本地产业间配套能力，打造一批附加值高、技术含量高和市场竞争力大的优势产品，促进本地区主导产业集群规模壮大、水平提升、效益提高。

第二，加快推进创新驱动提速。

河南省要推动创新要素向各地产业集聚区的集聚，通过提升产业集聚区的创新发展能力，加快建设区域创新驱动的先行区，并以此带动地方经济的提速。其一，河南省要抓住布局建设国家战略协同示范区的机遇，以各地已建成的产业集聚区为依托，布局、建设一批具有国家战略的协同示范区。其二，要汇聚引领型创新资源。创新引领型平台的重要性不言而喻，因此要加快建设国家级创新平台以及省级技术创新平台。紧密依托省内行业骨干企业，组建制造业创新中心等研发机构，引领和构建产业技术创新战略联盟；积极培育创新引领型企业，切实着力培育创新龙头企业、高新技术企业和一批在细分市场领域具备核心竞争力的企业；加大人才建设，集聚创新引领型人才，加大创新引领型人才和团队的培育及引进力度，完善人才引进资助机制，完善人才在科研、工作、生活等方面的配套设施建设。其三，要推进创新创业载体建设。河南省要加快建设郑州航空港、中信重工等国家级的双创示范基地，以骨干城市中心城区产业集聚区建设为重点，布局建设双创综合体，建设完善双创支撑平台；积极引导企业和社会资本建设创新创业孵化载体。河南是劳务输出大省，每年有大量的农民工外出务工。近年来，随着返乡创业政策的实施，一批学到了先进技术和管理经验的农民工开始选择返乡创业。因此，未来河南省各产业集聚区一定要大力推进农民工返乡创业试点示范，引导拥有资金、技术和先进管理能力的外出务工人员回乡创业，并以此创建一批农民工返乡创业示范园。

第三，加快推进开放招商提效。

不断推动本地区产业集群培育，结合自身的资源、技术等优势，发挥区域市场优势，切实加大精准招商的力度，突出"招大引强"，提升招商引资和承接产业转移的质量水平。首先要完善招商引资政策。各地要结合实际，在法定权限内制定实施招商引资优惠政策，对就业、经济发展、技术创新等方面贡献比较大的项目，政府应在降低企业投资和运营成本方面加大支持力度，上级政府也应支持地方政府对此制定的政策；对引进带动性强、投资规模大、业态模式新的重大招商项目，各级政府可采取"一事一议""特事特办"的方式予以支持。其次是地方政府应更新观念、创新招商方式。除继续推行传统的集群招商、产业链招商、协会招商等方式外，重点探索开展"资本＋产业"的模式，依托"河南省先进制造业集群培育基金""战略性新兴产业投资基金""产业集聚区发展投资基金"等，鼓励各地设立子基金或相关引导型基金，采取股权招商、并购招商，引进一批对产业集群支撑作用较强、影响力较大的项目。最后是提升招商引资的质量。各地围绕做大主导产业来培育相关产业集群，要聚焦重点领域和行业内龙头企业，加强前期谋划包装，完善中期对接洽谈，全力争取龙头企业和重大项目入驻；对有集中优势资源的产业集聚区、引进世界 500 强企业、中国 500 强企业及高端配套项目的产业集聚区，政府应适度予以鼓励。

第四，加快推进绿色循环改造。

习近平总书记指出，绿水青山就是金山银山。河南省近年来一直在落实中央和省委污染防治攻坚战部署，加大环保设施投入和改造力度，旨在建设生态环保型产业集聚区，推动产业向绿色化迈进。首先是推进资源综合利用。在推进重化工业产业集聚区实施循环化改造的同时，立足循环化改造示范试点，继续推动实施基础设施绿色化改造、大宗固体废物综合利用等重点环保项目；认真开展用水企业"水效领跑者"引领行动，通过推广节水工艺、技术和装备，推动水资源梯级循环，达到优化利用的目的，解决河南省缺水大省的困境。其次是加快污水处理设施建设。贯彻落实建设项目环评审批与污水处理厂建设进度挂钩机制，加大污水治理信息化建设的投入；对污水处理厂建设滞后且水质不能满足要求的产业集聚区，环保部门要暂缓审批；对废水量较少、确需依托城市污水处理厂进行集中处理的产业集聚区，各地应尽快建设完善配套管网设施，确保废水全部进入城市污水处理厂达到集中处理，实现稳定达标排放。最后是完善产业集聚区规划环评。建立产业集聚区总体发展规划与规划环评联动的长效机制，加强规划环评与项目环评的联动，对规划环评强制推行清单式管理，对未按时完成规划环评的产业集聚区以及不符合规划环评的项目，各级政府部门一律不予办理环评审批。

第五，加快推进要素保障优化。

为营造企业发展的良好外部环境，地方政府应以破解融资难、招工难和降低企业成本为重点，加强和改进产业集聚区要素保障服务。首先是加强投融资服务。各地应主动创新开展银企对接活动，依据产业集聚区实际，引导金融机构积极开发适用型融资产品，通过银企对接，加大对产业集聚区优势企业的信贷规模配置；通过建立健全"助保贷"机制、续贷周转金机制、增信基金机制等手段，吸引和放大银行信贷资金比例。产业集聚区管委会、地方政府要鼓励优势企业境内外上市融资和发行债券融资，要支持中小企业利用新三板和中原股权交易中心进行融资。其次是有目的性地强化政府性资金引导。统筹设立产业集聚区发展投资基金，支持产业集聚区主导产业的发展；各级政府要推进产业集聚区政府性投融资平台向市场化转型，支持政府性投融资平台与金融机构、省级投融资平台建立合作共赢关系，采取风险分担、利益共享的新型融资模式；推广采用日趋成熟的政府和社会资本合作（PPP）模式、政府购买服务模式，鼓励、引进社会资本参与地方产业集聚区基础设施和公共服务平台建设。最后是提升人力资源服务。劳动与人力资源部门可以通过实施产业集聚区用工培训计划，结合实际开展定向、定岗，甚至是"订单式"职业培训，将产业集聚区需要的各类人才纳入专业技术人员实施继续教育规划。同时，职业技术院校应加强专业技术人才和管理人才培养；此外，还要定期组织专家服务团，对集聚区内的企业开展现场指导、技术交流和分类培训等工作。

第六，加快推进配套功能升级。

配套功能是否完善，是一个产业集聚区是否成熟的重要标志。与经济发达省份相比，河南省产业集聚区的配套功能难言完善。因此，河南省应大力发展与主导产业配套的相关生产性服务业，并持续完善基础设施建设和公共服务平台建设，借此提升产业集聚区的综合承载功能。首先是加强生产性服务业的战略布局。例如在产业集聚区开展现代物流、电子商务、科技、服务外包等服务业园区规划建设；紧紧依托中国（郑州）跨境电子商务综合试验区建设，在条件较好的产业集聚区布局一批跨境电商产业园区；加快推进智慧园区、创新创业等公共服务性平台建设；推动具有比较优势的光伏设备及元器件、卫星导航与定位服务、新能源汽车及零部件等一批国家级质检中心建设。其次是建立产城融合的新模式。产城融合是提高城镇化率的重要手段之一，各地应大力推进城镇化和产业集聚区基础设施建设、公共服务设施规划建设的协调统一；同时，将本地产业集聚区配套公共服务设施建设统筹纳入百城建设提质工程中来，积极推动城区公共服务设施向产业集聚区延伸，确保对产业集聚区的全覆盖；要重点依托相邻城区承担生活服务功能，在确有需要的产业集聚区，适度布局建设职工公寓等一批生活服务设施；各级政府要认真按照"五规合一"要求，抓紧完善产业集聚区空间规划和控制性详细规划。

第七，加快推进管理服务提升。

各地方政府应进一步完善政策体制机制，加强服务指导，提高产业集聚区的管理效能。首先是强化运行监测分析。各级政府要完善产业集聚区统计指标体系，建立健全运行监测机制，结合实际，采取明确专人或部门派驻等方式，加强对产业集聚区各项指标的统计监测和分析研判，例如工业增加值的变化、工业投资的变化、民间投资的变化、建筑业增加值的变化、工业企业研发投入的变化、主导产业集群规模的变化等，及时发现问题，并制定、实施有针对性的措施。其次是推动政府管理体制机制创新。依托于"互联网＋政务服务"模式，依托河南省电子政务服务平台，推动产业集聚区综合信息管理系统的建设、运营，促进管理服务智能化、便捷化。各级政府要加快推进政务服务事项网上办理，力争尽快实现"一号申请、一窗受理、一网通办"，达到利企便民的目的。要推动完善区镇管理套合管理体制，实现"统一领导、以区为主、两套人马、分线负责"。全省各级政府要鼓励各地探索产业集聚区开发、运营模式的创新，认真开展"政府引导＋市场化运作"工作。

6.3 河南城乡一体化示范区发展现状

城乡一体化发展是指工业化与城镇化发展到一定阶段之后，在保持城乡特色和功能分工的前提下，在打破城乡分割旧格局、建立城乡互动发展新机制的基础上，从经济、政治、社会、文化等方面推进城乡协调发展与融合的过程。该过程是一个长期的历史过程，其关键是促进公共资源在城乡之间的均衡配置，实现生产要素在城乡之间的自由流动，推动城乡经济社会的发展融合。城乡一体化发展不仅具有阶段性，而且具有区域性。国内不同省份、省内不同区县，发展的条件不同、历史传统不同、资源禀赋不同，导致城乡一体化发展的模式不同，发展的路径也存在差异。

河南省抓住国家支持中西部地区发展等重大机遇，深入实施"四化两型"战略，深化改革开放，推进城乡统筹发展，促进发展成果更多、更公平地惠及全体人民。当前，河南省城乡一体化发展取得了以下新成就。

第一，城乡经济稳步发展。近年来，面对国家经济环境的不确定性，全球金融危机的冲击以及国内经济增长结构型减速等多重挑战，河南省委、省政府领导全省人民，认真贯彻落实国家稳增长的一系列政策措施，大力促进"三量齐升"、全面推进"四化两型"。如图 6 - 8 所示，河南2016 年实现地区生产总值 40471.79 亿元，较 2012 年的 29797.13 亿元增长35.8%，年均增长达到 7.16%；人均地区生产总值达到 42575 元，年均增长达到 6.85%。

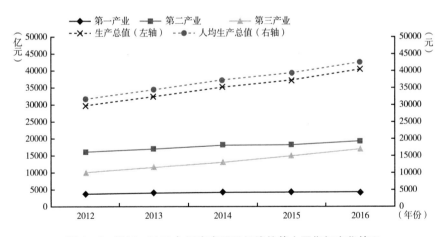

图 6 - 8　2012 ～ 2016 年河南省国民经济核算主要指标变化情况

从图 6 - 9 可以看出，第一产业增加值占地区生产总值的比重由 2012年的 12.4% 降低到 2016 年的 10.59%；第二产业占比由 2012 年的 53.9%降低到 2016 年的 47.63%；第三产业增加值占地区生产总值的比重由 2012年的 33.7% 增加到 2016 年的 41.78%。

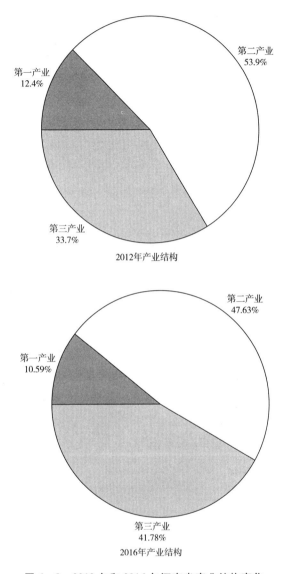

第一产业
12.4%

第二产业
53.9%

第三产业
33.7%

2012年产业结构

第一产业
10.59%

第二产业
47.63%

第三产业
41.78%

2016年产业结构

图 6 - 9　2012 年和 2016 年河南省产业结构变化

　　第二，城乡产业良性互动格局日渐形成。城乡产业互动发展持续推进。随着河南城乡一体化发展进程的加快，资源要素在城乡之间合理流动的屏障逐步被打破，城乡产业协调发展的势头良好。

　　一是加快发展的新型工业化有力地推进了农业现代化进程。以新型农业经营体系、规模化经营和产业化蓬勃发展为主要特征的现代农业建设取得长足进步。新型农业经营体系方面，在河南省财政补贴、贷款贴息等多种方式的支持下，截止到 2017 年初，河南省共有各类新型农业经营主体达到 21.8 万家。其中，农民合作社 13.8 万家，位居全国第二位，国家示范社 507 家，省级示范社 520 家，全省工商登记的家庭农场数也达到 35392 个。以家庭农场、农民专业合作社等为代表的新型农业经营主体正成为现代农业发展的主角。在规模化经营方面，截至 2016 年底，在全省 1.2 亿亩耕地中，农村土地流转面积 3853 万亩，共有 637.57 万农户流转出承包耕地，占家庭承包面积的 37.7%，高于全国平均水平约 7 个百分点。新型农业经营主体流转土地面积达 1631 万亩，占流转总面积的 42.3%。流转的土地种类从耕地为主扩大到林地、果园和滩涂等整个农用土地，耕地流转范围从丘陵、平原扩展到整个农村。在农业产业化方面，截至 2016 年，河南农产品加工企业已经达到 3.78 万家，其中规模以上农产品加工企业 7779 家，产业增加值同比增长 7.1%，2016 年实现营业收入 2.3 万亿元，同比增长 10.3%，占全省规模以上工业企业营业收入的 29%，实现利润总额 1871.7 亿元，占全国的 11.5%，河南农产品产值居全国第一。

二是产业园已经成为三次产业协调发展的重要载体。产业园区的产业集聚功能和外溢效应使资源要素集聚，激发了发展活力，提升了规模经济效益。自 2012 年以来，河南省委、省政府先后出台农业产业化集群发展规划及建设、财政、金融、物流、科技、招商引资等方面配套政策和资金支持。到目前，全省已经规划了 517 个集群，涵盖农业领域 11 个产业、50 多个子产业，基本覆盖全省优势农产品产业和区域性特色产业。河南省规模以上农产品加工企业 6835 家，实现年营业收入 20702.2 亿元，占全省规模以上工业企业年营业收入的 27.6%，稳居河南省"第一支柱产业"。河南省农业产业化集群发展，为农业大省特别是粮食主产区以龙头企业为主导、以农产品加工为引领，实现农村资源要素融合渗透，对促进"三产"融合进行了有益尝试，取得了初步成效。

第三，城镇化水平不断提高。近年来，河南人均 GDP 为 6000 美元左右，处于城镇化快速发展的阶段，城镇化成为河南现代化的必由之路、解决"三农"问题的重要途径。河南积极推进城镇化发展，促进社会经济提质升级。如图 6-10 所示，2016 年，河南城镇化率达到

48.5%，相比全国平均水平 57.35% 低 8.85 个百分点，但是 2000～2016 年河南城镇化率提升 25.3 个百分点，而全国平均城镇化率同时期的增长量却是 21.1%。

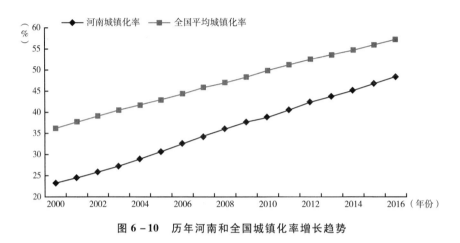

图 6－10　历年河南和全国城镇化率增长趋势

城市群增长地位日益凸显。在河南城镇化的发展过程中，2016 年，国务院批复了《中原城市群发展规划》，中原城市群正式进入国家七大城市群行列，这标志着河南全面进入城市群发展时代。城镇化不仅是人口的集聚，而且对资源的高效配置与创新具有内在的支撑功能，中原城市群经济总量占河南全省产值的近六成，对河南全省经济发展的带动作用明显。中原城市群通过经济带动其他方面的发展，而又通过城镇化、交通一体化、制度改革来促进经济的发展，形成良性循环。

城镇综合实力显著增强。2016 年，河南完成城镇固定资产投资39753.93 亿元，相比 2012 年的 20870.16 亿元增长了 90.5%。城镇基础设施建设成就显著。2016 年底，河南城市用水用气普及率为 93.4% 和88.9%，比 2012 年分别增长 2.4 个和 15.5 个百分点；人均拥有道路面积由 2012 年的 5.7 平方米增长到 2016 年的 13 平方米。城镇化具有高度的聚集性，是区域人口、资源、技术、信息、经济等要素和活动的集中地，城镇化的快速发展有利于生产要素的优化配置，并将产生发展"红利"。城市经济总量提升对周边区域可产生经济的外溢效应。

第四，城乡居民生活水平不断提高。随着河南经济稳中有升的发展，河南城乡民生福祉得到显著提升。由图 6－11、图 6－12 可知，河南城乡居民收入水平得到提升。2016 年城镇居民人均可支配收入为 27232.92 元，较 2012 年的 20442.62 元增长 33.2%。农村居民人均纯收入 11696.74 元，较 2012 年的 7524.94 元增长 55.4%，高出同期城镇居民可支配收入 22.2 个百分点。城乡居民收入比由 2012 年的 2.72 下降到 2016 年的 2.35，农村居民的收入得到大幅的提升和改善。河南城乡居民消费水平提高。随着城乡居民收入水平的提高，城乡居民消费能力得到增强。2016 年，城镇居民人均消费支出 10629.85 元，比 2012 年的 6672.59 元增长 59.3%。农村居民人均消费支出 4620.97 元，较 2012 年的 3081.82 元增长 49.9%。

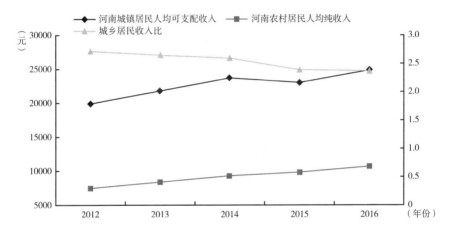

图 6-11　河南 2012~2016 年城乡居民收入对比

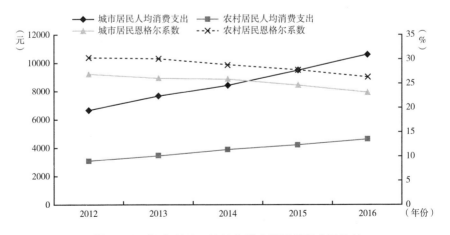

图 6-12　河南 2012~2016 年城乡居民消费水平比较

从 2012 年到 2016 年的整体消费水平来看，城乡居民消费结构得到优化。尤其是农村居民恩格尔系数由 2012 年的 30.3% 下降到 2016 年的 26.3%。河南农村居民的恩格尔系数下降幅度比同期城镇居民恩格尔系数下降幅度高，城乡居民的消费结构得到改善，农村居民的消费结构改善幅度相对更大些。

第五，河南积极推进新型城镇化，有效加强城乡环境治理。城乡公共环境投入增大。2016 年，河南完成水利、环境和公共设施管理业投资 3697.92 亿元，同比增长 32.3%，占基础设施投资总额的比重为 54.6%，以实施蓝天工程、碧水工程、乡村清洁工程为重点，持续推进城市河流清洁行动计划和林业生态建设提升工程实施，加快园区循环化改造和静脉产业园建设，实施河南丰利能源化工固废处理中心、光大静脉产业园项目等 270 个，全年完成投资 430 亿元左右，城市环境得到优化。2016 年，河南城镇污水处理率达到 95.3%，比 2012 年提高 9.3 个百分点。生活垃圾无害处理率达到 98.7%，比 2012 年提高 12.3 个百分点。人均公园绿地面积为 10.4 平方米，比 2012 年增长 13%。建成区绿化覆盖率 2016 年达到 39.3%，比 2012 年的 36.9% 增长 2.4 个百分点。低碳减排成效也很显著，2016 年，河南单位 GDP 能耗 0.6 吨标煤/万元，比 2012 年下降 17.8%。河南积极推进节能减排工作。2015 年，河南出台了严格的系列制度性文件，全省污染物排放水平呈现逐年下降的趋势，以二氧化硫为例，排放量从 2012 年的 127.59 万吨逐步下降到 2016 年的 41.36 万吨，年均下降 20%。农村生态环境保护同步推进，2016 年森林覆盖率达到 24.2%，比 2012 年提高 5 个百分点，完成造林面积 13.35 万公顷，新增综合治理水土流失面积 3601 平方公里。2016 年河南共投入资金 102.8 亿元，建成高标准农田 766.41 万亩，累计共建设高标准农田约 5105 万亩，河南省共落实永久基本农田 10233.28 万亩，超过国家规定目标 27 万亩，2016 年完成永久基本农田规划法案。城乡环境治理同步提高，为城乡居民创造了更好的宜居生活环境。

第六，城乡公共资源配置不断趋于均衡。近年来，河南省委、省政府着力推进城乡统筹发展，公共资源在城乡之间逐步实现均衡配置，为河南全省实现城乡同步提升、同步发展做出贡献。城乡基础设施建设力度增大。2016 年，河南着力打造适度超前、功能完善、配套协调、高效可靠的基础设施支撑体系，全省固定资产投资（不含农户）完成 39753.93 亿元，同比名义增长 13.7%。其中，城乡电网改造、高速公路水利防洪等基础设施投资完成 6780.45 亿元，同比增长 28.4%。与此同时，农村固定资产投资实现快速增长，2012～2016 年河南农村完成固定资产投资年均 786.18 亿元。新建、改建农村公路 4.2 万公里，截至 2016 年底，河南省农村公路总里程达 23 万公里（总量在全国排名第二），占全省公路总里程 26.7 万公里的 86%。经过持续建设，截至 2015 年底，全省累计投资 246.9 亿元，实现集中供水工程共 2.2 万多处，集中供水人口 6391.7 万人，农村集中供水率达 80%。2016 年河南省又下发 6 亿元资金，用于巩固提升 53 个贫困县的农村饮水安全工程。重点解决贫困地区农村饮水安全工程存在的标准低、规模小、老化失修等问题，为全面建成小康社会提供良好的饮水安全保障。截至 2016 年底，国家下达河南省危房改造任务 134.82 万户，补助资金 98.84 亿元，河南省实际完成 141.55 万户，省级配套资金 9.37 亿元，有效改善了农村困难群众的住房条件。2016 年全年，全省房地产开发投资 6179.13 亿元，比上年增长 28.2%，其中住宅 4558.07 亿元，增长 29.2%，城镇保障性安居工程新开工 36.91 万套，基本建成 28.79 万套。2016 年，河南全省城乡基础设施建设成效显著，为全省城乡一体化发展奠定了坚实的物质基础。

城乡教育均衡发展持续推进。2016 年，河南学龄儿童入学率和小学升学率均达到 100%，分别高于全国平均水平 99.92% 和 98.7%。高中阶段毛入学率达到 90.4%，超出全国平均水平 2.9 个百分点。农村教育投入增大，教育条件显著改善。河南省委、省政府高度重视全面改善贫困地区义务教育薄弱学校基本办学条件工作，实施义务教育薄弱学校基本办学条件五年规划，从 2014 年到 2018 年计划用五年时间投入资金 267.91 亿元，改善 2.2767 万所中小学校办学条件。其中，校舍类项目学校 1.6714 万所，实物购置类项目学校 1.9373 万所，项目覆盖 109 个县（市）。截至 2016 年 12 月，该计划在农村贫困地区累计投入资金近 150 亿元。近年来，随着河南省对义务教育经费投入的不断增加，各级财政逐步加大教育投入，教育支出已成为河南省财政第一大支出。2016 年全省财政教育事业支出 1348.3 亿元，增长 6.1%。统一了城乡义务教育"两免一补"政策和生均公用经费基准定额。河南省全力推进农村教育发展，大大缩短了城乡教育的差距。

城乡医疗卫生条件逐步改善。2016 年，河南共有卫生机构 71272 个，卫生机构拥有床位 52.16 万张，卫生技术人员 54.67 万人，分别比 2012 年增加 3%、32.4% 和 27.5%；每万人口拥有床位和医生分别为 54.7 张和 21.7 人，分别比 2009 年增长 30.5% 和 21.9%。农村基层医疗卫生条件取得明显改善。2016 年，河南建有乡镇卫生院 2066 个，建有村卫生室 56774 个。乡镇卫生院医疗硬件条件得到改善。2016 年河南乡镇卫生院床位 100333 张，比 2012 年的 91155 张增长 10%。2016 年乡镇卫生院人员 104647 人，比 2012 年的 100952 人增长 3.6%。村卫生室人员 164907 人，比 2012 年 158406 人增长 4.1%。农村基层医疗卫生事业维持良好发展态势。

城乡就业和社会保障事业快速发展。由图 6 – 13 可知，2016 年，全省从业人员总量达到 6726 万人，较 2012 年的 6288 万人增加了 438 万人，三次产业从业人员比例由 2012 年的 41.8%、30.5% 和 27.7% 调整为 2016 年的 38.4%、30.6% 和 31%。

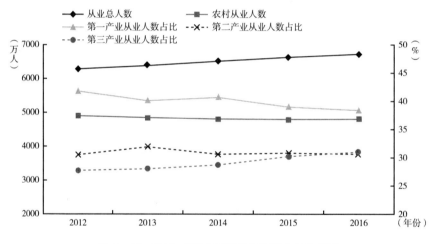

图 6 – 13　2012 ~ 2016 年河南三次产业就业情况

由图 6 – 14、图 6 – 15 可以看出，2016 年河南省实施就业优先战略和更加积极的就业政策，全省城镇新增就业 145.1 万人，2012 ~ 2016 年城镇登记失业率一直控制在 3% 左右。新增农村劳动力转移就业 62 万人，全省新增转移农村劳动力有九成以上在省内就业。累计转移就业总量达到 2876 万人，其中省内转移就业人数 1709 万人，占 59.4%，省外转移就业人数 1167 万人，占 40.6%。转移就业脱贫攻坚成效明显，帮助 44.83 万贫困农村劳动力实现转移就业。在困难群体就业帮扶方面取得显著成效，失业人员再就业 48.02 万人、就业困难人员就业 19.19 万人。城乡就业保障总体是有效率的。

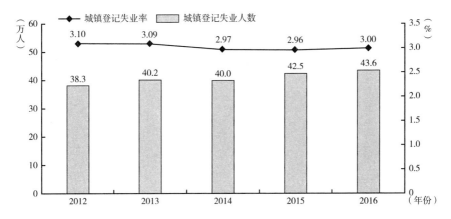

图 6 – 14　2012 ~ 2016 年河南城镇登记失业人数和失业率

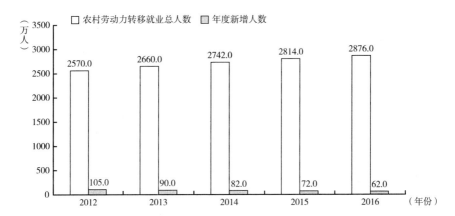

图 6 – 15　2012 ~ 2016 年河南农村劳动力转移就业总人数和年度新增人数

低保制度城乡覆盖面持续拓宽，2016 年全省 385.5 万户农村低保对象年人均保障标准已提高到 2960 元，月人均补助水平由 127 元提高到 132元。2016 年，全省城市低保对象月人均保障标准由上年的 380 元提高到400 元，月人均补助水平由上年的 225 元提高到 240 元，让全省近 100 万城市低保对象基本生活得到有效保障。全省 48.5 万农村五保对象标准也得到了提高，集中供养对象和分散供养对象供养标准，分别由每人每年不低于 3800 元和 2800 元，提高到每人每年不低于 4000 元和 3000 元。

截至 2016 年底，河南省已经建成 352 个博物馆（纪念馆）、157 个公共图书馆、203 个文化馆（群艺馆）、2399 个乡镇（街道）综合文化站、4万多个乡村文化大院，全部实行零门槛免费开放。较2012年的119个博物馆（纪念馆）、142个公共图书馆、201个文化馆（群艺馆）、2264个乡镇（街道）综合文化站，均有大幅上升。2016年全省有线电视用户1056.49万户，入户率达到32.6%，较2012年的850.44万户增加24.2%。全省广播综合人口覆盖率也由2012年的97.89%和97.94%分别提高到2016年的98.43%和98.64%。2016年河南省有艺术表演团体数达到1006个，比2012年增加818个。2016年河南开始设立政府购买公共文化专项资金每年1亿元，每年以政府购买的形式为农民免费送出演出，不断丰富文化供给。2016年，河南省加速推进"宽带中原"建设，在全国率先实现固定宽带50兆以上接入，互联网宽带接入端口、省际出口带宽、4G基站、光缆线路长度分别增长了41.2%、70.5%、55.6%、42%。河南省宽带用户平均接入速率提高了3.3倍，宽带用户平均可用下载速率提高了3.6倍，宽带用户平均视频下载速率提高了2.4倍。截至2016年12月底，河南省互联网用户总数达到8145.5万户，居全国第6位；网民规模达到7960万，新增605万，互联网普及率为82.8%。互联网的发展给文化的发展和创新带来了更为广阔的发展空间。推动互联网和文化建设领域的深入融合和创新发展，使互联网成为推动河南文化发展的主导力量，增强了河南文化事业和文化产业发展的新动力。文化是区域发展的软实力，河南城乡文化建设同步推进有助于提升河南城乡一体化发展质量。

第七，城乡发展一体化力度不断加大。党的十八大明确提出要推动城乡发展一体化，形成以工促农、以城带乡、工农互惠、城乡一体的新型工农城乡关系。国家层面加大破除制约城乡发展一体化的城乡二元结构的改革攻坚力度，将释放巨大的政策红利。河南省紧紧抓住全面深化改革的政策红利，充分运用财政杠杆，推动资源要素向农村倾斜，优化城乡资源要素综合配置，成效显著。新型城镇化是河南省政府2016年的重点工作，政府工作报告强调了三个途径。其一，有序推进农业转移人口市民化。加快户籍制度改革和居住证制度"双落地"，出台县级以上城市落户措施，维护进城落户农民土地承包权、宅基地使用权、集体收益分配权。加快城乡一体化示范区建设。大力发展城区经济和县域经济，增强产业支撑能力。其二，促进中原城市群一体化发展。坚持中心带动、向心发展、错位发展和互动发展，以高速铁路、城际铁路、高速公路建设为突破口，加快推进交通一体、产业链接、服务共享、生态共建，着力构建"一极三圈八轴带"发展格局，不断提升中原城市群整体竞争优势。其三，提升城镇规划建设管理水平。遵循城市发展规律，完善城市治理体系，加快解决"城市病"，增强城市宜居性。提高城市规划的科学性和权威性，全面推进"多规合一"，启动省域城镇体系空间规划编制、新一轮城市总体规划修编和专项规划编制，加强城市设计、建筑设计约束和指导。推进智慧城市、地下综合管廊、海绵城市试点建设，实施垃圾处理和公厕建设、供暖工程、生活饮水提质、城市污水处理厂提标改造与扩容、排水排涝和雨污分流、管道燃气延伸等工程，加强道路交通和停车场建设。改进城市管理，启动城市执法体制改革，实施提升县级城市管理水平三年行动计划，提高城市精细化、规范化、数字化、法治化管理水平。河南省 2017 年国民经济和社会发展计划提出要科学推进新型城镇化，以交通互联为突破口，推进城镇协同发展区域建设，加快构建多极支撑带动全面发展的局面。建立健全中原城市群联动发展机制。推进农业转移人口市民化，继续深化户籍制度改革，持续实施"一基本两牵动三保障"，协同推进财政、土地、投融资、社保等领域综合配套改革，争取全年新增农村转移人口 160 万人以上。以中原城市群为主平台，抓好城镇体系上下两头，以郑州国家中心城市引领带动大都市区建设，以中小城市和县城为重点实施百城建设提质工程，加强统筹协调，优化政策组合，推动全省常住人口城镇化率达到 50% 以上，实现城镇人口超农村人口的历史性转变。

6.4　河南城乡一体化示范区政策实践：综合测度

从二元经济理论的视角来判断，河南处于城乡一体化的融合进程中。鉴于城乡一体化是一个渐进的过程，每个发展阶段都有各自的特征，各个地市又存在区域差异，河南的城乡融合呈现比较复杂的局面。要科学地评价河南各个地市的城乡一体化水平，才有助于制定相关的应对政策。为更精准地评价河南省全省城乡一体化的发展水平，本研究设计一个评价体系对河南城乡一体化的发展展开定量分析，在对河南省的 18 个省辖市城乡一体化水平进行测度的基础上，定量判定全省各个地域城乡一体化的发展态势，从而使人们能够客观全面地认识全省城乡一体化水平，并对全省的城乡融合进程做出准确的判断。

6.4.1 城乡一体化评价指标体系和评价模型

城乡一体化评价指标体系的构建。城乡一体化指标体系的构建应该遵循以下原则：全面性、科学性、可比性、区域性、导向性、可操作性。力求指标体系能够全面、客观地反映客观事实，同时对比出城乡一体化的速度和程度，清晰地体现全省城乡一体化所处的发展阶段。由于城乡一体化是一个区域概念，其不仅要反映城乡的对比程度，还应该反映一个区域的发展水平。因此，在选取数据时，应当选择真实性强、可比性强、特征性强的数据。本研究构建的评价体系包括反映呈现一体化水平的四个维度：城乡空间一体化、城乡经济一体化、城乡社会一体化、城乡生态一体化。各个维度又通过几个可以具体量化的指标进行表达。如表 6 - 10 所示的指标体系可反映城镇和乡村在空间、经济、社会和生态发展过程中的互动发展现状，便于测度一体化水平并进行区域横向对比。

表 6 - 10   城乡一体化发展指标评价体系

一级指标	二级指标	三级指标	指标算法
城乡 一体化 总指数	城乡 空间 一体化	$X1$ 城镇化水平	
		$X2$ 交通网密度	公路总里程/区域面积
		$X3$ 万人限额批发企业个数	限额批发企业个数/区域人口
	城乡 经济 一体化	$X4$ 人均 GDP	
		$X5$ 非农产值和农业产值比	二、三产业产值/第一产业产值
		$X6$ 非农和农业从业人员比	二、三产业从业人数/第一产业从业人数
		$X7$ 单位耕地机械动力	农业机械总动力/区域耕地面积
	城乡 社会 一体化	$X8$ 人均投资比	农村人均投资/城市人均投资
		$X9$ 人均电信业务量	电信业务量/总人口
		$X10$ 每万人卫生技术人员	卫生技术人员总数/区域总人口
	城乡 生态 一体化	$X11$ 亿元 GDP 能耗	GDP/区域能耗标准煤万吨
		$X12$ 农村人均沼气量	农村沼气产量/农村人口
		$X13$ 建成区绿化覆盖率	绿地面积/区域面积

城乡一体化评价的方法和模型。城乡之间的经济社会结构及其演变的测度一直是经济学的难点。目前，已有文献对城乡一体化的评价主要采用相对指数法、专家打分法等。这些方法存在一定的缺陷，要么是指标间存在相关性，要么是主观性太强。本研究采用主成分分析法，重点对各个信息指标进行综合评价，这种综合评价是建立在指标自身的特征上，强调客观事实。该方法的优点：降低分析的维度、不降低信息量，建立的多层指标体系既能充分反映总体特征，同时避免了多重共线性和人为主观性，让评价结果更客观。

数据处理步骤：第一步，将城乡空间一体化、城乡经济一体化、城乡社会一体化、城乡生态一体化 4 个二级指标下的三级指标的数据作为协方差矩阵分别进行主成分分析，确定各个三级指标的权重和合成的二级指数。第二步，利用四个合成的二级指数作为协方差矩阵，再进行主成分分析，得到各个二级合成指数的权重和城乡一体化的总指数。

主成分分析是由霍特林于 1933 年首先提出的。它通过投影的方法，实现数据的降维，在损失较少数据信息的基础上把多个指标转化为几个有代表意义的综合指标。假设某一问题设计 p 个指标，记为 $X1$，$X2$，$\cdots$，XP，由这 p 个随机变量构成的随机向量 $X = (X1，X2，\cdots，XP)'$，设 X 的均值向量为 μ，协方差矩阵为 Σ。设 $Y = (Y1，Y2，\cdots，YP)'$ 为对 X 进行线性变换得到的合成随机向量，即

$$
\begin{bmatrix} Y1 \\ Y2 \\ \vdots \\ YP \end{bmatrix} = \begin{bmatrix} a11 & a12 & \cdots & a1p \\ a21 & a22 & \cdots & a2p \\ \vdots & \vdots & \ddots & \vdots \\ ap1 & ap2 & \cdots & app \end{bmatrix} \begin{bmatrix} X1 \\ X2 \\ \vdots \\ XP \end{bmatrix} \tag{6.5}
$$

从公式结构可以对原始变量进行任意的线性变换，不同线性变换反映 p 个原始变量的信息，通常用方差来度量信息，Yi 的方差越大包含的信息越多。但是若将系数向量 ai 扩大任意倍数会使 Yi 的方差无限大，为了消除这种不确定性，增加约束条件 $a_i' a_i = 1$。同时，为了有效地反映原始变量的信息，Y 的不同分量包含的信息不用重叠。综上所述，公式（6.5）应满足如下约束：

$$
a_i' a_i = 1, a_{i1}^2 + a_{i2}^2 + \cdots + a_{ip}^2 = 1, i = 1,2,\cdots,p \tag{6.6}
$$

Y1 在满足公式（6.5）的约束下，方差最大；Y2 在满足公式（6.6）的约束下，且与 Y1 不相关的条件下，其方差达到最大；等等，依此类推。

满足上述一系列约束条件得到的合成变量 Y1，Y2，…，YP 分别称为原始变量的第一主成分、第二主成分、……、第 p 主成分，而且各个主成分的方差在总方差中占的比重依次递减。在实际研究工作中，仅挑选前几个方差较大的主成分，以达到简化系统结构的目的。

根据上述计算原理，借助软件 Eviews10，代表城乡空间一体化的 3 个指标的主成分分析结果如表 6 – 11 所示。

表 6 – 11　主成分分析结果

Principal Components Analysis

Computed using：Ordinary correlations

Extracting 3 of 3 possible components

Eigenvalues：（Sum = 3，Average = 1）

Number	Value	Difference	Proportion	Cumulative Value	Cumulative Proportion
1	1.823351	0.806821	0.6078	1.823351	0.6078
2	1.016530	0.856410	0.3388	2.839880	0.9466
3	0.160120	—	0.0534	3.000000	1.0000

Eigenvectors（loadings）：

Variable	PC 1	PC 2	PC 3
$X1$	0.709236	0.061601	– 0.702275
$X2$	0.065733	0.986057	0.152877
$X3$	0.701900	– 0.154588	0.695297

Ordinary correlations：

	$X1$	$X2$	$X3$
$X1$	1.000000		
$X2$	0.129560	1.000000	
$X3$	0.819822	– 0.053807	1.000000

根据城乡空间一体化主成分生成过程，第一主成分贡献了方差变化的 60.78%，第二主成分贡献了方差变化的 33.88%，两个主成分共同贡献了 94.66%。而 X1 城镇化水平、X2 交通网密度、X3 万人限额批发企业个数 3 个指标对的第一主成分的影响系数分别为 0.7092、0.0657 和 0.7019，对

第二主成分的影响系数分别为 0.0616、0.986 和 -0.1546。说明城乡空间一体化在城镇化、产品批发流通上的表现具有绝对优势，交通密度的贡献略低一些。所以，未来提升空间内部融合及空间与外部的融合是河南在空间一体化发展中应该注重的问题。构建便利的交通网络，提升全省空间融合度，应该成为全省的空间一体化的重要策略。

根据软件运行结果，第一主成分的累计方差达到 60.78%，为了计算城乡一体化总指数的方便，本研究选取第一主成分作为城乡空间一体化的综合表达。

代表城乡经济一体化的 4 个指标的主成分分析结果如表 6-12 所示。

表 6-12 主成分分析结果

Principal Components Analysis

Computed using: Ordinary correlations

Extracting 4 of 4 possible components

Eigenvalues: (Sum = 4, Average = 1)

Number	Value	Difference	Proportion	Cumulative Value	Cumulative Proportion
1	2.757702	1.807330	0.6894	2.757702	0.6894
2	0.950373	0.696354	0.2376	3.708075	0.9270
3	0.254019	0.216112	0.0635	3.962093	0.9905
4	0.037907	—	0.0095	4.000000	1.0000

Eigenvectors (loadings):

Variable	PC 1	PC 2	PC 3	PC 4	
$X4$	0.532955	-0.286159	0.728971	-0.320427	
$X5$	0.584435	-0.175043	-0.154393	0.777148	
$X6$	0.566889	0.067790	-0.622921	-0.534800	
$X7$	0.230288	0.939615	0.238187	0.085775	

Ordinary correlations:

	$X4$	$X5$	$X6$	$X7$	
$X4$	1.000000				
$X5$	0.868537	1.000000			
$X6$	0.705886	0.911051	1.000000		
$X7$	0.125989	0.208028	0.381119	1.000000	

根据城乡经济一体化主成分生成过程，第一主成分贡献了方差变化的 68.94%，第二主成分贡献了方差变化的 23.76%，两个主成分共同贡献了 92.7%。而 $X4$ 人均 GDP、$X5$ 非农产值和农业产值比、$X6$ 非农和农业从业人员比、$X7$ 单位耕地机械动力 4 个指标对第一主成分的影响系数分别为 0.5329、0.5844、0.5669 和 0.2303，对第二主成分的影响系数分别为

－0.2861、－0.1750、0.0678 和 0.9396。这说明在城乡经济一体化上，产业结构转变显著逐步向良性结构转变，农村劳动力不断流向城市，第一产业劳动力不断流向其他产业。但是第一产业的技术提升缓慢和生产力水平仍然偏低。这意味着资本对劳动力的替代空间还很大，河南应该通过提高农业的劳动力生产效率，提高农业的机械化和集约化发挥速度，促进农业向现代农业迈进。河南还需要继续加大产业结构的调整力度，促进第二产业和第三产业的发展比重，逐步实现良性的产业结构。

根据软件运行结果，第一主成分的累计方差达到 68.94%，为了计算城乡一体化总指数的方便本研究选取第一主成分作为城乡经济一体化的综合表达。

代表城乡社会一体化的 3 个指标的主成分分析结果如表 6-13 所示。

表 6-13　主成分分析结果

Principal Components Analysis

Computed using：Ordinary correlations

Extracting 3 of 3 possible components

Eigenvalues：(Sum = 3，Average = 1)

Number	Value	Difference	Proportion	Cumulative Value	Cumulative Proportion
1	1.931591	0.939604	0.6439	1.931591	0.6439
2	0.991987	0.915565	0.3307	2.923578	0.9745
3	0.076422	—	0.0255	3.000000	1.0000

Eigenvectors(loadings)：

Variable	PC 1	PC 2	PC 3		
$X8$	0.104104	0.993374	0.048685		
$X9$	0.705041	－0.039184	－0.708083		
$X10$	0.701484	－0.108039	0.704449		

Ordinary correlations：

	$X8$	$X9$	$X10$		
$X8$	1.000000				
$X9$	0.100527	1.000000			
$X10$	0.037216	0.921396	1.000000		

根据城乡社会一体化主成分生成过程，第一主成分贡献了方差变化的 64.39%，第二主成分贡献了方差变化的 33.07%，共同贡献了 97.45%。

而 $X8$ 城乡人均投资比、$X9$ 人均电信业务量、$X10$ 每万人卫生技术人员 3 个指标对第一主成分的影响系数分别为 0.1041、0.7050 和 0.7015，对第二主成分的影响系数分别为 0.9934、− 0.0391、− 0.1080。这说明河南在城乡社会一体化中，城乡医疗卫生条件改善和城乡通信网络覆盖发展相对明显，但是政府在农村地区的固定投资相对城市来说仍然明显偏低。为了促进城乡社会一体化的发展进程，促进城市和农村协调发展，政府未来应该加大财政对农村的投资力度和投资规模，提升农村地区的公共设施服务。

根据软件运行结果，第一主成分的累计方差达到 64.39%，为了计算城乡一体化总指数的方便，本研究选取第一主成分作为城乡社会一体化的综合表达。

代表城乡生态环境一体化的 3 个指标的主成分分析结果如表 6−14 所示。

表 6−14 主成分分析结果

Principal Components Analysis

Computed using：Ordinary correlations

Extracting 3 of 3 possible components

Eigenvalues：(Sum = 3 , Average = 1)

Number	Value	Difference	Proportion	Cumulative Value	Cumulative Proportion
1	1.201234	0.098734	0.4004	1.201234	0.4004
2	1.102500	0.406234	0.3675	2.303734	0.7679
3	0.696266	—	0.2321	3.000000	1.0000

Eigenvectors(loadings)：

Variable	PC 1	PC 2	PC 3		
$X11$	0.732355	0.284572	− 0.618607		
$X12$	0.674619	− 0.426566	0.602437		
$X13$	0.092440	0.858522	0.504376		

Ordinary correlations：

	$X11$	$X12$	$X13$		
$X11$	1.000000				
$X12$	0.200173	1.000000			
$X13$	0.133433	− 0.117279	1.000000		

根据城乡生态一体化主成分生成过程，第一主成分贡献了方差变化的 40.04%，第二主成分贡献了方差变化的 36.75%，共同贡献了 76.79%。而 $X11$ 亿元 GDP 能耗、$X12$ 农村人均沼气量、$X13$ 建成区绿化覆盖率 3 个

指标对的第一主成分的影响系数分别为 0.7324、0.6746 和 0.0924，对第二主成分的影响系数分别为 0.2846、- 0.4266、0.8585。这说明河南在城乡生态环境一体化中，农村能源消费结构得到改善，不断提升能源洁净利用和高效利用，社会生产中能源利用率也得到提升，但是城市绿化覆盖率普遍偏低。河南未来仍需在生产活动中大力改善能源利用效率，扩大洁净能源渠道，并且逐步提升城市绿化水平，建设人类宜居城市。

根据软件运行结果，第一主成分的累积方差结果不理想，方差贡献度仅有 40%，因此选取第一主成分和第二主成分共同作为城乡社会一体化的综合表达，为了计算城乡生态一体化对城乡一体化的影响系数，再次对第一主成分和第二主成分按照方差贡献度进行加权，加权计算的主成分作为城乡生态一体化的得分。

根据软件的上述运行结果，对城乡空间一体化、城乡经济一体化、城乡社会一体化、城乡生态环境一体化二级指数的得分进行整理，在此基础上再次运用主成分分析计算得到城乡一体化总指数的得分。经过整理，各个地市的城乡一体化总指标得分和各个二级指标的相对得分如表 6 – 15 所示。

表 6 – 15　河南 18 个省辖市城乡一体化总指标和各个指标的相对得分

省辖市	城乡空间 一体化得分	城乡经济 一体化得分	城乡社会 一体化得分	城乡生态 一体化得分	城乡一体化 总得分
郑　州	4.086625698	5.632138612	5.178703643	0.346733747	3.922084157
开　封	- 0.881334568	- 0.71772284	0.219621876	- 1.338706257	- 1.403867456
洛　阳	0.458932402	0.611802552	0.667261619	- 0.068641873	0.372572215
平顶山	0.077502729	- 0.91025537	- 0.483192599	0.329935161	- 0.036066002
安　阳	- 0.295246912	- 0.25520751	0.10250959	0.63016023	0.357147266
鹤　壁	0.644145248	1.10166072	- 0.452363227	0.018395682	0.357435807
新　乡	- 0.122094115	- 0.0514438	0.792963738	0.197974423	0.278349217
焦　作	0.48301027	0.854411492	0.23628147	0.244956038	0.578606001
濮　阳	- 0.787994403	- 0.39338323	0.070882769	- 0.291452101	- 0.535133922
许　昌	0.715680765	0.042202688	- 0.583862899	- 0.233256428	- 0.080536745
漯　河	- 0.486888851	- 0.5726127	- 0.414038778	- 0.41287476	- 0.684143165
三门峡	0.675129403	- 0.5313337	0.054392882	0.283160171	0.31428465
南　阳	- 0.865017235	- 1.20255791	- 1.266345773	- 0.410973694	- 1.128241195
商　丘	- 1.352236137	- 1.25014796	- 0.503624962	0.075407173	- 0.746346707
信　阳	- 1.262090617	- 1.67956193	- 1.372313654	0.087279444	- 0.998954228

续表

省辖市	城乡空间 一体化得分	城乡经济 一体化得分	城乡社会 一体化得分	城乡生态 一体化得分	城乡一体化 总得分
周　口	－ 1.563978823	－ 1.58889079	－ 0.879990271	－ 0.739449836	－ 1.593092465
驻马店	－ 1.468122837	－ 1.06968591	－ 1.103898524	－ 0.245038077	－ 1.118946752
济　源	1.943977983	1.980587587	－ 0.2629869	1.526390957	2.144849324
总得分计 算权重	0.7431	0.2127	0.0337	0.0105	

根据计算结果发现，河南城乡一体化发展度量指标呈现非均衡发展的态势，地区差异较为明显。从表 6 - 15 可知，城乡空间一体化、城乡经济一体化、城乡社会一体化和城乡生态一体化的权重分别是 0.7431、0.2127、0.0337 和 0.0105。这表明河南的城乡一体化进程中城乡空间一体化的权重最高，体现出最近几年河南城乡一体化的发展主要依靠城乡空间融合的拉动。而城乡经济一体化的拉动效果比重相对低一些，这表明河南的城乡一体化发展还很不成熟，需要通过空间的融合带来资源流动和交易效率的提升，这为河南今后经济的发展以及城乡一体化的推进奠定了坚实的地理基础。河南城乡社会一体化和城乡生态一体化的权重更低，这也印证了河南城乡一体化的不成熟，社会和生态融合的进度明显滞后，这符合城乡一体化发展的规律。在未来，河南需要在空间融合的基础上，更加致力于经济的发展，由经济的发展辅助于城乡社会的融合和生态环境的改善。当然这几个方面是相辅相成和相互牵制的，短期发展应当有所侧重。

6.4.2 当前河南省城乡一体化发展的主要特征

当前，我国全面进入经济"新常态"，维持经济增长的传统要素与经济结构均会发生变异。在此宏观背景下，河南要培育新的经济增长点，区域差异将为经济发展提供巨大的空间。因此，推动城乡一体化快速发展是新常态下经济发展的重要增长极。然而，现阶段河南城乡一体化发展存在诸多问题和矛盾。

其一，城乡资源要素配置失衡仍然明显。河南城乡资源要素配置失衡，主要表现在以下方面：一是农村资金大量流出，农村和农业财政投资力度不够。从金融资本的角度看，由于农村的大量剩余资金通过储蓄等形式进入金融机构被投资到城镇，金融资本由于逐利性对农村的投入严重不足，形成对农村的抽血。2016 年底河南全省金融机构存款余额53977.62 亿元，贷款余额 36501.17 亿元，贷款存款比为 67.6%。而同期全省区域性中小银行和农村信用社的存款余额为 18092.86 亿元，贷款余额为 10380.05 亿元，贷款存款比为 57.4%，农村地区的投资力度低于全省的平均水平，可推断农村地区的投资水平要远低于城市投资。2016 年河南全社会固定资产投资达到 40415.09 亿元，而其中的农村农户投资额只有 661.16 亿元，占比 1.6%，仅接近同期全国的平均水平。在上文的数据分析中可以看到，财政对农村的投入对城乡一体化的影响系数偏低。2016 年河南全省的财政支付总额为 7453.74 亿元，乡镇级投资额度只有 479.94 亿元，占比仅有 6.4%。在传统农业向现代化大规模作业的转变中，土地整理、机械化、品种培育、商品流通、品牌树立、加工基地建设等，均需政府的财政扶持力度和社会资金的流入引导。二是城乡劳动力和技术要素配置不均，城乡生产技术水平差距较大。表现在农村优质劳动力大量流出，农村空心化现象越来越突出。农村资源分散，生产效率低下，阻碍城市优质人力资本进入农村。由此影响科技在农业农村的推广和应用，导致农业生产效率难以得到提升。由此可见，加快资源集中化，加快劳动力和科技要素的结合，提升农业效率是城乡融合的发展关键。

其二，城乡二元经济机构仍然突出。从城乡产业来看，城乡产业分割现象仍然明显，表现为农业现代化水平较低，与快速发展的工业化不协调。农业结构仍然是粗放型经营、且产业化水平低、市场竞争力较弱。2016 年，河南规模以上工业企业 23679 家，农副食品加工企业 2115 家、占比 8.9%，规模以上农副食品加工企业平均资产 1.69 亿元。同期全国规模以上工业企业 378599 家，农副食品加工企业 26011 家，占比6.9%，规模以上农副食品加工企业平均资产 1.3 亿元。整体比较河南略高于全国平均水平，但这与河南省 2016 年 GDP 全国排名第五且是农业大省的状况不相匹配。河南省农产品加工多为初级形态，精深加工和资源综合利用率比较低，核心品牌量一般。根据 2017 中国百强农产品区域公用品牌评选结果，河南省只有四个品牌入围。这说明河南的品牌宣传不到位，品牌形象建设力度不够。河南省未来需要加强品牌主体培育，打牢品牌创建基础，确保品牌产品品质，加强品牌示范带动，提升农业比较效益。同时全省就业结构、收入结构与产业结构严重不协调。2016年全省第一产业从业人员占比仍然高达38.4%，而第一产业产值贡献已经下降到10.59%，明显不相匹配。这其中的一个重要原因是城镇化水平低，城镇化和工业化不协调，导致对农村的辐射带动能力不足，特别是对农村劳动力的吸纳能力不足。从城乡居民收入看，最近几年城乡居民人均收入绝对值都得到大幅上升，收入差距有所缩小。但是2016年的数据显示，城乡居民收入比仍然高达约2.3倍，完善城乡居民收入分配机制依然十分重要。从城乡居民消费支出结构看，2012~2016年河南城乡居民恩格尔系数均有下降趋势，说明城乡居民收入提高，消费结构均有改善。但是城乡居民消费支出的绝对数值差却在不断拉大，表明城乡居民消费能力差距在扩大。这些客观存在的经济二元结构阻碍了城乡经济一体化的发展进程。

其三，城乡公共服务差距仍然较大。从教育来看，最近几年优质教育资源不断向城市集中，2004年河南省全部地级市小学共31902所，市辖区内小学有3219所，县域及以下占比89.1%。全部地级市普通中学共5796所，市辖区内有1094所，县域及以下占比81.1%。到2015年河南省所有地级市小学共24582所，市辖区内小学有2871所，县域及以下占比88.3%。所有地级市普通中学共5297所，市辖区内有1071所，县域及以下占比79.8%。这虽然与农村空心化有关联，但是教育资源不断从农村和不发达县域流入区域中心城市更是主要的原因。从医疗卫生状况看，资源分布不均匀。2016年郑州万人医院床位达到89个，远超其他地区，最少的信阳万人医院床位仅有37个。这表明医疗资源更多地聚集在大城市，农村人口享受优质医疗资源的成本很高。同时从社会水平来看，城乡也存在较大的差距。2016年河南城镇职工基本养老保险基金累计结存3.86万亿元，城乡居民基本养老保险基金累计结存才0.54万亿元。城乡公共服务依然存在较大的差距，这影响了内需的拉动，也不利于城乡经济和社会的协调发展。

其四，城乡生态环境形势仍然严峻。最近几年国家提出资源节约型社会和环境友好型社会发展方针。河南的资源保护工作力度不断加大，取得了明显成效。但是，城乡一体化发展中的资源环境压力仍然艰巨。整体环境有所好转，但是部分指标仍在恶化，特别是农村环境治理才刚刚起步。2016年，全省城市环境空气质量首要污染物为 PM2.5，省辖市城市环境空气质量级别总体为中污染。其中，信阳、南阳、周口、驻马店、三门峡五市环境空气质量级别为轻污染，其他 13 个市为中污染。2016 年，全省地表水水质级别为轻度污染。其中，省辖海河流域为重度污染，淮河流域、黄河流域为轻度污染，长江流域为优。同时，全省 18 个省辖市除濮阳外，其他各市调查点土壤均有污染物超标现象。其中，焦作、洛阳、三门峡、鹤壁、济源五市土壤环境质量相对较差，济源市污染物超标点位数占全部调查点位数的近60%，土壤环境保护形势相对严峻。城乡依然严峻的生态环境形势制约了民生福祉的改善。

其五，城乡一体化区域差距明显。从河南省 18 个省辖市城乡一体化定量分析的总体得分来看，郑州城乡一体化得分最高，遥遥领先于其他城市，说明区域间发展差距很大。郑州已经进入城乡融合阶段，而部分城市得分是负值、还处于对立阶段。距离郑州较远的外围城市发展滞后的主要原因是：经济基础薄弱，二元结构突出，现代交通网密度低，资源流动性差。综合排名靠前的城市在空间一体化和经济一体化上的得分表现较好，才导致最后的总得分偏高。郑州作为省会城市，对周边城市经济的辐射带动能力尚显不足，未来政府要加大这些地区的交通基础设施投资，进而带动资源流动和地区经济的发展，不断提升河南省空间融合进程。

6.4.3 河南省城乡一体化发展趋势预测

城乡一体化未来发展的预测应该遵循以下原则：全面性、科学性、可比性、可操作性。力求指标能够全面、客观地反映客观事实，同时对比城乡一体化的发展速度和程度，清晰地体现全省城乡一体化未来的发展状况。因此，在选取数据时，应当选择真实性强、可比性强、特征性强的数据。为了和本章第一部分河南城乡一体化发展现状的研究保持一致，该部分研究构建的评价体系仍然包括城乡一体化水平的四个维度：城乡空间一体化、城乡经济一体化、城乡社会一体化、城乡生态一体化。每一个维度又通过几个可以具体量化的指标进行表达（见表 6-10）。通过此指标体系可以全面反映城镇和乡村在经济、空间、社会和生态发展一体化过程中的现状，也便于全面预测城乡一体化未来的发展趋势。因为统计信息有限，本研究数据选取的时间为2005～2016年。

由于数据指标较多，在此仍然采用主成分分析法进行降维。数据处理步骤：第一步，将城乡空间一体化、城乡经济一体化、城乡社会一体化、城乡生态一体化4个二级指标下的三级指标的数据作为协方差矩阵分别进行主成分分析，确定各个三级指标的权重和合成的二级指数；第二步，利用4个合成的二级指数作为协方差矩阵，再进行主成分分析，得到各个二级合成指数的权重和城乡一体化的总指数。主成分分析的结果汇总如表6-16所示。

表6-16 主成分分析结果

Principal Components Analysis

Computed using: Ordinary correlations

Extracting 3 of 3 possible components

Eigenvalues: (Sum = 3, Average = 1)

Number	Value	Difference	Proportion	Cumulative Value	Cumulative Proportion
1	2.310739	1.681724	0.7702	2.310739	0.7702
2	0.629015	0.568768	0.2097	2.939754	0.9799
3	0.060246	—	0.0201	3.000000	1.0000

Eigenvectors(loadings):

Variable	PC 1	PC 2	PC 3		
$X1$	0.640442	-0.171246	-0.748672		
$X2$	0.487391	0.843994	0.223883		
$X3$	0.593535	-0.508280	0.623993		

Ordinary correlations:

	$X1$	$X2$	$X3$		
$X1$	1.000000				
$X2$	0.620277	1.000000			
$X3$	0.904974	0.407038	1.000000		

根据软件运行结果，第一主成分的累计方差达到77.02%，为了计算城乡一体化总指数的方便，研究选取第一主成分作为城乡空间一体化的综合表达。如表6-17所示。

表 6 – 17　主成分分析结果

Principal Components Analysis

Computed using：Ordinary correlations

Extracting 4 of 4 possible components

Eigenvalues：(Sum = 4 , Average = 1)

Number	Value	Difference	Proportion	Cumulative Value	Cumulative Proportion
1	3. 558808	3. 157533	0. 8897	3. 558808	0. 8897
2	0. 401275	0. 370800	0. 1003	3. 960082	0. 9900
3	0. 030474	0. 021031	0. 0076	3. 990557	0. 9976
4	0. 009443	—	0. 0024	4. 000000	1. 0000

Eigenvectors(loadings)：

Variable	PC 1	PC 2	PC 3	PC 4
$X4$	0. 522577	– 0. 221414	– 0. 313157	– 0. 761460
$X5$	0. 511627	– 0. 353494	0. 771082	0. 136794
$X6$	0. 523296	– 0. 178194	– 0. 541304	0. 633560
$X7$	0. 437393	0. 891215	0. 119812	– 0. 008243

Ordinary correlations：

	$X4$	$X5$	$X6$	$X7$
$X4$	1. 000000			
$X5$	0. 974564	1. 000000		
$X6$	0. 989643	0. 966183	1. 000000	
$X7$	0. 733175	0. 672784	0. 748808	1. 000000

　　根据软件运行结果，第一主成分的累计方差达到 88. 97%，为了计算城乡一体化总指数的方便，本研究选取第一主成分作为城乡经济一体化的综合表达，如表 6 – 18 所示。

表 6 – 18　主成分分析结果

Principal Components Analysis

Computed using：Ordinary correlations

Extracting 3 of 3 possible components

Eigenvalues：(Sum = 3 , Average = 1)

		Cumulative	Cumulative

Number	Value	Difference	Proportion	Value	Proportion
1	2.847887	2.735747	0.9493	2.847887	0.9493
2	0.112140	0.072168	0.0374	2.960027	0.9867
3	0.039973	—	0.0133	3.000000	1.0000

Eigenvectors(loadings)：

Variable	PC 1	PC 2	PC 3		
$X8$	-0.580011	0.462087	0.670867		
$X9$	0.569802	0.818686	-0.071270		
$X10$	0.582163	-0.340924	0.738145		

Ordinary correlations：

	$X8$	$X9$	$X10$		
$X8$	1.000000				
$X9$	-0.900690	1.000000			
$X10$	-0.959491	0.911291	1.000000		

根据软件运行结果，第一主成分的累计方差达到94.93%，为了计算城乡一体化总指数的方便，本研究选取第一主成分作为城乡社会一体化的综合表达，如表6-19所示。

表6-19　主成分分析结果

Principal Components Analysis

Computed using：Ordinary correlations

Extracting 3 of 3 possible components

Eigenvalues：(Sum = 3, Average = 1)

Number	Value	Difference	Proportion	Cumulative Value	Cumulative Proportion
1	2.930208	2.888722	0.9767	2.930208	0.9767
2	0.041486	0.013181	0.0138	2.971695	0.9906
3	0.028305	—	0.0094	3.000000	1.0000

Eigenvectors(loadings)：

Variable	PC 1	PC 2	PC 3		
$X11$	-0.576082	0.809597	0.112616		
$X12$	0.578292	0.306312	0.756143		
$X13$	0.577675	0.500725	-0.644644		

Ordinary correlations：

	X11	X12	X13		
X11	1.000000				
X12	-0.963481	1.000000			
X13	-0.960375	0.971445	1.000000		

根据软件运行结果，第一主成分的累计方差达到 97.67%，为了计算城乡一体化总指数的方便，本研究选取第一主成分作为城乡生态一体化的综合表达，如表 6-20 所示。

表 6-20　主成分分析结果

Principal Components Analysis

Computed using：Ordinary correlations

Extracting 4 of 4 possible components

Eigenvalues：(Sum = 4，Average = 1)

Number	Value	Difference	Proportion	Cumulative Value	Cumulative Proportion
1	3.847708	3.746632	0.9619	3.847708	0.9619
2	0.101076	0.067253	0.0253	3.948784	0.9872
3	0.033823	0.016431	0.0085	3.982608	0.9957
4	0.017392	—	0.0043	4.000000	1.0000

Eigenvectors(loadings)：

Variable	PC 1	PC 2	PC 3	PC 4
S1	0.504046	0.169933	-0.655208	-0.536436
S2	0.502655	-0.295225	0.677427	-0.448634
S3	0.494731	0.727254	0.226811	0.418210
S4	0.498516	-0.595874	-0.245665	0.579711

Ordinary correlations：

	S1	S2	S3	S4	
S1	1.000000				
S2	0.958961	1.000000			
S3	0.963054	0.937075	1.000000		
S4	0.956632	0.971792	0.907495	1.000000	

根据软件结果，第一主成分的累计方差达到 96.19%，为了计算城乡一体化总指数的方便，本研究选取第一主成分作为城乡一体化总指数的综合表达。

经济时间序列如果是平稳的，其数据的一些数字特征是不随时间的变化而变化的，时间序列在各个时间点上的随机性服从一定的概率分布。可以通过时间序列过去时间点的信息，建立模型拟合过去信息，进而预测未来的信息。所以利用时间序列数据进行预测时，首先要对数据进行平稳性检验。另外，预测经济运行时间序列的理论与方法较多，而 ARMA 模型在经济预测过程中既考虑了经济现象在时间序列上的依存性，又考虑了随机波动的干扰性，对经济运行短期趋势的预测准确率较高，是近年应用比较广泛的方法之一。序列平稳性检验结果见表 6－21～表 6－30。

表 6－21　主成分 S1 平稳性检验结果

	t-Statistic	Prob. *
Augmented Dickey-Fuller test statistic	－ 1. 396143	0. 7877
Test critical values：　1% level	－ 5. 521860	
5% level	－ 4. 107833	
10% level	－ 3. 515047	

表 6－22　主成分 S1 一阶差分后平稳性检验结果

	t-Statistic	Prob. *
Augmented Dickey-Fuller test statistic	－ 5. 779861	0. 0058
Test critical values：　1% level	－ 5. 295384	
5% level	－ 4. 008157	
10% level	－ 3. 460791	

表 6－23　主成分 S2 平稳性检验结果

	t-Statistic	Prob. *
Augmented Dickey-Fuller test statistic	－ 1. 692468	0. 6851
Test critical values：　1% level	－ 5. 124875	
5% level	－ 3. 933364	
10% level	－ 3. 420030	

表 6 – 24　主成分 S2 一阶差分后平稳性检验结果

	t-Statistic	Prob. *
Augmented Dickey-Fuller test statistic	– 2.935599	0.0791
Test critical values： 1% level	– 4.420595	
5% level	– 3.259808	
10% level	– 2.771129	

表 6 – 25　主成分 S3 平稳性检验结果

	t-Statistic	Prob. *
Augmented Dickey-Fuller test statistic	1.207229	0.9285
Test critical values： 1% level	– 2.816740	
5% level	– 1.982344	
10% level	– 1.601144	

表 6 – 26　主成分 S3 一阶差分后平稳性检验结果

	t-Statistic	Prob. *
Augmented Dickey-Fuller test statistic	– 2.833492	0.0110
Test critical values： 1% level	– 2.886101	
5% level	– 1.995865	
10% level	– 1.599088	

表 6 – 27　主成分 S4 平稳性检验结果

	t-Statistic	Prob. *
Augmented Dickey-Fuller test statistic	0.083270	0.6865
Test critical values： 1% level	– 2.816740	
5% level	– 1.982344	
10% level	– 1.601144	

表 6 – 28　主成分 S4 一阶差分后平稳性检验结果

	t-Statistic	Prob. *
Augmented Dickey-Fuller test statistic	– 1.999157	0.0490
Test critical values： 1% level	– 2.847250	
5% level	– 1.988198	
10% level	– 1.600140	

表 6 - 29　主成分 S 平稳性检验结果

	t-Statistic	Prob. *
Augmented Dickey-Fuller test statistic	1. 820841	0. 9724
Test critical values：　1% level	− 2. 847250	
5% level	− 1. 988198	
10% level	− 1. 600140	

表 6 - 30　主成分 S 一阶差分后平稳性检验结果

	t-Statistic	Prob. *
Augmented Dickey-Fuller test statistic	− 1. 848075	0. 0640
Test critical values：　1% level	− 2. 816740	
5% level	− 1. 982344	
10% level	− 1. 601144	

　　根据平稳性检验结果，各个主成分在一阶差分后均是平稳序列。在此基础上构建自回归模型进行预测分析。根据自相关、异方差等检验结果，各个主成分的自回归最优模型构建如表 6 - 31 所示。

表 6 - 31　主成分自回归模型结果

Dependent Variable：S11

Method：Least Squares

Included observations：10 after adjustments

Variable	Coefficient	Std. Error	t-Statistic	Prob.
C	0. 414312	0. 132670	3. 122888	0. 0142
S11（−1）	0. 788095	0. 102383	7. 697528	0. 0001
R-squared	0. 881044	Mean dependent var		0. 050496
Adjusted R-squared	0. 866175	S. D. dependent var		1. 071593
S. E. of regression	0. 392012	Akaike info criterion		1. 141806
Sum squared resid	1. 229385	Schwarz criterion		1. 202323
Log likelihood	− 3. 709029	Hannan-Quinn criter.		1. 075419
F-statistic	59. 25194	Durbin-Watson stat		1. 326992
Prob（F-statistic）	0. 000058			

Dependent Variable：S21

Method：Least Squares

Included observations：10 after adjustments

Variable	Coefficient	Std. Error	t-Statistic	Prob.
C	0.582972	0.093171	6.257020	0.0002
S21(−1)	0.951166	0.053277	17.85331	0.0000
R-squared	0.975516	Mean dependent var		0.116637
Adjusted R-squared	0.972455	S. D. dependent var		1.704062
S. E. of regression	0.282817	Akaike info criterion		0.488821
Sum squared resid	0.639882	Schwarz criterion		0.549338
Log likelihood	−0.444103	Hannan-Quinn criter.		0.422434
F-statistic	318.7406	Durbin-Watson stat		1.978309
Prob(F-statistic)	0.000000			

Dependent Variable：S31

Method：Least Squares

Included observations：10 after adjustments

Variable	Coefficient	Std. Error	t-Statistic	Prob.
C	0.518513	0.054566	9.502418	0.0000
S31(−1)	1.102409	0.041850	26.34174	0.0000
R-squared	0.988602	Mean dependent var		−0.114910
Adjusted R-squared	0.987177	S. D. dependent var		1.367893
S. E. of regression	0.154896	Akaike info criterion		−0.715271
Sum squared resid	0.191942	Schwarz criterion		−0.654754
Log likelihood	5.576356	Hannan-Quinn criter.		−0.781658
F-statistic	693.8872	Durbin-Watson stat		1.590600
Prob(F-statistic)	0.000000			

Dependent Variable：S41

Method：Least Squares

Included observations：10 after adjustments

Variable	Coefficient	Std. Error	t-Statistic	Prob.
C	0.447754	0.037674	11.88485	0.0000
S41(−1)	0.829839	0.022741	36.49164	0.0000
R-squared	0.994028	Mean dependent var		0.125133
Adjusted R-squared	0.993282	S. D. dependent var		1.412925
S. E. of regression	0.115810	Akaike info criterion		−1.296875
Sum squared resid	0.107296	Schwarz criterion		−1.236358
Log likelihood	8.484374	Hannan-Quinn criter.		−1.363262
F-statistic	1331.640	Durbin-Watson stat		2.050480
Prob(F-statistic)	0.000000			

Dependent Variable：SS

Method：Least Squares

Included observations：10 after adjustments

续表

Variable	Coefficient	Std. Error	t-Statistic	Prob.
C	0.570149	0.068999	8.263150	0.0000
SS（-1）	0.918988	0.039842	23.06574	0.0000
R-squared	0.985186	Mean dependent var		0.050577
Adjusted R-squared	0.983334	S. D. dependent var		1.597561
S. E. of regression	0.206239	Akaike info criterion		-0.142707
Sum squared resid	0.340276	Schwarz criterion		-0.082190
Log likelihood	2.713534	Hannan-Quinn criter.		-0.209094
F-statistic	532.0281	Durbin-Watson stat		1.219294
Prob(F-statistic)	0.000000			

　　根据最优模型结构分别对各个主成分的未来数据进行预测，预测结果如表6-32。根据预测结果发现，河南城乡一体化的未来增长趋势中，经济一体化和社会一体化的发展空间最大、发展速度也最快，也是未来带动河南城乡一体化发展的主要动力。而空间一体化的发展较慢，说明经过近些年的交通设施建设，空间一体化的发展已经相对成熟。这也和前面现状分析的结果一致，河南城乡一体化发展中，空间一体化的权重最高。另外，生态一体化的发展速度预测值也较低，说明河南城乡一体化的发展还很不成熟，目前的发展重心在经济和社会生活建设中。而城乡生态文明的建设仍然相对滞后，城乡生态一体化的发展权重偏低，但是未来的发展空间应该会比较大。

表6-32　河南城乡一体化发展趋势预测

主成分	2017 年预测值	2018 年预测值	2019 年预测值	2020 年预测值
S1	2.8362	2.9691	3.0846	3.1851
S2	2.4452	2.6407	2.8128	2.9645
S3	4.5450	5.8058	7.2580	8.9308
S4	2.3910	2.5328	2.6539	2.7575
S	3.5528	3.9389	4.3019	4.6429

　　党的十九大明确提出实施"乡村振兴战略"，这是党中央着眼决胜全面建成小康社会、全面建设社会主义现代化强国做出的重大部署，也是做

好新时代"三农"工作的战略统领。经过 40 余年的改革开放，河南农业农村发展取得了重大的成就，进入了新的发展阶段，但城乡发展不协调、乡村发展不充分，农村经济、政治、社会、文化和生态文明建设不平衡的问题依然突出。河南遵循十九大重要发展战略，实施乡村振兴，要以满足农民群众日益增长的美好生活需要和破除城乡发展不平衡、不充分问题为出发点，坚持优先发展农业农村的原则，按照产业兴旺、生态宜居、乡风文明、治理有效、生活富裕的总要求，建立健全城乡融合发展体制机制和政策体系。一方面，加快农业农村建设，激发农民群众主体精神，实现农村经济发展、社会稳定、农民安居乐业；另一方面，逐步推动城乡在建设规划、产业布局、公共服务、生态保护、社会管理等方面统筹融合，加快形成以工促农、以城带乡、城乡互补、共同繁荣的新型工农、城乡关系。根据河南城乡一体化发展的现状和存在的问题，依据国家战略部署，河南未来应着重从以下方面入手推进城乡一体化的进程。

6.4.4　河南省城乡一体化战略展望

其一，推进城乡资源配置的市场化改革步伐。

河南城乡一体化应以市场为导向，引导城乡资源优化配置和生产要素合理流动，通过价格杠杆调整供求关系，实现资源的有效利用，从而促进经济的增长。因此，降低资源的交易成本，加快河南城乡资源配置的市场化改革是推进河南城乡一体化的重要手段。城乡产业要分工合理，应将资源型产品开发、农业初级产品加工和一些劳动密集型产业更多地布局到广大农村，从而降低生产成本、增加农村就业机会，活跃农村经济。农村产业要加强农村生产设施建设，提高科技水平，培育产业主体，适当引导城市产业、消费、要素向农村流动的政策体系，推动城乡互动、产业融合。

农村集体土地等资产是农村最大、最具潜力的资源。盘活农村"沉睡"资产，重点在于赋予农民更多财产权利。为此，要深化农村土地制度改革。完善承包地"三权"分置制度，创新土地经营权流转方式，发展多种形式适度规模经营。探索盘活农村集体经营性建设用地的路径和办法。加快推进征地制度改革，缩小征地范围，完善补偿标准，实行多元保障。建立城乡统一的土地要素市场。破解规划空间制约，实行土地要素的市场化运作、平等交换，从而有效整合空间资源，完善城镇低效用地开发，促进土地资源节约集约利用，释放土地要素的最大效益。

资源要素有天然的逐利动机，完全依靠市场机制很难扭转农村要素持续外流的趋势。促进城乡资源要素均衡配置，核心是建立完善激励约束机制。为此，要建立财政支出优先保障农业农村政策。切实坚持把农业农村作为财政支出的优先保障领域，在持续增加投入总量的基础上，着力优化投入结构、创新使用方式、提升支农效能。要加大涉农资金整合力度，发挥财政资金撬动社会资本的功能作用，补齐农业农村财政投入不足的短板。要强化金融机构激励约束机制，吸引金融资本进入农业农村。要加快制定相关优惠政策，吸引各类人才到农村创业创新。要建立农业农村发展用地保障机制，通过村庄整治、宅基地整理等节约建设用地，要重点用于支持农村三产融合和新产业、新业态。

其二，推进城乡产业对接的一体化进程。

河南要破解长期以来的城乡二元分割局面，需要进一步实施城乡产业对接，拉动农业的商品化和市场化进程。激励农户进入农业的产业融合，使其和工、商及其他经济组织和服务组织构建统一的市场。坚持工业向发展区集中、土地向业主集中、农民向城镇集中的原则。通过市场机制形成产业集聚，延伸产业链条，形成产业规模和市场优势。遵循专业化分工协作原则，依据现代产业的发展趋势，形成城乡结合、融为一体的产业组织形式，淡化城乡产业边界。以企业为导向，以农产品加工和运销企业为龙头，围绕农产品的生产、加工、销售与农户有机结合，引导农村企业参与城市企业的专业分工。推动农业产业化经营，以发展原料性农业促进一、二产业互动，以发展农副产品生产实现二、三产业连接。遵循区域比较优势原则，协调农业的全程产业化，使农业生产链条向加工、销售、服务一体化方向延伸。理顺城乡经济组织的利益关系，改进农业产业链条中各个参与主体的利益分配机制，使产业链条的各个环节利益均沾、风险共担，形成统一的利益分配格局。缩小城乡居民收入差距，完善农民增收支持政策，要把培育农民增收长效机制与短期稳定机制结合起来，为农民增收新旧动能转换提供政策支撑。在工资性收入方面，加快完善城乡平等的就业制度，落实同工同酬的用工制度，健全进城务工人员的社保制度，不断提高保障水平。

其三，推进城镇基础设施建设向农村延伸。

长期以来，农村基础性、公益性设施基础差、投入少、标准低，城乡基础设施差距大，更重要的是没有进行城乡一体化规划、一张网建设，造成城乡建设各层面相互分隔。为此，要统筹城乡建设规划。加快推进城乡"多规合一"，调整优化空间布局，推动公共资源在城乡合理均衡配置。要切实把基础设施建设的重点放到农村，补齐农业农村基础设施建设短板。农村基础设施是农业农村发展不可或缺的基础性条件。统筹城乡基础设施建设，加快基础设施向农村延伸，强化城乡基础设施连接，推动水电路气等基础设施城乡联网、共建共享。加快公共服务向农村覆盖，提高农民生活水平。加快农村饮水安全工程建设。因地制宜，加快水管网络建设，确保农村饮水供水安全。加快农村电网改造升级，实现城乡电价一致。农村电网是农村重要的基础设施，关系农民生活、农业生产和农村繁荣。升级供电网络覆盖率和扩容改造，确保供电质量和可靠性，为农民用电提供有力的保证。改造农村公路网络，加宽路基路面，达到客车行驶的质量要求。通过专项资金用于农村客运车辆购置和运营，构建农村客运服务，开拓农村客运市场，便于农村生产资源和人力资源的流动，为农村居民生活和生产提供便利。加快农村宽带网络多元化发展。根据河南不同地区的地理条件和发展差异，分阶段规划宽带网络建设。不断提升网络全业务支撑能力，完成互联网乡镇的数字化转化工作，加强未来乡镇、村寨的联网建设工作，进一步扩大有线、无线覆盖范围，提高农村信息化平台服务水平。

其四，推进城乡生态环境一体化。

城乡生态环境一体化建设是个系统工程，需要全省各地结合区域实践，在理念塑造、产业转型、项目建设、资源要素配置、机制创新等层面全面推进，才能真正实现城乡生态环境一体化发展。加快城乡产业生态循环发展，从农、林、牧、副、渔的生产构建良性循环系统。从根本上改善农村资源浪费、废物污染、环境恶化的现状。发展生态农业产业循环体系，推广种养结合、循环利用的生态健康种养生产方式。着力保护和发展全省现有的各类自然保护区，加大具有生态资源和景观的生态工程项目建设力度，实现城乡生态资源的保护以及增值，建设以水源涵养和生态休闲为主的自然资源生态经济圈。以省内重要的水系和湖泊为中心，进行生态安全屏障建设和环境保护，充分、有效发挥其维持生态系统的稳定。推广江河流域重金属污染治理向纵向发展，实现污染企业的搬迁和企业产业生态化再造并举，尽量减少重金属污染排放。全面开展土壤重金属污染的修复工作，加大重金属污染土地修复力度。加快农田环境系统的检测网络建设，全面推广土地施肥配方建设，大力推广绿肥和有机肥的使用，实施农药化肥的减量工程，杜绝农药和化肥高残留食物流入市场。激发社会公众的生态保护意识，树立尊重自然和保护自然的生态文明理念。培养资源节约和环境友好的城市生态消费方式，综合利用媒体娱乐传播生态消费价值理念，深入开展绿色政府、绿色企业、绿色社区、绿色村庄、绿色家庭等活动，形成城乡生态环境一体化的建设氛围。

其五，推进城乡社会生活一体化新局面。

农民思想道德水平和精神风貌是乡村振兴的魂。为此，要加强乡村思想文化建设，大力弘扬农村优秀传统文化。深入挖掘农村传统文化和习俗蕴含的人文精神、道德规范，弘扬优秀乡土文化、乡贤文化、优良家风，与时俱进继承创新，引导农民向上向善。要发扬农民群众主人翁精神，树立先进典型，不断激发亿万农民建设家园的积极性、主动性和创造性。

促进农村各类组织协调配合、有机衔接，健全符合国情农情、自治法治德治相结合的乡村治理体系，是实施乡村振兴战略的重要组织保障。为此，要加强基层党组织建设。强化党组织在农村经济社会发展中的领导核心和战斗堡垒作用。加强村民自治组织建设，通过完善村务公开管理、加强议事协商，完善村级民主监督机制。培育乡贤理事会、公益性组织等农村社会组织，为农村社区提供更多公共服务。加快完善农村法律体系，规范农村经济秩序，健全乡村矛盾纠纷化解机制。要运用现代技术手段提高社会管理能力，降低农村公共服务成本，提高服务质量水平。

推进公共服务均等。平等享有公共服务，是农民的基本权利，也是乡村振兴的重要标志。不缩小城乡基本公共服务差距，农村就很难留住人才、吸引人才，乡村振兴就缺少可以依靠的主体。应按照"完善制度、提高水平、逐步并轨"的总体原则，加快完善农村社会保障制度。加快推进城乡居民养老保险全覆盖，完善农村低保制度。加快完善城乡统一的基本医疗保险和大病保险制度。加快发展农村教育事业，统筹配置城乡师资，吸引更多优秀教师到农村任教。加强农村公共文化建设，推动公共文化资源向农村倾斜，提供更多农民喜闻乐见的文化产品和服务。

其六，推进区域城乡一体化战略新格局。

区域城乡一体化在空间上表现为城市的功能辐射与延伸，并通过城市的功能辐射和延伸，使城市之间的农村与城镇形成统一的市场体系与公共服务体系，从而实现区域城乡一体化发展。区域城乡一体化发展的内在机理不同于在同一县域经济中的城乡一体化发展，区域城乡经济发展包括生产制造、市场需求、金融服务、交通物流等各类经济活动，设计资金、信息、技术和人才等生产要素的合理流动、企业区位选择和产业转移等多层次区域之间与区域内部各经济活动主题之间的交互作用以及动态变化的复杂性网络体系。因此，经济发展的内在动力由区域协调取代县域竞争的模式，是中国经济发展方式转变的主要内容，也是中国经济未来发展的主要模式。要完善规划体系，形成区域城乡一体化规划先导机制。创新规划思路，完善规划体系，强化区域城乡规划的综合引导作用。此外，建立超越地方利益的区域协调机制，实现区域产业协调发展。建立科学合理的协同发展机制和制度框架，以实现跨区域协调操作，制定对各区域经济发展方向、规模与结构等进行科学引导和有效约束的、科学合理的区域协同发展政策。建立跨行政区域的增长体系，形成跨区域的基础设施共享机制。充分发挥中心城市、空港等具有较强的跨区域带动辐射能力的经济增长点，健全铁路、高速公路、普通公路、航空运输、江河航运等线路的跨区域联动机制，冲破区域合作中的市场分割和地方保护主义。深化户籍制度改革，加快区域城乡户籍管理制度，促进城乡人口的合理流动，使得劳动资源得以优化配置。

6.5　本章小结

本章从河南省产业集聚区发展战略及城乡一体化示范区战略实践入手，运用现实数据对河南省两大战略的现状进行描述，并在此基础上借助Eviews 和 SPSS 计量分析软件，对其政策实践进行了实证研究。

结合第三章的主要研究结论可知，产业集聚与城乡居民收入差距二者具有倒"U"形关系，而河南省产业集聚区发展战略及城乡一体化示范区战略的实践效果有助于缩小河南省城乡差距是本章所关注的一个命题。通过本章的定性及定量研究数据可知，河南省城乡产业互动格局业已形成，产业集聚区越发成为有效驱动区域经济的重要增长极。通过构建河南省城乡一体化评价指标体系，并运用主成分分析法进行数据测算可知，经济一体化和社会一体化的发展空间最大、发展速度最快，也是未来带动河南城乡一体化发展的主要动力。

7

结论与展望

7.1 主要结论

本研究从"城乡协调"的视角切入，文献回顾并梳理出关于学界从探讨"城乡统筹"到"城乡一体化"再到"城乡融合"三个阶段的研究线索，提出了"城乡协调之二元分割"到"乡村振兴之二元融合"的逻辑命题。本研究认为：强调区域、城乡协调的基础是不能割裂地探讨城抑或是乡的发展问题，"新型城镇化"之"城"的发展与"乡村振兴战略"之"乡"的发展两个命题在逻辑上是统一的整体。

本研究首先从城乡收入差距的视角切入，运用中国省域、区域以及地级市三级面板数据实证检验了工业化对于城乡居民收入差距的影响，发现工业化发展对于城乡居民收入差距具有显著的倒"U"形影响；其次，本研究构建了包含四个维度的城乡协调综合指标体系，借以测度河南省总体及各省辖市的城乡协调程度；再次，本研究借助 NEG 之垄断竞争框架，拓展了以城市功能分工为基础的两部门两区域模型，证实内生的成本下降将导致厂商选择生产部门与研发部门的两区域布局，从而推演了生产性服务业与制造业分别布局于中心城市与外围城市、形成功能分工的城市结构体系之理论假说，并在此基础上梳理了河南省构建功能分工的城镇化体系的政策实践；最后，本研究针对河南省工业集聚发展及城乡一体化示范区战略的政策实践进行数据分析和绩效评估，以期能够归纳出河南省城乡协调发展的基本经验，提出可资借鉴与推广的路径与模式。

就现实而言，从党的十六大提出"统筹城乡经济社会发展"到党的十九大提出的"建立健全城乡融合发展体制机制和政策体系"和"实施乡村振兴战略"，探索推进社会主义新型城镇化进程中的城乡协调发展具有重要的历史和现实意义。进入21世纪后，虽然我国的工业化、城镇化、信息化进程不断加快，但农业增效难、农民增收难、农村发展慢的问题依然存在，究其原因在于城乡二元结构未能突破，城乡分割的政策、制度没有得到彻底改革，城乡社会经济发展缺乏良好的内在联系和协调机制，导致工业对农业的支持不够、城市对乡村的带动不强。推动城乡协调发展，就是要坚持工业反哺农业、城市支持农村，通过以工促农实现农业现代化，通过工农互惠拓展农民增收渠道，通过城乡联动推动公共服务向农村延伸。因此，城乡协调发展是从根本上解决"三农"问题、实现"乡村振兴"的主要思路。

2018年，习近平总书记在中共中央政治局第三次集体学习时强调："要建设彰显优势、协调联动的城乡区域发展体系，实现区域良性互动、城乡融合发展、陆海统筹整体优化，培育和发挥区域比较优势，加强区域优势互补，塑造区域协调发展新格局。"这一"城乡融合发展"的含义至少包括如下三个方面：第一，强化区域与城乡发展政策的协同。长期以来，存在区域政策与城乡发展政策的不连贯、功能不明确问题，开发区政策、国家级新区政策、综合配套改革试验区政策与乡村发展政策之间的联系比较少。因此，建立统一规范、层次明晰、功能精准的区域－城乡政策体系，是从全局出发推进协调发展的重要途径。第二，完善促进区域城乡协调发展的体制机制。坚持统筹区域发展和城乡发展，深化区域合作，明确区域和城市功能定位，完善发展成果城乡共享机制，健全利益平衡机制，特别要完善对粮食主产区、重点资源产区的利益补偿机制，以及生态保护区补偿机制。第三，加大区域城乡发展的功能平台改革创新。实施区域协调发展战略需要培育区域经济新动能，新动能的转化需要落实在空间上，即需要进一步完善各类发展平台。国家级新区以及各类试验区、示范区等区域功能平台，应进一步发挥先行先试的政策优势，同时应当建立县域、乡镇和农村居民点的功能发展平台。

本研究从城乡协调发展的视角切入，探讨并梳理除了学界从城乡二元分割到二元融合的学术线索，结合我党区域协调发展理论的不断演进，划分并提出了关于城乡关系演进的六个阶段。2019 年 5 月，《中共中央国务院关于建立健全城乡融合发展体制机制和政策体系的意见》（以下简称《意见》）公开发布。随着《意见》的出台，当前中国城乡协调发展问题的理论研究进入了融合发展的新阶段。

《意见》明确指出："改革开放特别是党的十八大以来，我国在统筹城乡发展、推进新型城镇化方面取得了显著进展，但城乡要素流动不顺畅、公共资源配置不合理等问题依然突出，影响城乡融合发展的体制机制障碍尚未根本消除。为重塑新型城乡关系，走城乡融合发展之路，促进乡村振兴和农业农村现代化。"为了实现这一目标，《意见》提出，要通过破除妨碍城乡要素自由流动和平等交换的体制机制壁垒，促进各类要素更多向乡村流动，在乡村形成人才、土地、资金、产业、信息汇聚的良性循环，为乡村振兴注入新动能，以建立健全有利于城乡要素合理配置的体制机制；要通过推动公共服务向农村延伸、社会事业向农村覆盖，健全全民覆盖、普惠共享、城乡一体的基本公共服务体系，推进城乡基本公共服务标准统一、制度并轨，以建立健全有利于城乡基本公共服务普惠共享的体制机制；要通过把公共基础设施建设重点放在乡村，坚持先建机制、后建工程，加快推动乡村基础设施提档升级，实现城乡基础设施统一规划、统一建设、统一管护，以建立健全有利于城乡基础设施一体化发展的体制机制；要通过围绕发展现代农业、培育新产业新业态，完善农企利益紧密联结机制，实现乡村经济多元化和农业全产业链发展，以建立健全有利于乡村经济多元化发展的体制机制；要通过拓宽农民增收渠道，促进农民收入持续增长，持续缩小城乡居民生活水平差距，以建立健全有利于农民收入持续增长的体制机制。

7.2 政策及展望

7.2.1 依托工业集聚模式，缩小城乡居民收入差距

近年来，河南省产业集群发展迅速，对经济增长的拉动作用日益凸

现，成为推动河南省产业发展、提升国际竞争力和加速地区经济增长的主要动力。根据本研究的实证分析，工业化发展与城乡居民收入差距之间具有显著的倒"U"形关系，工业集聚的发展模式有助于缩小城乡居民收入差距，促进城乡协调发展。

但是当前河南产业集群在全国有影响力的屈指可数，同市场经济发达，市场机制健全，区位条件、经济基础和资源禀赋良好的沿海地区还存在不小的差距，总体上还处于起步阶段。从主导产业看，河南省工业产业集群以传统制造业和资源依赖型产业为主，如有色金属冶炼及压延加工业、农副食品加工业、化学原料及化学制品制造业、非金属矿物制品业、黑色金属冶炼及压延加工业、通用设备制造业、纺织服装加工业等，多属劳动密集型产业，其依托资源优势，吸纳大量劳动力就业。从地区分布情况看，各地产业集群发展不平衡，差距较大。郑州、洛阳、许昌、焦作、漯河、三门峡等市产业集聚度较高。从集群规模来看，各地以中小企业为主体的特色产业集群初具雏形，涉及装备制造、食品加工、纺织等诸多行业，目前都还处于产业集群发展的初级阶段。从集群发展程度看，河南省工业产业集群大多处于成长期，集群内相关企业之间建立了一定产业联系，具备一定规模，处于发展上升通道。其中，郑州航空港临空产业、郑州经开区汽车及装备制造、洛阳石化、郑州高新区电子电器、义马煤炭化工、济源虎岭机械加工、长葛有色金属冶炼及深加工、洛阳高端装备制造、漯河食品、孟州汽车零部件等产业集群，主营业务收入超过500亿元，已具相当规模和较强竞争力。从集群形成的因素分析，河南省工业产业集群大致可分为五类。一是政府推动。各级政府搭台，出台政策措施，推动工业产业集群从无到有、从小到大。二是龙头带动。发展壮大龙头企业，吸引关联中小企业按产业链分工提供配套服务，形成以龙头企业为核心的产业集群。三是资源驱动。依托自然资源优势，形成以某种资源开采及加工、销售为支撑的产业集群。四是市场拉动。借助市场力量，延伸传统工业产业链条，形成产业集群。五是转移带动。通过承接发达地区产业转移，逐步形成和壮大工业产业集群。

未来，河南省产业集聚区应当积极适应产业变革和产业转移新趋势，以供给侧结构性改革为主线，坚持调整存量与优化增量、整体推进与重点突破相结合，以提高承接产业转移质量、培育优势集群扩大有效供给，以积极稳妥处置僵尸企业、盘活存量资产减少低效产能，以补齐产业配套短板增强支撑服务能力，以创新优化要素配置激活持续发展动能，推动产业集聚区提质增效，引领带动全省产业结构优化升级。

其一，提升产业集群发展水平。围绕"百千万"亿级产业集群培育，推动各地进一步明确产业集聚区主导产业升级方向，对现有产业进行优化升级，选择细分领域和主导产品重点突破，加大精准招商力度，提升招商实效，打造更具竞争力的优势集群。探索政府与市场相结合的机制和模式，继续推动研发设计、创业孵化、检验检测、信息服务、人才培训等公共服务平台建设，在有条件、有需求的产业集聚区布局一批海关特殊监管区等对外开放平台。

其二，提高承接产业转移质量。以产业集聚区为重点，制定开放招商、承接产业转移年度行动计划，举办中国（河南）国际投资贸易洽谈会、中国（郑州）产业转移系列对接等招商活动。支持各省辖市、县（市）结合产业集群发展实际，大力实施精准招商，瞄准重点区域、重点企业和行业细分领域，组织开展专题招商活动。加强落地项目后续服务，提高招商引资项目合同履约率、项目开工率、资金到位率和竣工投产率。

其三，推进产品结构调整升级。支持产业集聚区重点企业聚焦细分市场，采用新技术、新设备、新工艺、新材料，进行设备更新换代、质量品牌提升、新型制造模式应用等技术改造，开发一批升级换代产品和高附加值产品。重点围绕装备、汽车、电子等领域，加强信息技术、智能技术的融合应用，开展电力电子、智能控制、精密基础件、精密仪器仪表等核心零部件研发生产，支撑带动工业机器人、新能源汽车、智能电网等高端整机产品创新发展。围绕冶金、建材、化工等领域，加强产业链延伸和产品精细化发展，扩大轨道特种工程塑料、交通铝型材、汽车和家电用冷轧薄板等产品规模。围绕食品、纺织服装、现代家居等消费品行业，实施"三品"专项行动，加快发展冷链食品、休闲食品、饮料、品牌服装、中高端家纺等个性化、时尚化、功能化、绿色化消费品。

其四，推动创新创业发展。依托政府投资主体、采用 PPP 模式或引进社会资本，支持省辖市在有条件的产业集聚区规划建设区域创新创业基地。引导企业和社会资本建设各类专业孵化平台，在产业集聚区内打造一批小微创业园、创业咖啡、创客工场等低成本、便利化的众创空间。加快研发创新平台在产业集聚区的布局，优先推进产业集聚区内大中型企业研发机构全覆盖，支持重点企业建设一批省级研发中心和国家级创新平台。探索在产业集聚区布局建设一批投资主体多元、产学研紧密结合的新型研发机构。

其五，统筹推进互动融合发展。推动产业集聚区与服务业"两区"、服务业专业园区互动发展，统筹项目布局，发挥区域各类发展载体协调联动的整体优势。在产业集群优势突出的产业集聚区，优先布局建设一批现代物流、电子商务等项目，促进制造业与生产性服务业融合对接。在开发规模较大、发展水平较高的产业集聚区，适度布局生活性服务设施，推动产城融合发展。

其六，合理处置闲置资产。分类推动产业集聚区停产半停产企业处置，通过租赁、重组、合作和政府收购等方式，盘活厂房、设备、土地等闲置资产。对长期停产、资不抵债的企业，以及难以恢复建设的项目，通过租赁、兼并重组、招商转让等方式引进投资者。对市场前景较好但暂时困难的企业和项目，采取协调资金、引进合作企业等方式推动企业脱困。对环保不达标的企业和项目，督促加快环保改造，通过环保验收的可恢复生产，难以达标的予以关停。开展产业集聚区闲置土地专项治理，依法收回批而未供、已动工但无实质进展且停建时间较长的土地使用权。

未来，河南省产业集群应立足现有产业基础和比较优势，以工业重点行业为主导，以产业集聚区为载体，以集群引进、龙头带动、链式发展为主要路径，按照产业上下游有效链接、大中小企业有机结合、各类公共服务平台有力支撑的原则，科学规划，合理布局，加强引导，加快培育壮大一批特色明显、结构优化、体系完整、市场竞争力强的产业集群，做大做强工业主导产业，打造工业发展新优势，提升工业经济竞争力。

首先，推进空间结构调整，提升规划引领导向作用。巩固"三规合一"成果，加强与生态环境、区域公共服务基础设施规划的衔接，进一步完善规划体系，优化产业空间布局，推动建立统一衔接、功能互补、相互协调的空间规划体系，实现发展空间集约、高效、可持续利用。

其次，推进产业集群增速提质，培育区域竞争优势品牌。坚持产业定位、产业规划、产业集群、产业政策"四位一体"，聚焦竞争力最强、成长性最好、关联度最高的产业领域，强化顶层设计，突出区域特色，全省重点打造万亿级优势产业集群，省辖市重点培育千亿级主导产业集群，县市形成超百亿特色产业集群。

再次，推进公共平台建设，实现科技创新资源集聚。围绕完善提升产业配套功能，重点推进智慧园区、现代物流、海关监管、人力资源和综合服务平台建设，高水平构建公共服务平台体系，形成产业集聚。开放招商新的吸引点和竞争力，为产业集聚区提质转型、创新发展提供支撑。围绕建设创新型产业集聚区，培育壮大创新主体、完善创新平台，大力推进以科技创新为核心的全面创新，打造区域创新和科技成果转化基地。

最后，推进产城互动发展，打造现代城乡融合示范区。坚持以产兴城、依城促产，推动产业集聚区发展与城市建设有机对接、互促互进，提高区域公共产品和服务供给能力及水平，推动产业集聚区从单一工业制造向多功能产业区和现代化新城区转型。

7.2.2　依托城乡功能分工，构建新型城乡结构体系

区域经济是由点、线和面三种基本空间功能形态组成，其中点和面构成城乡功能区域，是区域分工的起点，而三者组成的最小区域就是县域，是最小的区域经济单元。根据本研究的理论论证可以看出，实现城乡协调发展的一个重要途径就是在城镇化和工业化进程中找准城乡之间的功能定位，并实现城乡之间、区域之间的功能互补。这就要求以城乡之间的功能区域分工为起点，以县域为基本区域单元，构建一个多层次的城乡区域一体化分工协作空间体系。

党的十九大报告提出："要以城市群为主体构建大中小城市和小城镇协调发展的城镇格局。"这为新时代我国推进新型城镇化指明了方向和路径。一般而言，城市群是指以一个或多个超大、特大城市为核心，依托现代交通运输网、信息网，在一定区域范围内形成的能够发挥复合中心功能的城市集合体。发展城市群能够促进资源要素顺畅流动、高效利用，实现城市合理分工、联动发展，有效解决区域内城市发展不平衡、不充分问题，带动整个区域集约高效发展。在城市群模式中，大中小城市和小城镇协调发展，科学定位各自功能，提升中小城市和小城镇的资源聚集能力、特色发展能力，推动人口和资源要素由大城市向周边城市和小城镇有序转移，共同打造优良的生产、生活和生态环境，实现城乡发展与民生改善同

步提升。可见，以城市群为主体形态推进城镇化，不仅能消除城市病、显著提高居民生活质量，而且能拓展城市（镇）发展空间，释放城市（镇）发展潜力，大幅提升城市（镇）运行效率和经济社会发展水平。

构建功能分工的现代城乡体系，要求城乡在公共服务和基础设施方面共建共享，在功能定位和产业经济地理方面互补共赢，在资源开发利用和生态环境保护方面统筹协同。这就需要完善城乡之间的功能定位与产业分工，加强基础设施建设互联互通。具体而言，科学定位城乡功能与产业分工，一方面要求防止简单模仿、重复建设造成城市群内部的内耗甚至恶性竞争；另一方面，城市群内应依托既有产业禀赋和基础，梳理产业链条、价值链条、创新链条，明确分工，形成相互依托、相互补充的现代化产业体系和经济地理空间。城市群内部各级城市立足自身特色和优势，找到自己在产业链条中的合适位置。

在此基础上，应当构建完备配套的基础设施体系。城市群要成为一个有机统一体，前提是资源要素能够顺畅流动，而完备的基础设施是人才、资金、技术、信息等资源要素顺畅流动的基本保障。应在加强能源、通信、交通等实体基础设施互联互通基础上，积极推进物联网、云计算、大数据等智慧基础设施建设，努力实现城乡融合发展。

当然，实现城乡功能分工，还要着力构建区域生态保护治理体系。生态环境保护治理具有整体性、联动性，在城市群建设中处于优先地位。要树立和践行绿水青山就是金山银山的理念，加强区域生态环境治理体系建设，努力形成低碳、生态、集约的城市运营模式和生产生活方式，推动城市群可持续发展。

7.2.3 坚持一体化战略实践，促进河南城乡二元融合

城乡发展一体化是经济社会发展的内在规律，是现代化建设的重要内容和发展方向。推进城乡发展一体化，就是要把工业和农业、城市和农村作为一个有机统一整体，充分发挥工业和城市对农业和农村的辐射带动作用，实现工业与农业、城市与农村协调发展，形成以工促农、以城带乡、工农互惠、城乡一体的新型工农城乡关系。城乡一体化示范区是体现城乡一体、产业融合、统筹发展的复合型功能性区域，是河南省科学推进新型城镇化、构建现代城乡体系的重要抓手。结合发展实际，下一步推进示范

区建设，要坚持以下五个原则：一是坚持产业为基，缩小城乡收入差距。二是坚持以城带乡，推进基本公共服务均等化。三是坚持统筹规划，分步推进各类功能区建设。四是坚持改革开放，破解体制机制障碍。五是坚持因地制宜，科学有序推进实施。

2006 年河南省政府率先出台《关于加快推进城乡一体化试点工作的指导意见》（豫政〔2006〕33 号），确定鹤壁、济源、巩义、义马、舞钢、偃师、新郑等 7 个市作为城乡一体化试点。在省委、省政府的统一部署下，各试点城市在统筹城乡产业发展、基础设施和公共服务设施建设、户籍制度改革、土地管理等方面进行了积极探索，形成了一些行之有效的做法，积累了一些有益的经验。未来，各省辖市应当继续坚持经济、生态、人居功能融合和一、二、三次产业融合的发展理念，以率先健全城乡发展一体化体制机制为目标，在构建现代城乡体系、构建现代产业体系、公共服务均等化、生态文明建设、体制机制创新等方面创新实践，保持城乡一体化改革发展领先优势，不断优化示范区城乡发展一体化体制机制，形成城乡一体化改革发展的制度体系和新型城镇化科学发展的体制机制。

其一，不断优化城乡空间开发格局。主要是坚持复合型发展理念，优化提升城乡空间布局，统筹推进城市功能区综合开发和新农村建设，打造构建现代城乡体系先行区。一方面要按照"统筹规划、梯次推进、集中开发"的原则，根据规划建设进度，分类推进示范区城市功能区综合连片开发，加快集聚人口和高端产业，增强城市功能区辐射带动能力。另一方面，要编制实施全域新农村建设规划，加快示范区城市功能区、产业集聚区内的村庄城市化改造。

其二，不断推进三次产业协同发展。把产业作为城乡发展一体化的起点和基点，加快推进产业集聚区、商务中心区、都市生态农业园区建设，以产业集聚带动人口集中，打造构建现代产业体系先行区。要建立完善三次产业协同发展机制，推动示范区内产业集聚区提质创新发展，培育壮大先进制造业集群；加快现代服务业集聚发展，推动服务业与制造业、现代农业深度融合；大力实施都市生态农业发展工程，推动都市生态农业示范园区规模化、品牌化发展。

其三，不断推动城乡公共设施共建共享。高水平推进城乡基础设施一体化建设，提升教育医疗等公共服务均等化水平，健全完善城乡人力资源和社会保障制度，打造公共服务均等化先行区。充分发挥区位优势，推进交通枢纽节点建设，打造区域物流中心。推行城市地下管道综合走廊模式，统筹电力、通信、排水、供热、燃气等地下管网建设。结合人口集中居住趋势，科学布局教育、医疗卫生资源，积极推行中小学学区制管理和医疗联合体试点。落实免费就业创业技能培训政策，建立城乡基本养老保险金和最低生活保障自然增长机制。

其四，不断完善城乡生态网络。统筹推进生态保护、环境治理和环保设施建设，建立健全示范区城乡环境管理长效机制，打造生态文明建设先行区。一方面实施生态水系、景观生态林、生态农业、绿色节能、污水垃圾处理、农村环境综合整治等重大工程，推进区域内河流清洁行动计划实施，加快绿地绿廊系统建设，建成覆盖城乡的垃圾收转运及无害化处理、资源化利用系统，形成城乡一体的环境管理体系。

其五，不断深化关键领域改革。落实国家关于户籍制度改革的意见，率先实行城乡统一的户口登记制度，研究制定促进人口向城市集中的政策措施。完善农村公共服务投入和公共产品供给长效机制，健全城乡公共服务标准和质量差距逐步缩小机制、城乡公共服务和社会保障制度衔接并轨机制，建立城乡一体的基本公共服务供给制度。深化农村集体经济组织产权制度改革，探索集体经济组织成员资格认定办法，发展以农村社区股份合作社、农村土地股份合作社、农民专业合作社为主体的新型农村集体经济组织，建立长期稳定的农民增收机制。健全新型职业农民培育机制、认证制度、政策扶持体系和投入保障机制，研究制定支持都市生态农业示范园区建设的专项政策，推动资源开发、科技工程、水利投资等各类支农项目向园区集中，建立现代农业发展动力机制。支持示范区探索产业集聚区、专业园区、都市生态农业园区与所在乡镇（办事处）"区镇合一"的行政管理体制，强化社会公共服务职能。

7.2.4 坚持城乡融合发展，助力河南"乡村振兴"

建立健全城乡融合发展体制机制和政策体系是一个系统工程，目的在于重塑新型城乡关系，走城乡融合发展之路，促进乡村振兴和农业农村现代化。因此，城乡融合发展关键在于处理好这个"融"字。加快城乡融合发展，要坚决破除体制机制弊端，推动城乡要素双向自由流动、平等交换。加快城乡融合发展，要推动新型工业化、信息化、城镇化、农业现代化同步发展，加快形成工农互促、城乡互补、全面融合、共同繁荣的新型工农城乡关系。当前，我国城乡产业的发展水平差异很大，亟须打破大城市先进制造业、现代服务业与乡村传统农业的失衡局面。《中共中央国务院关于建立健全城乡融合发展体制机制和政策体系的意见》从完善农业支持保护制度、建立新产业新业态培育机制、探索生态产品价值实现机制、搭建城乡产业协同发展平台、健全城乡统筹规划制度等措施入手，明确提出用城市现代科技来改造传统农业、用城市的工业发展来延长乡村的农业链条、用移动互联来丰富和发展农业业态。未来，乡村经济将形成以现代农业为基础，以农村一、二、三产业融合发展、乡村文化旅游等新产业、新业态为重要补充的经济形态。此外，加快城乡融合发展还要推动公共服务向农村延伸、社会事业向农村覆盖，加快推进城乡基本公共服务的标准化、均等化。多年来，农村公共服务是我国农村地区发展的明显短板，也是实现城乡融合发展必须加快补齐的短板。《中共中央国务院关于建立健全城乡融合发展体制机制和政策体系的意见》从提高城乡公共服务水平、加快城乡基础设施建设等出发，提出建立健全城乡教育资源均衡配置、乡村医疗卫生服务体系、城乡公共文化服务体系、城乡统一社会保障制度、统筹城乡社会救助体系、城乡路网统一规划建设等具体措施。随着农村基础设施条件改善和公共服务的全覆盖，将有效解决发展不平衡、不充分问题，推动形成城乡融合新局面。

8

参考文献

［1］Arnott, R. , Kraus, M. , "When are anonymous congestion charges consistent with marginal cost pricing," *Journal of Public Economics*, 1998（1）.

［2］Brulhart, M. , Sbergami, F. , "Agglomeration Grawth：Cross – country evidence" *Journal of Urban Economics*, 2009（1）：0 – 63.

［3］Duranton, G. , Puga, D. , "From sectoral to functional urban specialisation", *Journal of Urban Economics*, 2005, 57（2）：245 – 263.

［4］Dixit, A. K. , "Models of Dual Economies," *Models of Economic* Growth, UK：Palgrave Macmillan Press, 1973.

［5］Hansen, B. E. , "The Grid Bootstrap and the Autoregressive Model", *Review of Economics and Statistics*, 1999, 81（4）：594 – 607.

［6］Helpman E. , "Topics in Public Economics：Theoretical and Applied Analysis," *The Size of Regions*, 1998（1）：33 – 54.

［7］Henderson J. V. , "The sizes and types of cities," *The American Economist*, 1974.

［8］Julie, B. , "Managing delivery of sanitation infrastructures for Poor Communities：Decentralizing without Penalizing", *International Journal of Managing Projects in Business*, 2009, 2（3）：355 – 369.

［9］Krugman, P. , *Geography and Trade*, MIT Press, 1991.

[10] Krugman P. ,"Increasing returns and economic geography," *Journal of Political Economy*, 1991, 99 (3): 483 – 499.

[11] Lewis, A., "Economic Development with Unlimited Supplies of Labor," *The Manchester School of Economic and Social Studies*, 1954, 22 (2): 139 – 191.

[12] Marshall J. N., Damesick P., Wood P., "Understanding the location and role of producer services in the United Kingdom," *Environment & Planning A*, 1987, 19 (5): 575 – 595.

[13] Martens, M., Vorst, K., "A Threshold Error – Correction Model for Intraday Futures and Index Returns", *Journal of Applied Econometrics*, 1998, 13 (3): 245 – 263.

[14] Tong, H., *On a threshold model*(Amsterdam, Neitherland: Sijithoff and Noordhoff press 1978), 575 – 586.

[15] Villar, O., Rivas, J. M., "Hav do producer serrvices affect the lacation of manufac turing firms? The role of in formation accessibility," *Environment and Planning*, 2001, 33 (9): 1621 – 1642.

[16] 蔡武、陈望远：《基于空间视角的城乡收入差距与产业集聚研究》，《华东经济管理》2012 年第 5 期，第 32～36 页。

[17] 蔡武、吴国兵、朱荃：《集聚空间外部性、城乡劳动力流动对收入差距的影响》，《产业经济研究》2013 年第 2 期，第 21～30 页。

[18] 陈国生、丁翠翠、郭庆然：《基于熵值赋权法的新型工业化、新型城镇化与乡村振兴水平关系实证研究》，《湖南社会科学》2018 年第 190 卷第 6 期，第 119～129 页。

[19] 陈秀山、杨艳：《区域协调发展：回顾与展望》，《西南民族大学学报（人文社科版）》2010 年第 31 卷第 1 期。

[20] 程明：《乡村振兴战略的理论渊源和历史嬗变探析——以城乡关系演变为视角》，《中共四川省委党校学报》2019 年第 1 期。

[21] 陈锡文：《全面建设小康社会的关键是统筹城乡发展》，《中国农村科技》2003 年第 10 期，第 1 页。

[22] 陈明星、叶超、陆大道：《中国特色新型城镇化理论内涵的认知与建构》，《地理学报》2019 年第 74 卷第 4 期。

［23］杜威漩、胡盼盼：《城乡协调发展与城乡收入差距间互动机理分析》，《西北农林科技大学学报（社会科学版）》2010年第10卷第4期，第42～47页。

［24］邓永波：《京津冀产业集聚与区域经济协调发展研究》，中共中央党校博士学位论文，2017。

［25］丁嵩：《在经济集聚中兼顾效率与平衡：基于中国数据的经验研究》，华东师范大学博士学位论文，2017。

［26］丁志伟等：《河南省城乡统筹发展的状态评价与整合推进》，《地域研究与开发》2016年第35卷第2期。

［27］杜金金：《近五年我国新型城镇化发展认识研究》，《西南交通大学学报（社会科学版）》2018年第2期。

［28］丁庆燊、孙佳星：《中国城市化对城乡收入差距的空间效应》，《东北财经大学学报》2019年第3期，第46～54页。

［29］丁忠兵：《乡村振兴战略的时代性》，《重庆社会科学》2018年第4期，第25～31页。

［30］方创琳：《改革开放40年来中国城镇化与城市群取得的重要进展与展望》，《经济地理》2018年第38卷第9期。

［31］范昊：《城乡关系演进下的中国城乡关联－共生发展研究》，山西财经大学博士学位论文，2018。

［32］高新才、魏丽莉：《中国区域城乡协调发展评价模型与案例分析》，《西北师大学报（社会科学版）》2010年第47卷第2期，第91～96页。

［33］高国力、李天健、孙文迁：《改革开放四十年我国区域发展的成效、反思与展望》，《经济纵横》2018年第395卷第10期，第26～35页。

［34］郭晓鸣：《乡村振兴战略的路径选择与突破重点》，《中国乡村发现》2018年第1期，第90～95页。

［35］郭翔宇、颜华：《统筹城乡经济社会发展的理论思考与政策建议》，《论城乡统筹发展与政策调整——城乡统筹发展与政策调整学术研讨会论文集》，2003，第10页。

［36］韩峰、李二玲：《中原经济区城乡协调发展评价》，《经济经纬》2015年第32卷第2期，第13～18页。

[37] 何春霞、向玲凛：《重庆市经济增长对城乡居民收入的影响效应分析》，《南方农业》2018 年第 12 卷第 23 期，第 85～86 页。

[38] 胡国远：《中国城市化进程中城乡协调发展研究——以浙江省为例》，同济大学硕士学位论文，2007。

[39] 郝桂林：《浅谈中国城乡区域经济协调发展》，《理论观察》2018 年第 147 卷第 9 期，第 109～111 页。

[40] 黄晓东：《长三角新型城镇化发展水平评价及区域差异研究》，《经济发展研究》2019 年第 4 期，第 153～154 页。

[41] 黄小明：《收入差距、农村人力资本深化与城乡融合》，《经济学家》2014 年第 1 期，第 84～91 页。

[42] 洪银兴、陈雯：《城乡一体化的科学内涵》，《经济研究参考》2003 年第 55 期，第 32 页。

[43] 金晓慧：《生产性服务业集聚与地区工资差异——基于中国城市空间面板数据的实证分析》，南京师范大学硕士学位论文，2017。

[44] 景斌强：《城市化率、经济增长与城乡收入差距——基于省级面板分析》，《商业经济研究》2019 年第 5 期，第 175～177 页。

[45] 江激宇、张士云：《城乡融合视角下县域经济协调发展研究》，中国科学技术出版社，2018。

[46] 蒋华东：《三大结构调整：西部统筹城乡工业发展的深层课题》，《经济体制改革》2007 年第 5 期，第 133～137 页。

[47] 姜作培：《城乡一体化：统筹城乡发展的目标探索》，《南方经济》2004 年第 1 期，第 5～9 页。

[48] 刘博宇：《金融集聚、经济增长与城乡居民收入差异的空间统计分析》，南昌大学硕士学位论文，2017。

[49] 罗媛：《产业集聚、城镇化和城乡收入差距》，苏州大学硕士学位论文，2018。

[50] 刘苗妙：《金融集聚对城乡收入差距的影响研究》，湖南科技大学硕士学位论文，2017。

[51] 梁姝娜、张友祥：《新型城镇化进程中城乡协调发展问题研究》，《经济纵横》2015 年第 124 期，第 36～39 页。

[52] 刘晨光、李二玲、覃成林：《中国城乡协调发展空间格局与演化研

究》，《人文地理》2012 年第 124 卷第 2 期，第 97 ~ 102 页。

[53] 刘凯、任建兰、王成新：《新型城镇化背景下的城乡协调发展研究——以山东省济南市为例》，《江苏农业科学》，2015 年第 43 卷第 7 期，第 464 ~ 467 页。

[54] 李明秋、郎学斌：《城市化质量的内涵及其评价指标体系的构建》，《中国软科学》2010 年第 12 期，第 182 ~ 186 页。

[55] 刘春芳、张志英：《从城乡一体化到城乡融合：新型城乡关系的思考》，《地理科学》2018 年第 38 卷第 10 期。

[56] 刘再兴：《九十年代中国生产力布局与区域的协调发展》，《江汉论坛》1993 年第 2 期，第 20 ~ 25 页。

[57] 李小建、李二玲：《克鲁格曼、诺贝尔经济学奖与经济地理学发展》，《经济地理》2009 年第 29 卷第 3 期，第 363 ~ 369 页。

[58] 李小建：《全面理解新型城镇化内涵》，《人民日报》2014 年 12 月 18 日。

[59] 李建国、李智慧：《区域经济协调发展与城乡一体化的中国探索》，《当代经济研究》2017 年第 4 期。

[60] 李雪松：《以城乡区域协调发展优化现代化经济体系的空间布局》，《区域经济评论》2018 年第 34 卷第 4 期，第 15 ~ 16 页。

[61] 吕丹、汪文瑜：《中国城乡一体化与经济发展水平的协调发展研究》，《中国软科学》2018 年第 5 期，第 179 ~ 192 页。

[62] 李小建、杨慧敏：《中原城市群产城协调发展分析》，《区域经济评论》2017 年第 4 期，第 47 ~ 54 页。

[63] 刘勇：《构建城乡区域协调发展新机制》，《经济日报》2018 年 8 月 16 日。

[64] 林刚：《中国工农 - 城乡关系的历史变化与当代问题》，《中国农村观察》2014 年第 5 期，第 2 ~ 12 页。

[65] 刘洪彬：《基于集群理论的统筹城乡发展研究》，东北林业大学博士学位论文，2006。

[66] 李娜：《产业集聚对城乡居民收入差距影响因素分析》，《创新科技》2016 年第 8 期，第 40 ~ 43 页。

[67] 梅浩：《习近平城乡融合发展思想的理论逻辑与实践路径》，《中共乐

山市委党校学报（新论）》2018 年第 4 期，第 45～50 页。

[68] 马军显：《城乡关系：从二元分割到一体化发展》，中共中央党校博士学位论文，2008。

[69] 蒲红霞：《服务业集聚对我国地区收入差距影响研究》，《现代管理科学》2015 年第 7 期，第 82～84 页。

[70] 齐晶晶、王树春、杨志强：《京津冀地区的聚集效应和扩散效应分析》，《经济问题探索》2009 年第 5 期，第 23～27 页。

[71] 齐玉祥：《产业集聚对劳动力收入的影响研究——基于中国家庭收入调查数据》，南京大学硕士学位论文，2017。

[72] 覃成林、姜文仙：《区域协调发展：内涵、动因与机制体系》，《开发研究》2011 年第 1 期，第 14～18 页。

[73] 石青仪：《服务业集聚对城乡收入差距的影响研究》，暨南大学硕士学位论文，2018。

[74] 沈思远、谢虔：《产业集聚对城乡居民收入的影响文献综述》，《社会视点》2015 年第 11 期，第 177～178 页。

[75] 孙学梁：《经济集聚与城乡居民收入差距：作用机制与实证分析》，西南财经大学硕士学位论文，2017。

[76] 沈思远、谢虔：《产业集聚对城乡居民收入的影响》，《合作经济与科技》2015 年第 10 期，第 20～21 页。

[77] 商勇：《河南省城市化水平和城市经济协调发展分析》，《郑州航空工业管理学院学报》2009 年第 27 卷第 3 期，第 30～34 页。

[78] 孙海燕、王富喜：《区域协调发展的理论基础探究》，《经济地理》2008 年第 6 期，第 928～931 页。

[79] 田丽：《论新型城镇化与农村经济发展的关系——基于 2006～2015 年面板数据》，《贵州财经大学学报》2018 年第 2 期。

[80] 谭昶、吴海涛：《新型城镇化、空间溢出与农民收入增长》，《经济问题探索》2019 年第 4 期，第 67～76 页。

[81] 王丹：《金融集聚对区域收入差距的空间效应研究》，北京交通大学博士学位论文，2016。

[82] 王艳飞、刘彦随、严镔、李裕瑞：《中国城乡协调发展格局特征及影响因素》，《地理科学》2016 年第 36 卷第 1 期，第 20～28 页。

［83］武京涛：《统筹城乡视域下河北省城乡关系协调发展研究》，西南大学硕士学位论文，2012。

［84］吴丰华、白永秀、吴振磊：《中国省域城乡社会一体化的空间差异与时序变化》，《中国软科学》2015年第3期，第135～149页。

［85］王颖、孙平军、李诚固：《2003年以来东北地区城乡协调发展的时空演化》，《经济地理》2018年第7期。

［86］王元亮：《河南区域协调发展的历程、成就与启示》，《开发研究》2015年第3期，第61～64页。

［87］王发曾：《三化协调与四化同步：中原经济区的战略选择》，《地域研究与开发》2013年第32卷第5期。

［88］王维：《长江经济带城乡协调发展评价及其时空格局》，《经济地理》2017年第8期。

［89］王银芳、郑庆昌：《中部六省环境规制强度与新型城镇化质量协调性分析》，《河南科技大学学报》2019年第37卷第3期，第86～94页。

［90］王一铮：《新型现代性乡村振兴的发展方向》，《社会科学战线》2019年第6期。

［91］魏后凯、高春亮：《新时期区域协调发展的内涵和机制》，《福建论坛（人文社会科学版）》2011年第10期，第147～152页。

［92］吴维海：《坚定用习近平新时代中国特色社会主义思想统领特色小（城）镇规划与建设》，《新时代学刊》2019年第2辑，第26～35页。

［93］文军、沈东：《当代中国城乡关系的演变逻辑与城市中心主义的兴起——基于国家、社会与个体的三维透视》，《探索与争鸣》2015年第7期，第71～77页。

［94］武力：《社会主义改造完成后引入市场机制的先声——陈云与1956年农村自由市场的开放》，《当代中国史研究》2007年第5期，第6～14页。

［95］魏清泉：《城乡融合——城市化的特殊模式》，《城市发展研究》1997年第4期，第28～31页。

［96］徐丁：《辽宁省城乡协调发展的测度与评价研究》，东北大学硕士学位论文，2014。

［97］谢传会、赵伟峰、程业炳：《马克思、恩格斯城乡融合思想视域下城

乡融合机制构建研究》，《云南农业大学学报（社会科学版）》2019
年第 13 卷第 3 期，第 111~117 页。

[98] 薛晴、孙怀安：《国外城乡一体化发展成功经验举隅》，《农业经济》
2014 年第 1 期，第 61~63 页。

[99] 谢志强、姜典航：《城乡关系演变：历史轨迹及其基本特点》，《中共
中央党校学报》2011 年第 15 卷第 4 期，第 68~73 页。

[100] 徐杰舜：《城乡融合：新农村建设的理论基石》，《中国农业大学学
报（社会科学版）》2008 年第 1 期，第 61~67 页。

[101] 俞彤晖：《流通产业集聚水平对城乡收入差距影响的实证研究——
基于省际动态面板数据的系统 GMM 分析》，《经济纵横》2018 年
第 8 期，第 106~113 页。

[102] 游娴静：《基于农业产业集聚视角下农民增收问题研究——以福建
省 11 个农村固定观察点为例》，福建农林大学硕士学位论文，
2017。

[103] 于秀林、任雪松：《多元统计分析》，中国统计出版社，1999。

[104] 俞云峰：《城乡统筹视角下城市化评价指标体系的构建：以浙江城市
化水平测算为例》，《科学决策》2010 年第 5 期，第 44~49、57 页。

[105] 严绍毓：《城市化与城乡收入差距的关系研究——基于河南省 17 个
地级市面板数据》，《金融理论与实践》2016 年第 2 期。

[106] 余川江：《新发展理念下新型工业化与新型城镇化同步发展的理论
机理及评价体系研究》，《中国经贸导刊（中）》2018 年第 909 卷第
26 期，第 103~106 页。

[107] 杨佩卿：《新型城镇化视阈下推进新农村建设的路径选择》，《当代
经济科学》2017 年第 1 期，第 105~112 页。

[108] 袁中许：《新型城镇化与城乡一体化的内在关系》，《社会科学研
究》2018 年第 237 卷第 4 期，第 24~29 页。

[109] 杨佩卿：《新发展理念下新型城镇化发展水平评价——以西部地区
为例》，《当代经济科学》2019 年第 4 期。

[110] 叶雷、曾刚、汪彦：《人口城镇化与城乡发展差距对教育城镇化的
影响》，《经济经纬》2019 年第 4 期。

[111] 杨开艳：《新型城镇化与城乡收入差距的关系研究——基于贵州省

的经验数据研究》，《金融经济》2019 年第 8 期，第 37～38 页。

[112] 杨开忠：《打造都市圈　促进城乡区域协调发展》，《经济日报》2018 年 3 月 29 日。

[113] 姚士谋等：《中德经济发达地区城乡一体化模式比较——以长江三角洲与莱茵河下游地区为例》，《人文地理》2004 年第 2 期，第 5～9 页。

[114] 赵粲：《生产性服务业集聚对中国区域经济差距的影响研究》，安徽财经大学硕士学位论文，2017。

[115] 赵晓霞：《对外贸易、FDI 与中国城乡居民收入变化：理论分析与实证研究》，浙江大学博士学位论文，2009。

[116] 赵伟、隋月红：《集聚类型、劳动力市场特征与工资——生产率差异》，《经济研究》2015 年第 6 期，第 33～58 页。

[117] 朱志远：《产业集聚对地区间劳动力收入差距的影响研究——以江苏省工业为例》，扬州大学硕士学位论文，2018。

[118] 张改素：《基于新型城镇化的中原经济区城乡统筹发展研究》，河南大学博士学位论文，2015。

[119] 张梦薇：《河南省城镇化水平与质量协调发展研究》，郑州大学硕士学位论文，2015。

[120] 朱钊：《新型城镇化背景下苏中地区城乡协调发展研究》，扬州大学硕士学位论文，2015。

[121] 朱允卫、黄祖辉：《经济发展与城乡统筹互动关系的实证分析——以浙江省为例》，《农业经济问题》2006 年第 5 期，第 9～14 页。

[122] 曾坤生：《论区域经济动态协调发展》，《中国软科学》2000 年第 4 期，第 119～124 页。

[123] 郑瑞强、翁贞林、黄季焜：《乡村振兴战略：城乡融合、要素配置与制度安排——"新时代实施乡村振兴战略与深入推进农业供给侧结构性改革"高峰论坛综述》，《农林经济管理学报》2018 年第 1 期，第 1～6 页。

[124] 张改素、王发曾、康珈瑜等：《长江经济带县域城乡收入差距的空间格局及其影响因素》，《经济地理》2017 年第 4 期。

[125] 郑风田：《乡村振兴要做好三篇文章》，《人民论坛》2018 年第 35

期，第 104 页。

[126] 左雯敏、樊仁敬、迟孟昕：《新中国城镇化演进的四个阶段及其特征——基于城乡关系视角的考察》，《湖南农业大学学报（社会科学版）》2017 年第 18 卷第 3 期，第 44～49 页。

[127] 朱江丽、李子联：《户籍改革、人口流动与地区差距——基于异质性人口跨期流动模型的分析》，《经济学（季刊）》2016 年第 15 卷第 2 期，第 797～816 页。

[128] 张强：《中国城乡一体化发展的研究与探索》，《中国农村经济》2013 年第 1 期，第 15～23 页。

[129] 朱金鹤、张瑶：《环境污染对城乡收入差距的影响效应分析——理论与实证研究》，《工业技术经济》2019 年第 6 期。

[130] 徐敏、张小林、田家乐：《金融集聚对城乡居民收入差距的影响——基于空间面板数据的实证分析》，《西部金融》2015 年第 8 期，第 4～11 页。

[131] 白永秀：《研究城乡发展一体化得出的 10 个结论》，《西部大开发》2013 年第 11 期，第 53～56 页。

[132] 孙健夫、李晓鹏、温彩璇：《中国的城乡经济关系：逻辑、演进、问题与对策》，《云南社会科学》2019 年第 1 期，第 89～94 页。

附录 1

下面，我们将具体描述 V－R 模型的构建思路。首先，V－R 模型沿用 D－S 模型的垄断竞争框架，以冰山成本的方法刻画产品和生产性服务业在区域间贸易所产生的成本，即以 $P_{rj}t_{jk}$ 来表示一单位商品（服务）从 j 地生产、在 k 地销售时的价格，其中 $t_{jk} > 1$。消费者效用函数以 C－D 函数的形式引入，生产性服务业的产出不直接作为消费，而是通过中间品形式投入制造业生产过程。

因此，可得两区域消费者效用函数为

$$U = Z_M^{\beta} Z_A^{1-\beta} \tag{1.1}$$

其中，Z_A、Z_M 分别表示消费者消费农产品和制造品的数量。其具体形式为

$$Z_M = \left[\sum_i Z_i^{(\varepsilon-1)/\varepsilon} \right]^{\varepsilon/(\varepsilon-1)}, \text{其中 } \varepsilon > 1 \tag{1.2}$$

j 区域的消费价格指数为

$$P_j = \left[\sum_{k=1}^{2} \sum_{i=1}^{n_k} \left(p_{ik} t_{kj} \right)^{1-\varepsilon} \right]^{1/(1-\varepsilon)} \tag{1.3}$$

两区域农业均以劳动为唯一投入，其生产函数的形式为

$$F(L_A) = \alpha L_A^{\alpha}, \text{其中 } \alpha > 1 \tag{1.4}$$

由此，j 区域的农业利润函数为

$$\pi_{Aj} = F(L_A) - W_j L_{Aj} \tag{1.5}$$

利润最大化的一阶条件为

$$L_{Aj}^* = \left(\frac{W_j}{a\alpha} \right)^{\frac{1}{(\alpha-1)}} \tag{1.6}$$

$$\pi_{Aj}^* = \alpha^{1/(1-\alpha)} (1 - \alpha) \left(\frac{1}{\alpha} \right)^{\alpha/(\alpha-1)} W_j^{\alpha/(\alpha-1)} \tag{1.7}$$

两区域制造业以劳动投入和生产性服务作为投入进行生产，其生产函数为

$$A L_{ij}^{1-\mu} \left[\sum_s Z_s^{(\varepsilon-1)/\varepsilon} \right]^{1/(1-\varepsilon)\mu} = f + x_{ij} \tag{1.8}$$

其中，L_{ij} 表示制造业劳动力数量，Z_s 表示生产性服务投入数量，μ 表示中间品投入比例。由此，可得 j 区域制造业厂商生产 i 种制造业产品的成本函数为

$$C_{ij} = W_j^{1-\mu} P_{sj}^{\mu} (f + x_{ij}) \tag{1.9}$$

其中，P_{sj} 表示 j 区域的生产性服务业价格指数，表达式为

$$P_{sj} = \left[\sum_{k=1}^{2} \sum_{r=1}^{n_{sk}} (P_{rk} t_{kj})^{1-\varepsilon} \right]^{\varepsilon/(\varepsilon-1)}, j = 1,2 \tag{1.10}$$

对于两区域生产性服务业而言，作为知识密集型产业，影响其产出的因素包含两区域之间的通信交流成本（Telecommunications）和厂商布局在某区域独有的技术环境（Technological Environment），这种技术环境包括其区域的信息流通、知识外溢、本地人力资源禀赋状况等因素。由此，影响生产性服务业厂商选址的一个重要因素便是厂商在其区域能否更为便利地获取相应的技术信息从而更好地降低生产成本。

由此，可将 j 区域生产性服务业产业的生产函数表示为

$$L_{sj} = f \left[\frac{n_{sj} + (K_j^{\varphi} T^{\psi}) n_{sk}}{n_{sj} + n_{sk}} \right]^{-1} + x_{sj}, 其中 j,k = 1,2 \tag{1.11}$$

式（1.11）表示 j 区域生产性服务业以 L_{sj} 单位的劳动投入产出 x_{sj} 单位的生产性服务产出。其中，n_{sj} 表示布局于 j 区域的生产性服务业厂商份额。

由此，j 区域生产性服务业厂商的成本函数可以表示为

$$C_{sj} = w_j L_{sj} = w_j f \left[\frac{n_{sj} + (K_j^{\varphi} T^{\psi}) n_{sk}}{n_{sj} + n_{sk}} \right]^{-1} + w_j x_{sj} \qquad (1.12)$$

由于 K、T 为厂商成本函数的内生变量，可得厂商成本最小化的一阶条件为

$$\frac{\partial C_{sj}}{\partial K_j} = -w_j f \left[\frac{n_{sj} + (K_j^{\varphi} T^{\psi}) n_{sk}}{n_{sj} + n_{sk}} \right]^{-2} \left[\frac{\Phi T^{\psi} n_{sk}}{n_{sj} + n_{sk}} \right] K_j^{\Phi-1} < 0 \qquad (1.13)$$

$$\frac{\partial C_{sj}}{\partial T} = -w_j f \left[\frac{n_{sj} + (K_j^{\varphi} T^{\psi}) n_{sk}}{n_{sj} + n_{sk}} \right]^{-2} \left[\frac{\psi K_j^{\varphi} n_{sk}}{n_{sj} + n_{sk}} \right] T^{\psi-1} < 0 \qquad (1.14)$$

由此可得，随着区域间通信交流成本的降低以及其区域内部技术环境的改善，j 区域生产性服务业厂商的成本趋于降低。这是因为，区域内部共享信息的边际成本为零，且同一区域内部各生产性服务业厂商之间存在知识外溢，而新厂商在选择布局区域的时候，总是倾向于选择生产性服务业发达的区域，从而可以通过共享信息、知识外溢以最大限度地降低其固定生产成本；另外，由于通信技术的进步，信息交流的成本逐渐降低，靠近制造业布局越发变得不再重要，由此，作为知识密集型行业的生产性服务业厂商会倾向于集聚于相同区域成为核心，而制造业则同样会集聚布局以形成外围。

进一步地，可以通过效用最大化求解 V－R 模型之消费者一般均衡为

$$\max \left[\sum_i Z_i^{(\varepsilon-1)/\varepsilon} \right]^{\varepsilon/(\varepsilon-1)} \qquad (1.15)$$

$$\text{s. t. } \sum_i \bar{p}_i z_i = e$$

$$P = \left(\sum_i p_i^{1-\varepsilon} \right)^{1/(1-\varepsilon)} \qquad (1.16)$$

k 区域对于 j 区域制造业厂商产品的需求量为

$$X_{jk} = e_k p_k^{\varepsilon-1} (p_j t_{jk})^{-\varepsilon}, j,k = 1,2 \qquad (1.17)$$

由于两区域除农业外，制造业厂商和生产性服务业厂商的产品均分别在两区域同时销售，因此根据对成型可以通过成本最小化、利润最大化求解 j 区域制造业、生产性服务业厂商的一般均衡分别为

$$X_{sjk} = e_{sk} p_{sk}^{\varepsilon-1} (p_{sj} t_{jk})^{-\varepsilon}, j,k = 1,2 \qquad (1.18)$$

$$\pi_j = p_j (x_{jj} + x_{jk}) - w_j^{1-\mu} (p_{sj})^{\mu} (f + x_{jj} + x_{jk}) \qquad (1.19)$$

$$L_j^* = w_j^{1-\mu} (p_{sj})^\mu (f + x_{jj} + x_{jk})(1 - \mu) \tag{1.20}$$

$$\pi_{sj} = p_{sj}(x_{sjj} + x_{sjk}) - w_j \left\{ f \left[\frac{n_{sj} + (K_j^\varphi T^\psi) n_{sk}}{n_{sj} + n_{sk}} \right]^{-1} + x_{sjj} + x_{sjk} \right\} \tag{1.21}$$

$$x_{sjj} + x_{sjk} = f \left[\frac{n_{sj} + (K_j^\varphi T^\psi) n_{sk}}{n_{sj} + n_{sk}} \right]^{-1} (\varepsilon - 1), j,k = 1,2 \tag{1.22}$$

$$L_{sj}^* = f \left[\frac{n_{sj} + (K_j^\varphi T^\psi) n_{sk}}{n_{sj} + n_{sk}} \right]^{-1} + x_{jj} + x_{jk} \tag{1.23}$$

$$L_j = n_{sj} L_{sj}^* + n_j L_j^* + L_{aj}^* \tag{1.24}$$

附录 2

D - P 模型构建了一个多区域多行业模型，消费者在其所属行业中提供劳动用于生产，并消费市场上的各种产品，其效用函数遵循 C - D 生产函数的形式，消费者在城市之间及各行业之间可以自由流动，其中 i 城市 h 行业的消费者间接效用函数为

$$V_i = \frac{e_i^h}{P} \tag{2.1}$$

其中，e_i^h 表示消费者个人的消费支出，$P = \prod_{h=1}^m (P^h)^{\frac{1}{m}}$ 表示消费价格指数。

生产最终产品的单个厂商拥有总部（管理职能）和生产部门（生产职能）两个部分，其中总部运用劳动和生产性服务作为投入并产出总部管理服务，生产部门则以管理服务作为中间产品投入以产出最终产品。其相应可以选择两种生产组织形式，即管理与生产集中布局在一个城市（Spatially Integrated）或者管理与生产在不同城市分散布局（Mult-Location）。

集中布局的单个厂商成本函数为

$$C_{i,j}^h = c_{i,j}^h \, x_{i,j}^h = (H_{i,j}^h)^\eta \, (Q_j^{m+h})^{1-\eta} \, x_{i,j}^h \tag{2.2}$$

其中，$H_{i,j}^h$ 表示总部成本，Q_j^{m+h} 表示生产部门成本。集中布局厂商成本函数为

$$H_{i,i}^h = H_i^h = (w_i^h)^\mu \, (Q_i^0)^{1-\mu} = (w_i^h)^\mu \left\{ \int_0^{s_i^0} \left[q_i^0(k) \right]^{-1/\theta} \right\}^{-\theta(1-\mu)} \tag{2.3}$$

其中，w_i^h 表示 i 城市 h 行业工人的工资，Q_i^0 表示城市生产性服务业价格指数。

同理，分散布局的单个厂商，其成本函数可以表示为

$$H_{i,j}^h = \rho H_i^h = \rho \left(w_i^h \right)^\mu \left(Q_i^0 \right)^{1-\mu} = \rho \left(w_i^h \right)^\mu \left\{ \int_0^{s_i^0} \left[q_i^0(k) \right]^{-1/\theta} \right\}^{-\theta(1-\mu)} \tag{2.4}$$

其中，$\rho > 1$，表示为其厂商总部与制造部门之间的沟通成本指数。

在均质的城市 i 中，中心区域为厂商生产区域，周围为居民居住区域。由此，单个居民选择在 i 城市通过提供劳动以获取收入、支付地租。其最大化效用函数为 $\max U_i = w_i^h(1 - 2\tau z) - R_i(z)$，其中 z 表示居民居住距离城市中心区的距离。i 城市开发者通过给予从事 h 行业居民一定的居住补贴 T_i^h，以吸引城市之间自由流动的居民，由此开发者最大化利润为

$$\max \prod_i = R_i - \sum_{h=0}^{2m} T_i^h L_i^h = \sum_{h=0}^{2m} w_i^h l_i^h - L_i \bar{e}，其中，L_i^h e_i^h = L_i^h \bar{e}$$

解上式可得：$\sum_{h=0}^{2m} T_i^h L_i^h = R_i - \sum_{h=0}^{2m} w_i^h l_i^h + L_i \bar{e}$ \tag{2.5}

i 城市从事 h 行业的居民，其最小支出函数为

$$\min e_i^h(z) = w_i^h(1 - 2\tau z) + T_i^h - R_i(z) \tag{2.6}$$

由此，厂商选择布局方式的标准在于总部部门向制造部门提供生产性服务时成本的高低，即当集中布局成本更低时会选择将总部部门与制造部门布局于同一个城市，反之则会选择把总部部门与制造部门分别布局于两个城市。而选择的关键变量就在于 ρ。由于分散布局时厂商的成本函数为

$$c_M^h = \rho^\eta \left(w_H^h \right)^{\eta\mu} \left(w_H^0 \right)^{\eta(1-\mu)} \left(w_M^{m+h} \right)^{1-\eta} \left(l_H^0 \right)^{-\eta\sigma} \left(l_M^{m+h} \right)^{-(1-\eta)\epsilon} \tag{2.7}$$

可以求得均衡条件下厂商的两种布局方式的成本函数之比为

$$\frac{c_M^h}{c_I^h} = \left(\frac{\rho}{\hat{\rho}} \right)^\eta \tag{2.8}$$

其中，$\hat{\rho} = \left[\left(\dfrac{w_I^h}{w_H^h} \right)^{\eta\mu} \left(\dfrac{w_I^0}{w_H^0} \right)^{\eta(1-\mu)} \left(\dfrac{w_I^{m+h}}{w_M^{m+h}} \right)^{1-\eta} \left(\dfrac{l_I^0}{l_H^0} \right)^{-\eta\sigma} \left(\dfrac{l_I^{m+h}}{l_M^{m+h}} \right)^{-(1-\eta)\epsilon} \right]^{\frac{1}{\eta}}$

由此可知：当 $\rho > \hat{\rho}$ 时，厂商选择分散布局；当 $\rho < \hat{\rho}$ 时，厂商选择集中布局。

图书在版编目（CIP）数据

河南城乡协调发展问题研究：理论探索与政策实践／
王春晖著 . -- 北京：社会科学文献出版社，2019.9
（城乡协调发展研究丛书）
ISBN 978 - 7 - 5201 - 5424 - 6

Ⅰ. ①河…　Ⅱ. ①王…　Ⅲ. ①城乡建设 - 协调发展 -
研究 - 河南　Ⅳ. ①F299. 276. 1

中国版本图书馆 CIP 数据核字（2019）第 184139 号

城乡协调发展研究丛书

河南城乡协调发展问题研究：理论探索与政策实践

著　　者／王春晖

出 版 人／谢寿光
组稿编辑／周　丽
责任编辑／周　丽
文稿编辑／马改平

出　　版／社会科学文献出版社·经济与管理分社（010）59367226
　　　　　地址：北京市北三环中路甲 29 号院华龙大厦　邮编：100029
　　　　　网址：www. ssap. com. cn
发　　行／市场营销中心（010）59367081　59367083
印　　装／三河市尚艺印装有限公司

规　　格／开　本：787mm × 1092mm　1/16
　　　　　印　张：13.25　字　数：216 千字
版　　次／2019 年 9 月第 1 版　2019 年 9 月第 1 次印刷
书　　号／ISBN 978 - 7 - 5201 - 5424 - 6
定　　价／98.00 元